图书在版编目（CIP）数据

湖山颂碑 : 颐和园地区石刻碑碣集录 /（加）夏成钢著. -- 北京 : 北京出版社，2025.4
（颐和园文化研究丛书）
ISBN 978-7-200-17527-1

Ⅰ. ①湖… Ⅱ. ①夏… Ⅲ. ①碑刻—汇编—北京 Ⅳ. ①K877.42

中国版本图书馆CIP数据核字（2022）第202617号
版权合同登记号　　图字：01-2023-5878

颐和园文化研究丛书
湖山颂碑
颐和园地区石刻碑碣集录
HUSHAN SONGBEI
[加] 夏成钢　著

出　　版	北京出版集团
	北京出版社
地　　址	北京北三环中路6号
邮　　编	100120
网　　址	www.bph.com.cn
总 发 行	北京出版集团
经　　销	新华书店
印　　刷	北京华联印刷有限公司
版 印 次	2025年4月第1版第1次印刷
成品尺寸	185毫米×260毫米
印　　张	22.25
字　　数	340千字
书　　号	ISBN 978-7-200-17527-1
定　　价	358.00元

如有印装质量问题，由本社负责调换
质量监督电话　010-58572393
版权所有，未经书面许可，不得转载、复制、翻印，违者必究。

作者简介

夏成钢　1982年毕业于北京林业大学园林系，长期从事风景园林规划设计与园林理论研究工作，发表了大量学术论文，已出版《颐和园楹联镌刻浅释》（合作）、《湖山品题——颐和园匾额楹联解读》等著作。

作者在大量造园实践中，主持设计了一系列具有中国特色的风景园林项目。如先后九届国际园林博览会中的北京园设计、北京"三山五园"地区诸多景观提升规划设计、承德避暑山庄及外庙景观复原设计、中国园林博物馆景观设计、北京城市副中心千年城市守望林设计等。这些设计与研究相互依托。一方面，设计实践强化了理论研究的深度和广度；另一方面，理论研究的成果也为设计提供了灵感与素材。

作者还担任《中国园林》《风景园林》学术期刊编委，中国风景园林学会传统园林保护和发展专业委员会副主任委员，北京林业大学园林学院、中国人民大学徐悲鸿学院客座教授。现任中国园林文化与实践研究院院长、北京市园林古建设计研究院有限公司总顾问。

颐和园内碑碣分布图

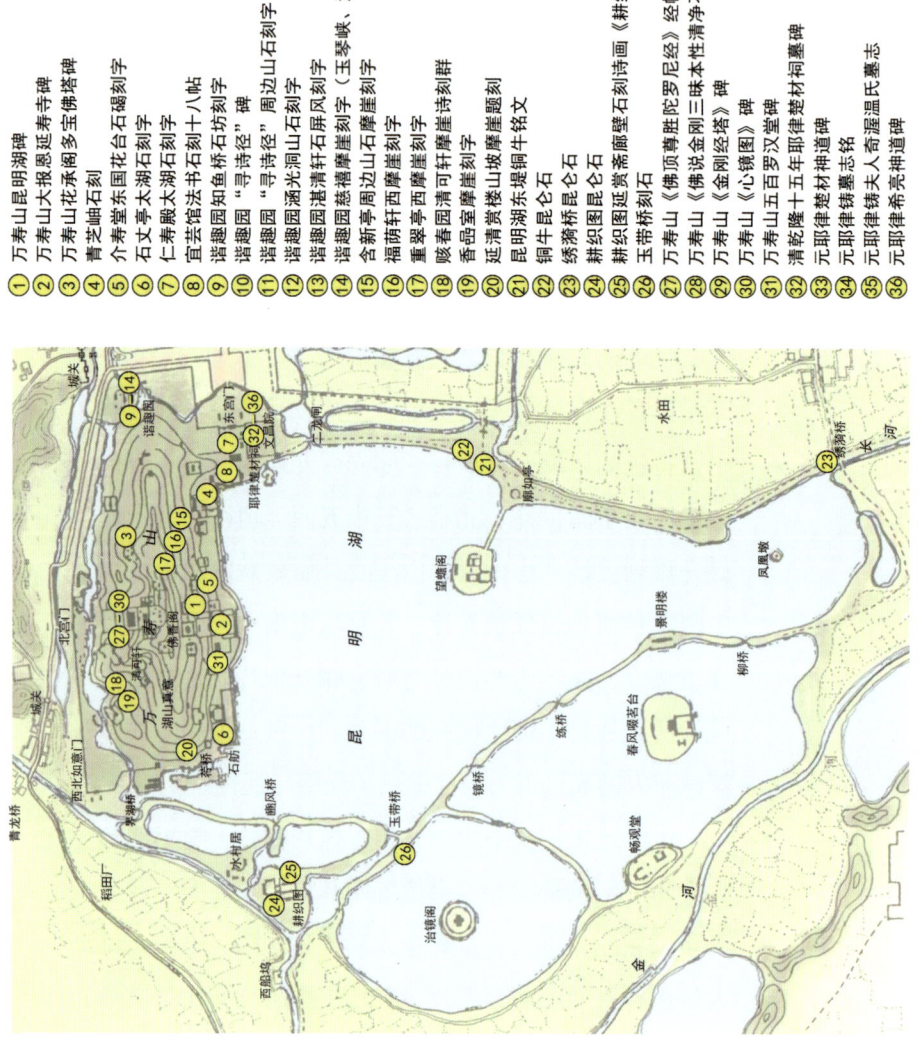

① 万寿山昆明湖碑
② 万寿山大报恩延寿寺碑
③ 万寿山花承阁多宝佛塔碑
④ 青芝岫石刻
⑤ 介寿堂东国花台石碣刻字
⑥ 石丈亭太湖石刻字
⑦ 仁寿殿太湖石刻十八帖
⑧ 宜芸馆法书石刻十八帖
⑨ 谐趣园知鱼桥石坊刻字
⑩ 谐趣园"寻诗径"碑
⑪ 谐趣园"寻诗径"周边山石刻字
⑫ 谐趣园涵光洞山石刻字
⑬ 谐趣园慈禧清轩石屏风刻字
⑭ 谐趣园慈禧摩崖刻字（玉琴峡、涵远堂北、知春堂北）
⑮ 含新亭周边山石摩崖刻字
⑯ 福荫轩西摩崖刻字
⑰ 重翠亭西园司轩摩崖诗刻群
⑱ 畋春园清可轩摩崖刻字
⑲ 香岩室摩崖题刻
⑳ 延清赏楼山坡摩崖铭文
㉑ 昆明湖东堤铜牛铭文
㉒ 铜牛昆仑石
㉓ 绣漪桥昆仑石
㉔ 耕织图昆仑石
㉕ 耕织图延赏斋廊石刻诗画《耕织图》
㉖ 玉带桥刻石
㉗ 万寿山《佛顶尊胜陀罗尼经》经幢
㉘ 万寿山《佛说金刚三昧本性清净不坏不灭经》经幢
㉙ 万寿山《金刚经塔》碑
㉚ 万寿山《心镜图》碑
㉛ 万寿山五百罗汉堂碑
㉜ 清乾隆十五年耶律楚材祠道碑
㉝ 元耶律楚材祠墓碑
㉞ 元耶律铸墓志铭
㉟ 元耶律铸夫人奇渥温氏墓志
㊱ 元耶律希亮神道碑

颐和园外石刻碑碣分布图

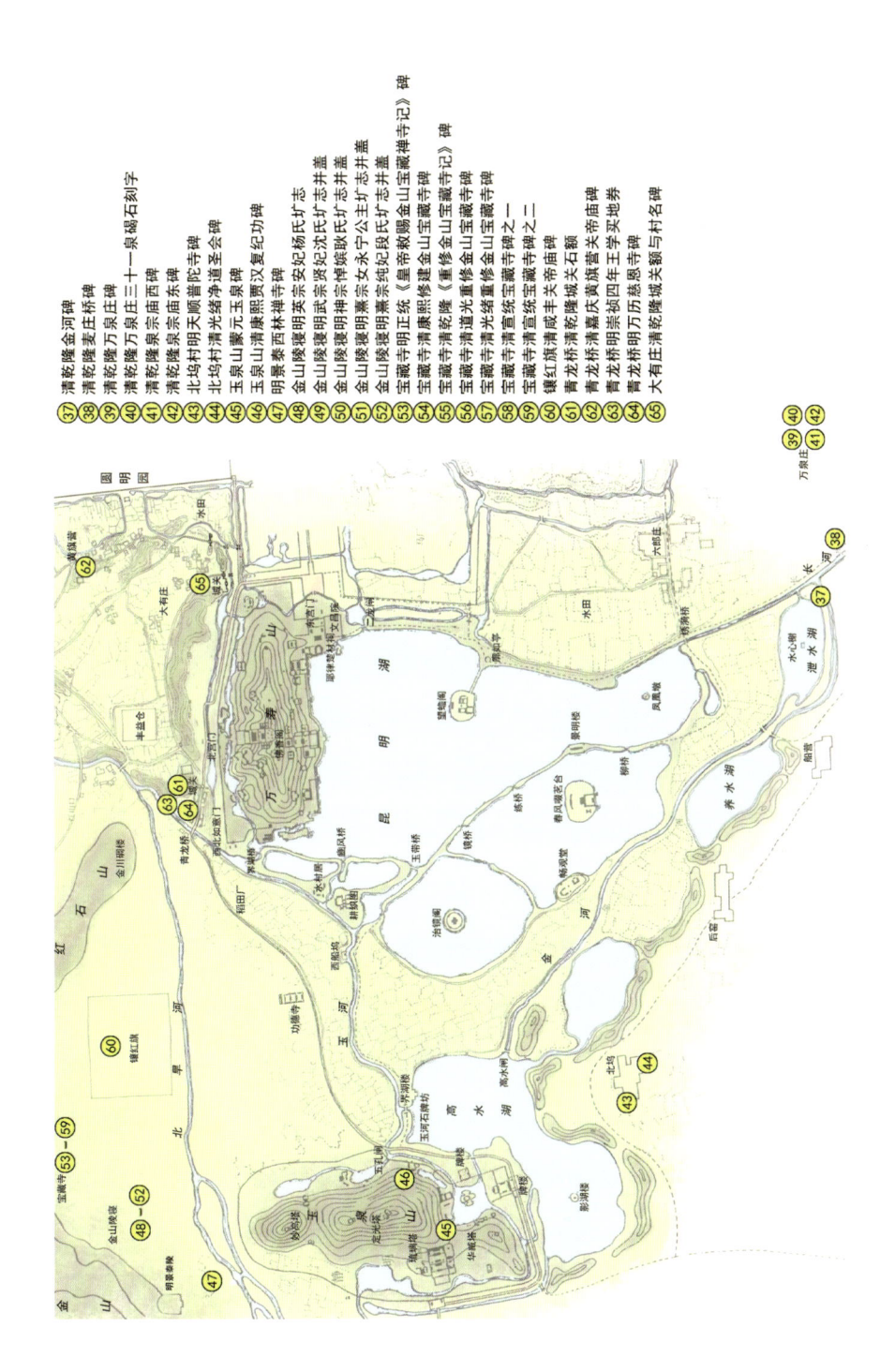

37 清乾隆金河碑
38 清乾隆麦庄支桥碑
39 清乾隆万泉庄碑
40 清乾隆万泉庄三十一泉碣石刻字
41 清乾隆泉宗庙西碑
42 清乾隆泉宗庙东碑
43 北坞村明天顺净道圣会碑
44 北坞村清光绪净道圣会碑
45 玉泉山蒙元玉泉碑
46 玉泉山清康熙元玉泉碑
47 明景泰西林禅寺碑
48 金山陵寝明天宗安妃杨氏圹志
49 金山陵寝明武宗贤妃沈氏圹志井盖
50 金山陵寝明神宗悼嫔耿联氏圹志井盖
51 金山陵寝明熹宗纯妃段氏圹志井盖
52 金山陵寝明熹宗女永宁公主圹志井盖
53 宝藏寺明正统《皇帝敕修建金山宝藏禅寺记》碑
54 宝藏寺清康熙《重修金山宝藏寺记》碑
55 宝藏寺清乾隆《重修金山宝藏寺记》碑
56 宝藏寺清道光重修金山宝藏寺碑
57 宝藏寺清光绪重修金山宝藏寺碑
58 宝藏寺清宣统宝藏寺碑之一
59 宝藏寺清宣统宝藏寺碑之二
60 镇红旗清咸丰黄旗营关帝庙碑
61 青龙桥清乾隆关帝庙额
62 青龙桥清嘉庆黄旗营关帝庙碑
63 青龙桥明崇祯四年王学实地券
64 青龙桥清乾隆慈恩寺碑
65 大有庄明万历慈城额与寺名碑

"颐和园文化研究丛书"总序

　　这是一套关于颐和园地区园林艺术、历史人文的研究丛书。丛书分为5册，分别从景观景物、匾额楹联、金石碑刻、历代诗文、帝王原典5个方面入手，深层次解读这片山水与园林。

　　相对于山水楼台的外在形态，丛书着眼于内在的文化渊源，正是它们影响了这片湖山的布局与特征。了解它们使我们既能知其然，又能知其所以然，即透过景观思考文化、透过文化思考景观。丛书宗旨基于下面3个认识。

　　一是颐和园列入《世界遗产名录》的评价："以颐和园为代表的中国皇家园林，是世界几大文明之一的有力象征。"这是自辛亥革命以来对颐和园最正面、最积极的评价。那么，我们这代人能够理解祖先的这份遗产吗？了解多少蕴含其中的文化与文明？又有什么样的研究成果来印证这份世界遗产评语？这是本丛书首要回答的问题，也是不断思考的动力。

　　二是国学的视野。研究这一地区所体现的文化与文明，若从现代某一学科单独而论，都难以概括全面，而经史子集的国学体系，则涵盖了目标研究的所有内容，也提供了思考线索。可以说，颐和园就是一座鲜活的国学研究园地。

体　　例

1.全书分三部分。第一部分为颐和园墙内纪胜纪游主题的石刻文字，著录并予注释，与造园关系密切者加以译文。第二部分为颐和园墙内佛经与纪事主题的石刻文字，与造园关系不大，仅著录，基本不注释。第三部分则是颐和园墙外周边地区的石刻，仅著录，不注释。为方便阅读，书中地图标注了石刻碑碣所在方位。

2.一碑为一个单元一个目录序号。每单元下分数题，每题分列各项目：

碑刻名称：为作者所标，力求简洁、明确。

叙录：介绍碑体的基本情况，包括其所在位置、尺寸、材质、出土时间、内容主题。碑帖尺寸颐和园内以《颐和园志》为准，颐和园外以《北京图书馆藏中国历代石刻拓本汇编》为准。

录文：包括碑额、题目、正文、印章。以括号小字加以区别。除印章在录入时标注繁体字外，其余一律为简体字。录文阙如处，以□标识。推测字加方框▢。

题解：介绍碑文背景、出处、参校版本。

附录：包括跋题、序文、相关文字。

3.一碑四面多题者，排序先按位置，后按时间先后。

4.收录范围包括颐和园墙内外区域,以及与颐和园历史变迁关系密切的地带。玉泉山在清乾隆后自成一家,其石刻不再收录。

5.收录时间下限为清宣统辛亥年,即1911年。

6.列钤印一项,著录格式参照《石渠宝笈》。

7.金山陵寝嫔妃、公主墓志各朝只选录一例,余者列出目录,方便研究者进一步查询。

8.拓片刻文来源,主要依据《清朝通志·金石略》《北京图书馆藏中国历代石刻拓本汇编》,参校《中国金石总录》《敬胜斋法帖》《墨妙轩法帖》。

9.本书聚焦于石刻文字文献,未录造像、青铜彝器、露陈墩、石鼓等传统金石内容。此外宫门外满汉文"官员人等在此下马""功德寺"等碑未录入,置于他书另述。

10.石刻碑碣相关术语。

碑石一般分为三部分:碑首、碑身、碑座。碑首又称"碑冠"。

碑额:碑首上刻写碑题的地方,常为凹下的矩形。依所写篆、隶、楷体,分称"篆额"、"隶额"与"额正书"。

书丹:刻碑时先用朱笔在石上写所要刻的文字,称"书丹"。后泛指书写碑志。

碑阳、碑阴与碑侧:即碑的正面(又称"碑面")、背面与侧面。

榜书:又称"擘窠(bò kē)大字",即大型字,用于正面碑题、题额、摩崖等。

碑趺:趺(fū)本义为脚,引申为碑座。龟趺,龟形碑座(又称"赑屃");方趺,方形碑座。

螭(chī)首:雕以龙形的碑首。

引　论

颐和园内外存在的大量石刻，是这一地区景观演变的历史见证，也是颐和园文化遗产不可分割的一部分。本书共收录颐和园地区65余处摩崖碑碣、263项石刻文字，涵盖了元、明、清三个历史时期。这些石刻以其造型之精、书法之美、雕刻之工，为湖山点睛添彩。而究其内容，又有补充史阙之效。它们或赞湖山风景以抒怀，或歌湖山壮美以纪功，故名《湖山颂碑》。

一、概述

石刻在中国传统学术中从属于金石门类，指镌刻于金属或石质上的文字、图画等，广义上还包括石雕造像、青铜彝器，以及砖瓦、竹木等硬质材料上的文字。在各地地方志中，"金石志"是必不可少的章节，其内容往往能够反映某一历史时期的真实情况，石刻文字是金石门类中占比最多的内容。本书所收录的，便是颐和园地区这类以石质为载体的文字、图像文献，其现存形态有原刻遗迹、仅存拓片、仅存录文三种情况。

本书编纂的核心思想，是展现历史景观的真实性、整体性与连续性。因此，石刻的收录范围不限于颐和园大墙之内，而是延及其周边地块。编纂的具体工作包括对石刻文献的搜集、整理、著录，对与造景关系紧密者则予以注释、翻译。书中各分题下酌情设附录一节，收录与题目相关的跋记、唱和诗文、谕旨等，以便读者更好地了解题后的广阔背景。

在颐和园地区现存石刻中，以清漪园时期的最多，形式最为丰富，也最具艺术性。这部分石刻又以乾隆御笔为主，多被记录在《清朝通志·金石略》中。《清朝通志》列有这些御笔石刻的书体形式、题目、时间与地点，这是编纂本书的重要依据之一。而志中有载而实地无存、或漫漶不清的石刻，本书皆依记录予以列出。《清朝通志》成书于乾隆五十一年（1786年）[①]，这一时间之后尚存的御笔石刻不再见于记录，本书对其的辑录主要依据实地考察，并依据《清高宗御制诗集》《清高宗御制文集》《石渠宝笈》《敬胜斋法帖》等予以补充。其他石刻除实地查录外，还据《北京图书馆藏中国历代石刻拓本汇编》核对补充，参校《中国金石总录》，这些步骤大大减少了对刻文的识别错误。

二、颐和园地区石刻的类型

中国石刻几乎与文字同步出现，远自殷商时代即有遗存，对其考证研究的学问兴起于两汉，至宋代逐渐形成体系与规模，被称为"金石学"，著名研究者有欧阳修、欧阳棐父子，曾巩，赵明诚、李清照夫妇等。在长期发展过程中，石刻呈现出不同类型，主要有摩崖、碣石、碑石、法帖石、墓志、经幢、买地券等。颐和园地区包括了其中大部分类型，简述如下。

摩崖

即利用天然岩石断面，不作或稍作加工后，直接镌刻文字或图像。此类型为各种石刻之祖，传说中有夏禹的岣嵝碑、商代的红崖石刻等。因岩壁所处环境不同，摩崖的字体、大小、布局也灵活多变。精良的制作可与岩壁相融合，自成天然之趣。颐和园中的摩崖主要集中于万寿山北、清可轩一带的天然岩壁，有30余处。其次分布在惠山园的寻诗径、涵光洞、知鱼桥周边的人工叠石上。另外一些孤置山石的刻字，如青芝岫、石丈亭石、燕台大观石、含新亭周边石刻等，也可归入此类。

[①]《清朝通志》成书年份尚无直接记载，有专家断代为乾隆四十五年（1780年）。然而书中记录的石刻有乾隆五十一年完成者，之后再未有记录。由此可断，《清朝通志》成书应在乾隆五十一年。

碣石

简称"碣"①,《说文解字·石部》解释为"碣,特立之石"。马衡概括说"刻石之特立者谓之碣,天然者谓之摩崖"。②碣石以秦代纪功刻石及先秦石鼓为代表。"其形在方圆之间",上部圆浑、下部方正,没有棱角,状如馒头,多为整石制作。随着生产力与雕刻技艺的进步,汉代之后碣石逐渐被碑石代替,到魏晋时基本绝迹。

颐和园中现有三座"昆仑石",其形制为乾隆所发明,构思来源即秦代碣石。清代首座昆仑石立于北海琼华岛上,题刻"昆仑"二字,以点明琼华岛的仙山意境,后来这便成为此类造型刻石的统一名称。又因其形近先农坛的山川祭拜石,民国时还曾被称作"四渎石"。与碑石相比,碣石造型随性自然,与景观环境有很好的共融性,也成为清代皇家苑囿的一大特色。

碑石

是历史上运用最为广泛的石刻形式。碑体常为三段式:碑冠(首)、碑身、碑座。碑冠刻题名,称作碑额、圭首。碑身是文字刻写的主要载体。碑冠、碑座是最能体现艺术性的部位。早期碑型也为整石制作,因此其名称与"碣石"常常混用互称。随着技艺进步,碑体越造越大、工艺愈加丰富,二者差别愈加明显。一座碑常由三块石分别雕刻,叠加而成。

颐和园内有庑殿首方趺与螭首龟趺两类。万寿山昆明湖碑属于前者,后者代表有耶律楚材墓碑、清漪园大雄宝殿前的三座巨碑③。

法帖石

即摹刻书法名家墨迹的石版,还包括历代帝王或名臣的墨迹,以及石刻图像。可用来捶拓、影印,最后装裱成可供效法摹写或欣赏的艺术品。法帖石常常镶嵌于廊壁,营造出高雅的书卷气息,在江南园林中得到普遍运用,又称作"书条石"。清漪园时期,法帖石以惠山园墨妙轩镶嵌最多,

---

① 关于碣与碑的区别,有两种观点:一种认为二者是不同类型的刻石,碣石出现早于碑石;另一种则认为二者大同小异,都属于碑,只是级别的差异。本文持前一种观点。

② 马衡:《凡将斋金石丛稿》,中华书局,1977年版。

③ 一座是万寿山大报恩延寿寺碑,另外两座为佛经碑。经历英法联军战火后,三碑不知所终。

其他景点还有宜芸馆、罗汉堂、耕织图延赏斋等处。罗汉堂与耕织图延赏斋的石刻是版画间以书法，图文并茂。

墓志

指安置墓穴里刻有墓主人生平事迹的文字石，也指墓志石上所刻志文。由于志文常以四言颂辞结尾，故又称为墓志铭。唐宋之后，其形制逐渐固定，分上下两层，上层为墓志"盖"，下层为墓志。"盖"刻标题，墓志刻铭文，二者尺寸相同，合为一体。颐和园西北的金山陵寝区出土有大量明代皇室墓志，规制严谨，刻工精细。1998年颐和园内出土的耶律铸及其夫人墓志则具有元代特点，其内容也极为珍贵。

经幢

即刻有佛经的石柱。唐代中期传入中原的佛教密宗，在五台山地区首先将《佛顶尊胜陀罗尼经》刻于石柱，随后风靡全国，其他经文也纷纷效仿刻柱，成为寺院的基本装饰物。经幢造型一般分幢顶、幢身和基座三部分。幢身是主体，多呈六角或八角形，刻写经书或咒文、佛像。清漪园时期，万寿山大雄宝殿中轴线两侧分别安置《陀罗尼经》与《金刚清净经》经幢，以烘托万寿山的佛国气象。

佛经图碑

是将佛经按某种排序抄写，组成佛教寓意的图案，刊刻于碑石上。常见有抄写《金刚经》组成七级宝塔图案，称"金刚经塔"；抄写《华严经》组成圆环加佛像的图案，称《华严心镜图》，简称《心镜图》；还有将《波罗蜜多心经》文字组成舍利塔形等。清漪园时期，万寿山大雄宝殿前左右两碑亭中就供奉了前两种佛经图碑，由乾隆亲自抄录，殊为珍贵，经战火后无存，可参见香山静宜园中的类似作品。

买地券

又称冥契、幽契、镇墓文等，始于东汉时期。是以地契文字形式的刻石，置于墓中，意在保护墓主人不受地下鬼怪侵犯，相当于镇物。券文自有一套专用语，书写格式特殊，通常有两种：一种是全文一行顺书，一行倒书，交替排序；另一种是全文倒序排列，由后往前读。本书录入的青龙桥买地券即为后者。

三、颐和园地区石刻的审美价值

石刻在视觉上对景观有着多方面影响,因而也就有了"石刻艺术"称谓。石刻对颐和园景观的影响主要体现在三个方面。

1. 烘托风景意象

万寿山本是一座野草稀疏、裸岩广布的小荒山。乾隆在全面植树覆绿的基础上,依山营造亭台楼阁,峭壁大建设,断岩小构筑。如后山倚短岩构筑清可轩、香嵓室等山庭院落,营造出崖栖谧境、道骨风情,再以摩崖镌刻点出其中意境,大字刻写如"苍崖半入云涛堆""烟霞润色"等,小字诗刻30余品,将荒丘残岩营造出山岳名胜区的感觉。

其他如延清赏楼后,古木青苔下[①]裸岩孤石层出,颇有杭州小有天园的石景之态,乾隆刻字"碧藓""画峰",题景"小有天",点出其中韵味。另如"燕台大观"崖刻,使观景者的散漫思绪聚焦于湖田千顷的辽阔之美,正所谓"寸山多致,片石生情"[②]。

园林中,人造叠山体量越大越难体现天然之趣,佳作难得。惠山园与霁清轩之间的掇山叠石,虽由人作,宛自天开。其成功的关键在于随真山坡脚而筑余脉,借势而为,真假参半。同时沿石径临壁刻辞,置石题咏,具足咫尺山林之意。

2. 体现造景主题

清漪园中的宜芸馆、墨妙轩、耕织图延赏斋等,皆以文房情趣为题,分别指向藏书阅览、挥毫习字与赏画品题。而这些庭园的廊壁法帖石不仅渲染出文雅氛围,也使题名落于实景,让人问名心晓。

值得详解的是墨妙轩及其周边景观。轩名源自苏轼《墨妙亭记》,记述了宋代孙觉营建墨妙亭[③]、集存古碑石刻的一段艺林佳话。因此,乾隆

[①] 万寿山西山坡麓土层瘠薄,原有密林被英法联军焚毁后,一直未能恢复如盛期,乾隆时期的意境尽失。

[②] [明]计成撰,倪泰一译注:《园冶》卷一《相地》,重庆出版社,2017年版。

[③] 今浙江省湖州市飞英公园尚有异址重建的墨妙亭,存元、明、清石刻12方。

在续编《三希堂法帖》时即借用这一典故，立轩壁而存墨刻。建筑题名与内容相互关照，相关文献记述云：

墨妙轩内贮三希堂续摹石刻，廊壁间嵌《墨妙轩法帖》诸石。……曲径迤东，疏轩面势，壁间石刻，翠墨留香，有望古遥集之概。①

佳处敞轩名墨妙，导之泉注顿山安。
苕华两壁千秋粹，即境神诠欲契难。②

墨妙轩旁凿筑山石小池，引水叠泉，再汇入知鱼桥"方塘"，隐喻王羲之的习字墨池，兼顾朱熹"半亩方塘一鉴开"。又于对面"饮绿"楹柱写联点题：

云移溪树侵书幌；
风送岩泉润墨池。③

整个工程缘自编纂法帖，又因石刻而建轩，再环轩以造景，围绕主题，步步深化。后来乾隆在重刻《淳化阁帖》时又提及《墨妙轩法帖》云：

朕几余不自暇逸，典学之优，时及临池。曩曾辑内府所藏前人墨迹，刻为《三希堂》《墨妙轩》二帖，广示艺林。④

"临池"与"墨池"虽意指有别，却又朦胧相贯，扑朔迷离之间书斋雅韵油然而生。

清漪园另一石刻精品为《万寿山五百罗汉堂记》，其拓片画心长18.2米，高0.39米。拓片长卷是对罗汉堂内塑像场景的描述、摹画与再现，分为十个单元，文图交替排列。乾隆二十二年（1757年）刻石安置于五百罗汉堂

---

① [清] 于敏中等编著：《日下旧闻考》卷八十四《国朝苑囿·清漪园》，北京古籍出版社，1983年版。
② [清] 高宗弘历：《清高宗御制诗集》二集卷五十四《墨妙轩》，清文渊阁四库全书本。
③ 参见拙著：《湖山品题——颐和园匾额楹联解读》，北京出版社，2019年版。
④ [清] 高宗弘历：《清高宗御制文集》二集卷七《重刻淳化阁帖谕》，清文渊阁四库全书本。

内。由乾隆皇帝撰记并正书，王方岳绘图。

万寿山罗汉堂仿自杭州云林寺（灵隐寺）与慈净寺，建筑形式为"田"字形，香山碧云寺也有成例。建筑虽为仿建，但五百罗汉塑像、场景却独辟蹊径，不再是原寺的木坐呆立，而是游步、坐卧于山水林溪，千姿百态，各不相同。"又非尽跏趺之死灰槁木已也。"乾隆描述道，又说：

乃置山林溪涧、宫殿其中，俾步以入者后先左右，与袈裟钵锡之侣相周旋。若夫行住坐卧，不拘一律。①

乾隆的愿景是创造出充满喜悦的乐土"活画"，罗汉形象刻画丝丝入扣，这种精细同样延及山溪花草、林干枝叶、建筑亭桥的雕琢之中。乾隆书法与玺印也是如此，全卷4000余字，印章23方，玺文隽语点缀其间，图、文、印相映生辉。这种形式也出现在耕织图石刻之中。

石刻长卷表现了罗汉活动的诸多佛国圣地，很容易使人联系到万寿山景观。卷中刻有善现城、须弥顶、香岩、祇树园等梵境，万寿山上则建有善现寺、须弥灵境、香岩宗印之阁、祇树林等佛寺建筑与之对应，凡此种种不一而足。石刻画卷成为万寿山意象的另一种表现形式，二者相互启发，游园山间犹如堂内的罗汉坦坦而行。

由于罗汉堂毁于战火，虽有乾隆描述文字存世，但在拓片未现身之前，人们仍无法领略其中魅力，误以为与其他罗汉堂塑像类似。重现的拓片令人叹为观止，也显示出石刻作为第一史料的重要性。

依拓片推想，当年罗汉堂内的场景应是极具感染力。法式善曾记述自己生父拜访罗汉堂的感悟：

万寿山有五百罗汉堂，公以事诣其处，忽有悟，竟日无语。归憩茶肆病作，因借宿焉。伏枕酣寝至二更许，呼仆速起燃炬，见户外墙新拭，遂捉店中败笔，濡煤汁拉杂书偈语五百章，店主大诟厉。有识者过之，见其词语超妙，且与五百尊者一一按切，叹为神助。主人乃烹鱼以进，自此远近多求书壁。②

---

① 《清高宗御制文集》初集六《万寿山五百罗汉堂记》。
② [清]法式善：《存素堂文集》卷四《本生府君逸事狀》，清嘉庆十二年程邦瑞扬州刻增修本。

若无这幅石刻长卷的佐证，上述文字或许有言过其实之嫌。

3. 碑碣独立成景

园中独立的碑碣常起到类似雕塑的效果，极具视觉凝聚力。碑碣之美主要体现在碑型、书法、刻工等方面，传统中有"三绝碑"之谓，[①] 即碑文、书法、刻工均属上乘。皇家碑碣材质主要为汉白玉、青白石、艾青石，这就在镌刻之初保证了品质。

颐和园中以万寿山昆明湖碑体量最大，艺术性最高，它结合了嵩山嵩阳观碑[②]与西安石台孝经碑的特点，又有所创新。其碑冠可分为三个层次：最上为庑殿式碑顶，碑脊为四龙捧珠，较之嵩阳观碑的二龙更显尊贵。第二层为出挑部分，称作"云盘"，雕云龙纹。出挑与弧面小于所仿的两座唐碑，使碑形更显峻拔。"云盘"之下为碑额，云龙纹配以描金篆额。

万寿山昆明湖碑的碑身四面刻字，特别是阳面的乾隆擘窠榜书，笔触刻画遒劲力沉，飞白连笔纤毫毕见，很好地呼应了碑体的磅礴气势。其碑座雕有道教护法丁甲神祇，阴、阳护法神各 8 尊，相间排列，合计 16 尊。尤其是转角处各置 1 尊以示八方，为以往碑型所不见。各神像皆刻画入微，显示出高超技艺。

万寿山昆明湖碑是清代皇家碑石中的精华代表，与其同型、体量略小的还有燕墩两都碑、北海琼岛春阴碑、静宜园西山晴雪碑、小西天万佛楼碑等，组成了清代皇家碑石的精华系列。

惠山园（谐趣园）"寻诗径"碑属于小型碑，体量虽小却极尽精微之妙，所刻行楷小字连笔飞白、转折顿挫，以至玺印篆文皆精雕细琢。知鱼桥石牌坊上精刻 28 首小字诗句与印章，加之大字镌刻的额联，更像是一座桥式碑，大大拓展了"知鱼"典故的想象空间，情景交融。其创作形式与圆明园兰亭八柱石刻如出一辙。

园中的三座昆仑石则丰富了刻石类型，为略显平淡的地段平添景趣。昆仑石上诗文描写了乘船来园的沿途风景，使人的想象超出园界。

[①] 还有以碑文、篆额、书法，或以碑文、书法、所颂之人均属上乘而称"三绝碑"。另有"四绝碑"等称谓。

[②] 全称大唐嵩阳观纪圣德感应之颂碑。

碑碣书法是传统游览的一项观赏内容，园中诗刻大多为乾隆御笔，其行楷一丝不苟，行草笔笔适度，遒美俊秀，在历代帝王书法中独具一格。乾隆习字不仅用功勤奋，而且要求严格。他曾下旨收回乾隆二十年（1755年）以前的赐赠书法，谕旨云：

朕几务之暇，时及临池。阅年既多。每自验诣力，觉往日所书未能惬意。凡内府藏弆卷轴及宫殿苑囿题咏者，屡经更易。惟从前颁赐臣工御书，尚多旧时笔法。昔宋米芾以转益多师，擅长艺苑。麻笺十万，散布人间。每欲持以换少年之作，人或靳之。朕非欲与艺林文士较长翰墨之间，第工候浅深，既堪自证。又岂肯惜一举手之劳，而不臻核实求精之境耶？所有乾隆二十年以前赏过内外大臣等御书，俱着缴进。候朕酌量换写给还。其已经成造扁联，及摹勒上石者，仍将墨迹原本呈缴，听候另换。[1]

乾隆二十年（1755年）前的墨迹虽在一般场合难以见到，却在清漪园中保留下来，因为园中群体景观建成于乾隆十六年（1751年），诸多摩崖石刻及宜芸馆法帖石也完成于这一时间前后。从这些石刻中，可以看到乾隆书艺的演变轨迹。这些书法大多被录入《敬胜斋法帖》《石渠宝笈》之中，也为辨认字体提供了帮助。

园中法帖石最为精彩者，当数墨妙轩的《墨妙轩法帖》。乾隆二十年（1755年），继《三希堂法帖》石镶嵌于北海酣古堂后，乾隆又将褚遂良以降的唐宋元十六家30余种墨迹汇编成册，刻石嵌于惠山园墨妙轩两壁，名《三希堂续刻法帖》，又以轩为名，称《墨妙轩法帖》，并亲笔作序。《三希堂法帖》石刻系列代表了中国书法艺术的最高水准，墨妙轩也成为书法精品四大保存地之一，另外三处是北海阅古楼、圆明园淳化轩与坐石临流之兰亭。可惜的是英法联军战火之后，墨妙轩法帖石无存。

刻工是保障石刻品相的关键环节，乾隆十分重视，如在刻制《三希堂法帖》期间，特别安排优秀刻工在懋勤殿值班，委派翰林学士随时校阅指导。

---

[1] [清]董诰等：《清高宗实录》卷七百九十八乾隆三十二年十一月甲辰条，中华书局影中国第一历史档案馆藏原皇史宬大红绫本配北京故宫博物院图书馆藏原乾清宫小红绫本，1985—1986年版。

竣工后乾隆大为满意。

四、颐和园地区石刻的历史价值

石刻碑碣的功用常常概括为四个方面：纪功、纪事、纪言、纪德。纪事在风景园林中表现为纪胜与纪游，是与纸质文字并行的重要史料，因此又被称作"石刻文献"。相对于纸籍的可修改性，石刻文献更具即时性与原真性，是第一手史料。在纸质史籍中，风景园林信息往往少而不详，这就凸显出石刻文献的珍贵，即所谓"证经补史"。《（光绪）顺天府志》总结说：

（金石石刻）所以考证都邑、陵墓、河渠、关隘古今兴废之迹，大有裨于政事，不独奇文翰墨足垂永久也。[1]

这些特点在颐和园地区的石刻碑碣中都有印证。

1. 补阙历史景观意象

清漪园的原始景观在战火中焚毁，大部分相关文献也已阙失，人们对清漪园最初形象的理解因此受到干扰。而各种石刻碑记却将当年乾隆的愿景保留下来，即营建一处永生不灭的佛国世界，这带有浓厚的宗教色彩。万寿山中心轴线安置有三碑两幢（万寿山大报恩延寿寺碑、华严经心镜碑、金刚经塔碑、陀罗尼经幢、金刚经幢）[2]，以表现佛国世界的种种喜乐，寄托着皇帝为母祝寿、引领众生共登春台的美好理想。

正是围绕这一主题，万寿山景点组成了一个内涵一致、彼此呼应的建筑网络。山上各个制高点皆为佛教建筑，如佛香阁、智慧海、须弥灵境、昙花阁、多宝佛琉璃塔与莲座盘云、云会寺、善现寺、宝云阁；延及山麓的重翠亭（供佛）、山色湖光共一楼（供佛），水中的凤凰墩会波楼（供佛）等，也都是佛教建筑。几乎所有佛经中的神祇与说法场景都得以表现。钟磬时鸣于精舍，佛光笼罩着湖山，梵香四溢，在"三山五园"中特色鲜明。

---

[1] ［清］万青黎、［清］周家楣修，［清］张之洞、缪荃孙纂：《（光绪）顺天府志》卷一百二十七《金石志一》，清光绪十二年刻十五年重印本。出处

[2] 与佛教内容无关的碑碣，即使很重要，也未放置在中轴线上，如万寿山昆明湖碑。

石刻文献为解读清漪园提供了重要依据。

又如功德寺，与周边山水本是一个相互联系的景观体系，随着现代城市道路的建设，这一整体格局被切割得支离破碎，已看不到原有的连绵气势。而青龙桥出土的买地券与其他碑碣石刻[①]则记录了当年的山水格局，补足今人的认知，为遗产保护提供了依据。

2. 记录时代背景

清漪园并非仅仅是风景如画、岁月静好，还闪耀着康乾时代的赫赫武功，这以《五百罗汉堂记》碑最为典型。

在中国传统中，为纪念开疆拓土之功，常在太学与战场立碑，即所谓"告成太学""勒石燕然"。统一西北边疆是清前期的丰功伟绩，也是中国历史性的大事件。为此，乾隆皇帝于北京太学国子监竖立平定准噶尔告成太学碑，在决定性战场昭苏格登山上勒石纪功。不仅如此，乾隆还将三篇纪功文《平定准噶尔勒铭伊犁之碑记》《平定准噶尔后勒铭伊犁之碑》《西师诗》刻于万寿山《五百罗汉堂记》卧碑上。

"夏禹导水通渎，刻石名山之高"[②]是传说中"刻石名山"传统的源头；秦始皇七次"刻石名山"，则留下了真凭实据，开后世记功刻石之风。乾隆更将这一传统运用于皇家苑囿之中，将消灭战乱与通向和平联系起来。因为万寿山是永恒祥瑞的佛国世界，亭台楼阁是须弥山的乐土化境，栩栩如生的五百罗汉则营造着快乐生命的近人感受。记功碑丰富了永恒万寿的主题，也将一座长满荒草的小丘升华为彪炳国威的名山，使其成为盛世荣耀的"纪念碑"。

3. 纪事的原真性

石刻作为第一手史料的原真性，在万寿山昆明湖碑中有着鲜明印证。其碑东侧诗刻云："面水背山地，明湖略仿西。"是说昆明湖布局略微模仿了杭州西湖。这是乾隆学习江南园林的一贯原则，即"略仿""肖其意"。

---

① 还有元代大承天护圣寺碑、明代《大功德寺记》碑、清代《重修功德寺碑记》碑，参见拙著《湖山真意——颐和园地区历代帝王诗文解读》，北京出版社，2024年版。

② 夏禹治水功成，刻石于南岳岣嵝山。[明]徐灵期《衡山记》，见[明]杨慎《丹铅余录》卷二十七，清文渊阁四库全书本。

然而此诗后来编入诗集时，被文臣润色成"面水背山地，明湖仿浙西"[①]，使原诗的"略"意荡然无存。若不明就里，以此为据过度夸大"模仿"之效，生硬比对二地风景，就会陷入"强词"的死胡同。其实不论是颐和园西堤，还是惠山园，乃至避暑山庄的烟雨楼、狮子林等，冷眼看去都与原型相去甚远。时至乾隆中期，皇家造园已形成自己鲜明的个性、风格与模式，江南园林只是设计构思时的引子，皇家造园对其只是意仿而已。万寿山昆明湖碑上的诗刻为这一思想脉络留下坚实可靠的证据。

4. 补史之阙

自明代开国600余年间，人们只知瓮山下有耶律楚材祠，直到1998年偶然发现耶律铸夫妇墓穴及其墓志铭，才填补了历史的空白。墓志铭记载的耶律铸生平，为以往史料所阙如；墓穴的发现，使人们了解到这是一处家族墓园。沿着耶律铸的线索，本书搜集到另一篇神道碑文，清晰地表明耶律楚材之孙耶律希亮也葬于此。碑文还记述了蒙元之际，忽必烈与阿里不哥持续四年的汗位争夺战，其内容之详无有替代者。这为颐和园文化遗产增加了新内容，对将来可能出现的地下发现提供了预热。

五、清宫刻石机构与管理

在清代宫廷机构中，设有内务府御书处负责刻石工作，包括勾摹、镌刻、拓制、装裱御笔诗文，以及制作御墨。下设刻字作、裱作、墨刻作及墨作等部门。机构位于紫禁城西华门内、南薰殿之西，房舍三十四间。

刻石工序包括刻字、勾墨、顶朱，以及镌刻印章。《三希堂法帖》的镌刻人有宋璋、二格、扣住、焦国泰等，《墨妙轩法帖》的镌刻人为焦国泰。他们均被授以官职，是高级技师兼管理者，领导着大批中低级雕刻技工。

清代各帝都有御笔书法刻石，这是一项代代传承的家法，正如官方所说："伏惟本朝列圣天章睿藻，垂范墨池。"[②]光绪初年整理库存时，御书处有尚未安置的"列圣御笔及臣工所书，共计大小石刻三千九百二十六块"，其中包括嘉庆皇帝的《罪己诏》石刻，以及道光皇帝的《万寿山玉

[①]《清高宗御制诗集》二集卷三十八《万寿山即事》。
[②]《清朝通志》卷一百十五《金石略》，浙江古籍出版社，1988年版。

澜堂锡宴十五老臣赓歌图绘以彰盛事》石刻。[①] 可见颐和园石刻仅是这一文化传统的冰山一角。

在皇家苑囿中，御笔石刻受到定期维护，正如嘉庆所说："况有石刻御诗奎光辉映，岂可任其倾圮弗加修治哉？"[②] 如耕织图昆仑石原为露天陈设，到道光时加建碑亭予以保护，表达出对先祖的敬仰之情。此外，已立碑碣还有不断调整的情况，如万寿山前中轴线周边的碑石曾有过三次调整，清宫《军机处档》记载：

乾隆四十四年三月二十九日奉旨：佛香阁前添建石碑一统，碑亭一座。对著转轮藏阁后，碑亭分位建造。今将右碑之满文挪刻在左碑之碑阴，右碑之满文磨去，以待将来前面刻汉文，后面刻满文，其两统碑后面之诗皆刻在新立之碑上，钦此。刘浩抄存档房。

这种调整在其他文献中也有表现。在《崇庆皇太后万寿庆典图》中，可见到大雄宝殿前左右两座佛经碑亭，却不见万寿山大报恩延寿寺碑。而在《日下旧闻考》中则记录大雄宝殿前为万寿山大报恩延寿寺碑碑亭，两佛经碑亭位于大雄宝殿后左右。《崇庆皇太后万寿庆典图》完成于乾隆二十四年（1759年），而《日下旧闻考》成书于乾隆四十三年（1778年）。三种文献中的差异，恰恰是碑亭调整演变的真实反映，给人们留下考证的空间，从中或许可以发现更多的历史事件。

六、结语

综上所述，颐和园地区的石刻碑碣兼具审美与历史价值，其原真性与详实的细节，大大丰富了我们对颐和园地区历史景观的已有认知。

颐和园中还有许多石刻尚未被发现，吸引着爱好者继续探寻。历史上早就有一些"寻碑"发烧友。正如《雪屐寻碑录》书名展示的那样，发现之趣乐在其中。本书所录也为寻碑爱好者提供了参考，或许可以成为一项

[①] 故宫博物院编：《民国文献丛编》民国二十六年第七辑，《文献丛编》全编第10册影故宫博物院铅印本，北京图书馆出版社，2008年版。

[②] ［清］仁宗颙琰：《清仁宗御制文集》二集卷五《谐趣园记》，故宫珍本丛刊本，海南出版社，2000年版。参见拙著《湖山真意——颐和园地区历代帝王诗文解读》，北京出版社，2024年版。

专题性的游览项目。

颐和园石刻也为传统园林的继承发展提供了珍贵样本。笔者在所主持的园林设计项目中，尝试将石刻传统融入其中，以为今天的文化自信、文化生活服务。

石刻文化涉及广泛，辑录编著过程充满挑战，其中错误在所难免，也恳请方家学者指正，以期再版时更改。

作者

2021 年 12 月　识于北京天畅园

目 录

颐和园内纪胜纪游石刻碑碣

万寿山昆明湖碑 ··· 2

万寿山大报恩延寿寺碑 ·· 14

万寿山花承阁多宝佛塔碑 ·· 21

青芝岫石刻 ··· 28

介寿堂东国花台石碣刻字 ·· 40

石丈亭太湖石刻字 ·· 41

仁寿殿太湖石刻字 ·· 42

宜芸馆法书石刻十八帖 ·· 44

谐趣园知鱼桥石坊刻字 ·· 69

谐趣园"寻诗径"碑 ··· 79

谐趣园"寻诗径"周边山石刻字 ···································· 83

谐趣园涵光洞山石刻字 ······················· 85

谐趣园湛清轩石屏风刻字 ····················· 87

谐趣园慈禧摩崖刻字 ························ 92

含新亭周边山石摩崖刻字 ····················· 96

福荫轩西摩崖刻字 ·························· 98

重翠亭西摩崖刻字 ·························· 99

赅春园清可轩摩崖诗刻群 ···················· 100

香岩室摩崖刻字 ··························· 119

延清赏楼山坡摩崖题刻 ····················· 123

昆明湖东堤铜牛铭文 ······················· 124

铜牛昆仑石 ······························ 132

绣漪桥昆仑石 ···························· 138

耕织图昆仑石 ···························· 146

耕织图延赏斋廊壁石刻诗画《耕织图》·············· 150

玉带桥刻石 ······························ 185

颐和园内佛经与纪事石刻碑碣

万寿山经幢之一：《佛顶尊胜陀罗尼经》经幢 ············ 188

万寿山经幢之二：《佛说金刚三昧本性清净不坏不灭经》经幢 ······· 194

万寿山佛经图碑之一：《金刚经塔》………………………… 199

万寿山佛经图碑之二：《心镜图》…………………………… 203

万寿山五百罗汉堂碑…………………………………………… 203

清乾隆十五年耶律楚材祠墓碑………………………………… 228

耶律楚材神道碑………………………………………………… 231

耶律铸墓志铭…………………………………………………… 242

耶律铸夫人奇渥温氏墓志……………………………………… 245

耶律希亮神道碑………………………………………………… 246

颐和园外碑碣

清乾隆金河碑…………………………………………………… 254

清乾隆麦庄桥碑………………………………………………… 256

清乾隆万泉庄碑………………………………………………… 260

清乾隆万泉庄三十一泉碣石刻字……………………………… 264

清乾隆泉宗庙西碑……………………………………………… 266

清乾隆泉宗庙东碑……………………………………………… 268

北坞村明天顺普陀寺碑………………………………………… 270

北坞村清光绪净道圣会碑……………………………………… 272

玉泉山蒙元玉泉碑……………………………………………… 275

玉泉山清康熙贾汉复纪功碑……276

明景泰西林禅寺碑……278

金山陵寝明英宗安妃杨氏圹志……279

金山陵寝明武宗贤妃沈氏圹志并盖……281

金山陵寝明神宗悼嫔耿氏圹志并盖……284

金山陵寝明熹宗女永宁公主圹志并盖……285

金山陵寝明熹宗纯妃段氏圹志并盖……286

宝藏寺明正统宝藏寺碑……287

宝藏寺清康熙宝藏寺碑……292

宝藏寺清乾隆宝藏寺碑……294

宝藏寺清道光宝藏寺碑……297

宝藏寺清光绪宝藏寺碑……298

宝藏寺清宣统宝藏寺碑之一……300

宝藏寺清宣统宝藏寺碑之二……302

镶红旗清咸丰关帝庙碑……304

青龙桥清乾隆城关石额……307

青龙桥清嘉庆黄旗营关帝庙碑……309

青龙桥明崇祯四年王学买地券……310

青龙桥明万历慈恩寺碑……312

大有庄清乾隆城关额与村名碑……315

主要参考文献 ··· 317
后记 ··· 321

知荇锄芟道春耘早
正是投赇时
法治蔡襄书

颐和园内
纪胜纪游石刻碑碣

万寿山昆明湖碑

叙录

　　清乾隆辛未年（乾隆十六年，1751年）立，位于万寿山前中轴线东、转轮藏建筑前。碑通高9.875米，其中座高1.97米，碑身高4.26米，碑首高3.645米。青白石材质。碑身四面刻字，皆为乾隆御笔行书。碑形是在唐嵩山嵩阳观碑与西安石台孝经碑基础上的创新。同系列的还有燕墩帝都碑及副碑（首都博物馆前）、北海"琼岛春阴"碑、香山"西山晴雪"碑。

万寿山昆明湖碑南侧

万寿山昆明湖碑碑首南侧刻字

　　（篆额）**御制**

乾隆御笔
（乾隆御筆）

万寿山昆明湖碑碑身南侧刻字

　　（额章）**乾隆御笔**

　　（榜书）**万寿山昆明湖**

万寿山昆明湖碑北侧

万寿山昆明湖碑碑身北侧刻字

　　（正文行书）**万寿山昆明湖记**

　　岁己巳，考通惠河之源而勒碑于麦庄桥。《元史》所载：引白浮、瓮山诸泉云者，时皆湮没不可详。夫河渠，国家之大事也。浮漕、利涉、灌田，使涨有受而旱无虞，其在导泄有方而潴蓄不匮乎！是不宜听其淤阏泛滥而不治。

　　因命就瓮山前，芟苇茭之丛杂，浚沙泥之隘塞，汇西湖之水，

万寿山昆明湖记

万寿山昆明湖记

岁己巳考通惠河之源而勒碑於麦庄桥元史所载引白浮瓮山诸泉云者时皆湮淡不可详夫河渠国家之大事也浮漕利涉灌田使涝有方而潦菁不置乎是其㳲濬泛滥而不治因命就瓮山前芟苇茇之丛浚沙泥之隘塞㴱之及深两倍於旧踰崖之水之难为之以僬侥有成焉则其所得者必少而所失者必多矣此于两惭集事之难也云者别以今年荟逢

西湖之水都为一区经始之时用事者咸以为新湖之郭与深两倍於旧踰崖应水之之及湖成而水通则汪洋漰沆鞍於是又度夏秋汛涨或有踈虞甚矣事之难也今之为湖既成因赐名万寿山昆明湖景仰放勋之迹兼寓习武之意浮泉瀍山而易之曰万寿

可典乐成者以因循为得计而古人良法美意过且及民而中止不完者皆是也今之为

栖为堰为涵洞非所以待汛涨乎非所以济渰腾乎非以启闲以时使东南顺轨以浮漕而利涉乎昔之城河水不盈尺今则三尺矣昔之海甸无水田今则水田日辟矣顾予不以此矜细务有弗辟致众议有弗愊

皇太后六旬大庆建延寿寺於山之阳故尔寺别有记兹特记湖之成並元史所载泉源始

乾隆十有六年岁次辛未长至月御製并书

御制《万寿山昆明湖记》碑

都为一区。经始之时，用事者咸以为新湖之廓与深两倍于旧，踟躇虑水之不足。及湖成而水通，则注洋漭沆，较旧倍盛，于是又虑夏秋汛涨或有疏虞。

甚哉！集事之难，可与乐成者以因循为得计，而古人良法美意，利足及民而中止不究者，皆是也。今之为闸，为坝，为涵洞，非所以待汛涨乎？非所以济沟塍乎？非所以启闭以时使东南顺轨以浮漕而利涉乎？昔之城河水不盈尺，今则三尺矣！昔之海甸无水田，今则水田日辟矣。

顾予不以此矜其能而滋以惧。盖天下事必待一人积思劳虑，亲细务有弗辞，致众议有弗恤，而为之以侥幸有成焉，则其所得者必少而所失者亦多矣。此予所重慨夫集事之难也。

湖既成，因赐名"万寿山昆明湖"，景仰放勋之迹，兼寓习武之意。得泉瓮山，而易之曰"万寿"云者，则以今年恭逢皇太后六旬大庆，建延寿寺于山之阳故尔。寺别有记，兹特记湖之成，并《元史》所载泉源始末废兴所由云。

（款识）**乾隆十有六年，岁次辛未长至月。御制并书。**

（钤印）**惟精惟一、乾隆宸翰**。

惟精惟一

乾隆宸翰

题解

清高宗御制并书。载《清高宗御制文集》初集卷五，乾隆辛未年（乾隆十六年，1751年）作。

注释

万寿山昆明湖记

岁己巳①，考通惠河②之源而勒碑于麦庄桥③。《元史》所载引白浮、瓮山诸泉④云者，时皆湮没不可详。夫河渠⑤，国家之大事也。浮漕⑥、利涉、灌田，使涨有受而旱无虞⑦，其在导泄有方而潴蓄⑧不匮乎！是不宜听其淤阏⑨泛滥而不治。

①【岁己巳】乾隆己巳年，即乾隆十四年（1749年），当年年后昆明湖拓展工程开始。

②【通惠河】元代郭守敬主持修建，上游源自昌平白浮泉，沿西山麓收入十余泉，汇于瓮山泊，再向东南穿过城区，至通州入北运河，全长82公里，元世祖忽必烈命名为"通惠河"。江南漕船到通州后，可经通惠河直达城内积水潭。明初上游白浮泉至瓮山泊段淤废，其后，玉泉及瓮山泊成为主源头。通惠河中下游虽在明成化、正德、嘉靖年间屡加整修，但终因水源不足，功效不及元代。又因城内故河被圈入宫墙之内，漕船只能以北京东南的大通桥为终点，仅剩东直门水闸至通州20公里河道，基本保留原貌和原名。

③【麦庄桥】位于颐和园南长河上，大致在万寿山与高梁桥、西直门的中点。乾隆皇帝将自己对北京水系的调查分析，以及玉泉水系与西山、北京城的关系，写成《麦庄桥记》，刻碑立于麦庄桥附近的长河右岸。(《麦庄桥记》内容详见本书专题）。

④【白浮、瓮山诸泉】白浮即白浮泉，《元史》记载，泉出于北京昌平神山，至瓮山泊沿途还有双塔泉、马跑泉、冷泉等。

⑤【河渠】泛指河道与水利设施。如《史记》列有《河渠书》。

⑥【浮漕】漕运。

⑦【虞（yú）】忧虑。

⑧【潴蓄】指蓄洪贮水。潴（zhū），水停留。

> "不特平者成膏腴，下者资潴蓄，即高原之水有所泄，梁麦亦倍收矣。"（清·冯桂芬《兴水利议》）

⑨【淤阏（è）】水流不通。

因命就瓮山前，芟⑩苇荄⑪之丛杂，浚沙泥之隘塞，汇西湖之水，都为一区。经始之时，用事者咸以为新湖之廓与深两倍于旧，踯躅⑫虑水之不足。及湖成而水通，则注洋潆沆⑬，较旧倍盛，于是又虑夏秋汛涨或有疏虞⑭。

⑩【芟（shān）】除草，引申为刈除。

> "芟林薙草，斩荆榛。"（后晋·刘昫等《旧唐书·李元谅传》）

⑪【苇茭】芦苇、茭白。这里泛指沼泽杂草。

"荇菰蒻蒲，以荐以茭。"（南朝宋·谢灵运《山居赋》）

⑫【踟躇（chí chú）】《清高宗御制文集》作"蹰"。犹豫；迟疑。

⑬【漭沆（hàng）】水广大貌。

"沧池漭沆帝城边，殊胜昆明凿汉年。"（唐·韦元旦《兴庆池侍宴应制》）

⑭【疏虞】疏忽；失误。

"上易下难须审细，左提右挈免疏虞。"（宋·苏轼《画车诗二首之一》）

甚哉⑮！集事⑯之难，可与乐成⑰者以因循⑱为得计⑲，而古人良法美意，利足及民而中止不究者，皆是也。今之为闸，为坝，为涵洞，非所以待汛涨乎？非所以济沟塍⑳乎？非所以启闭以时使东南顺轨㉑以浮漕而利涉㉒乎？昔之城河水不盈尺，今则三尺矣！昔之海甸㉓无水田，今则水田日辟矣！

⑮【甚哉】感叹词。

"北自龙门至于朔方。曰：甚哉，水之为利害也！余从负薪塞宣房，悲《瓠子》之诗而作灌渠书。"（汉·司马迁《史记·河渠书》）

⑯【集事】成事；成功。

"真才实学足以集事，断断乎不可以虚名胜也。"（明·李贽《初潭集·君臣》）

⑰【可与乐成】可以同享成功结果。乐成，犹成功。本句借用商鞅名言："民不可与虑始，而可与乐成。"商鞅说，凡事创新之初，常人总会怀疑反对，所以不能与他们共谋虑于开始，只有后来出现成果的时候，他们才会高兴分享。

"臣闻之，疑行无成，疑事无功。君亟定变法之虑，殆无顾天下之议之也。且夫有高人之行者，固见负于世。有独知之虑者，必见骜于民。语曰：'愚者暗于成事，智者见于未萌。民不可与虑始，而可与乐成。'郭偃之法曰：'论至德者不和于俗。成大功者不谋于众。'法者所以爱民也，礼者所以便事也。是以圣人苟可以

强国，不法其故；苟可以利民，不循其礼。"（《商君书·更法》）

"贞良畏慎，失于狐疑，可与乐成，难与谋始。"（唐·李筌《神机制敌太白阴经》）

⑱【因循】保守；守旧。

"庸人之情，喜因循而惮改为，可与乐成，难与虑始。"（宋·司马光《策问》）

"因循而不知变计，畏缩而不敢奋发。"（清·侯方域《南省试策四》）

⑲【得计】契合心意。

"于蚁弃知，于鱼得计，于羊弃意。"（《庄子·徐无鬼》）

⑳【沟塍】沟渠和田埂。塍（chéng），田埂。

"疏通畦垄防乱苗，整顿沟塍待时雨。"（唐·戴叔伦《女耕田行》）

㉑【东南顺轨】通惠河通过北运河，与北京东南方向的京杭大运河接顺连通。

㉒【利涉】顺利渡河。这里指利于舟楫漕运。

㉓【海甸】即"海淀"。

顾予不以此矜其能㉔而滋以惧。盖天下事必待一人积思劳虑，亲细务有弗辞㉕，致众议㉖有弗恤㉗，而为之以侥幸有成焉，则其所得者必少而所失者亦多矣。此予所重慨夫集事之难也。

㉔【矜其能】以才能自负自夸。

"功大而不伐，业明而不矜。"（《管子》）

㉕【有弗辞】不推辞、不回避。承担起琐碎事务。

㉖【致众议】招致纷纷议论。

㉗【有弗恤】不必顾虑。恤（xù），忧虑；忧患。承受住众议质疑。

"悠悠之议，恐不足恤，在力行之而已。"（宋·王安石《与孟逸秘校手书》）

"天变不足畏，祖宗不足法，人言不足恤。"

"故当其为之，不为暂辍、不为遐遗，怨有弗恤，誉有弗嫌。

若恫在躬，若蛊在家。必竭吾心而后已焉。"（明·邵宝《容春堂前集》卷十一）

  湖既成，因赐名"万寿山昆明湖"。景仰放勋[28]之迹，兼寓习武[29]之意。得泉瓮山，而易之曰"万寿"云者，则以今年恭逢皇太后六旬大庆，建延寿寺于山之阳故尔。寺别有记，兹特记湖之成，并《元史》所载泉源始末废兴所由云。

  乾隆十有六年，岁次辛未长至[30]月。御制并书。

  [28]【放勋】上古帝尧名。帝尧主政期间，命鲧治水。传说汉长安昆明池有帝尧治水停船的遗址。

  [29]【习武】指汉武帝开挖昆明池之事。汉武帝元狩三年（前120年）在长安，仿滇池开挖周边40里的昆明池，训练水军。清代乾隆年间，自昆明湖建成后，也设战船仿福建广东巡洋之制，于湖内按期水操（参见铜牛注释）。

  [30]【长至】指夏至。夏至白昼最长，故称。

译文

万寿山昆明湖记

  乾隆己巳年（乾隆十四年，1749年），我曾考证通惠河之源，将其结论刻碑于麦庄桥。《元史》中记载的，引作通惠河水源的白浮、瓮山各泉，现皆已湮没不可详述。论及河渠水利，实为国家之大事。通漕运、利交通、灌农田，使涝有受处而旱无忧虑，这些全基于水利的排泄有方、蓄水无竭。因此不能听任水源地淤塞、泛滥而不治理。

  因此我命人于瓮山前，除去芦苇、茭菰等蔓丛杂草，疏浚淤堵泥沙，融汇西湖水脉，整合为一体。筹划之初，议事者都认为新湖范围与深度两倍于旧湖，迟疑忧虑水量之不足。及至湖成蓄水，汪洋浩瀚，比旧湖倍增辽阔。于是议事者又担心夏秋汛期水涨，或有泛滥之闪失。

唉！成事之难，就在于乐见结果的人，往往因循守旧，难以共谋于始（一有创新，便迟疑观望），而那些古来利民的良好方法、美好意图也不继续深究，这些都难于成事。

今日湖成，建闸、建坝、建涵洞，不就是有备于汛期水涨吗？不就是调水于田垄沟渠吗？不就是按时开关水闸以使东南水路顺畅便利漕运吗？（不都是古人惠民的良法美意吗？）昔日护城河水深不盈尺，今日已三尺之深！昔日海淀无水田，今则水田开辟日增不已！

对我而言，这些成效不足以让我自夸高明，反倒益增戒惧谨慎。因为（乐成的人难以共谋于始），天下事（谋划之初）必待一人决断，殚精竭虑，亲理琐碎之事而不推辞；招致众议质疑而不犹豫，如此为之才能幸运成事。这样所得必然很少，而失去也必然很多。这是我一再感慨的：成事难呀！

湖既成，特赐名为"万寿山昆明湖"，以示敬仰唐尧治水的圣迹，兼有继承汉武拓湖尚武的寓意。得水映照的瓮山改名为"万寿"，是因为今年恭逢皇太后六十大寿、建延寿寺于山南的缘故。延寿寺有别文记述，此处专记湖的建成，以及《元史》所载泉源废兴之缘由。

乾隆辛未（乾隆十六年，1751年）岁在辛未夏至月。御制并书。

解读

昆明湖拓展前，湖水位于元代瓮山大堤以西，大堤经元、明及清代康熙初年的多次修筑，已成为北京西湖的重要标志，为京城造福400年之久。由于上游白浮河的断流，明清两代北京西湖又成为京杭大运河的北源头。然而，由于生态环境变迁，湖床越来越小，随着乾隆初年西北郊农田、园林的大规模建设，以及日增不已的漕运需求，西湖供水已处于难以为继的状态。

为扩大蓄水量，乾隆计划砸掉数百年瓮山大堤的一部分，将西湖东扩，使堤东原有稻田、提供马料的湿地与渠网合为一湖。这是一个大胆的创造性思路，希望与危机并存，万一水源不足或水大泛滥怎么办？这都影响着他的最终决策。

乾隆在这篇文记中主要讲述了决策过程。迟疑观望的议事臣属，应该是海望、三和等内务府重臣，所以乾隆在行文表述中委婉、隐晦，引用了商鞅的"民不可与虑始，而可与乐成"，进而又引申为"天下事必待一人积思劳虑"。其政治背景则是乾隆十三年（1748年）后皇帝渐趋严厉的乾纲独断。

由于清漪园早期资料稀缺，这篇文记显得弥足珍贵。它与《麦庄桥记》《万寿山大报恩延寿寺记》《万寿山清漪园记》《志过诗》四文共同勾勒出清漪园早期建设的思想脉络，有助于后人对这一文化遗产的理解。（《万寿山清漪园记》详见《湖山真意——颐和园地区历代帝王诗文解读》，余见本书。）

附录

御制万寿山昆明湖记恭跋

钱陈群

《洪范》曰：听曰聪，聪作谋。所谓谋者，该成事而言，惟聪乃断耳。昆明湖之浚，汇诸泉而潴之使导。我皇上考据精详，知泉脉深远，绰约微达，出入就鲜，万折必东，审其势，顺其性，俾其不缩不滥，而功成之日遍与利济，视前制为益备。若非断自宸衷，则因循观望、坐失事机夫岂少哉！皇上乐其成而转忧出谋之难，所以示训者深矣。

题解

钱陈群（1686—1774），字主敬，号香树，又号集斋。浙江嘉兴人，官至刑部侍郎，加尚书衔。本文载于其文集《香树斋诗文集》，清乾隆刻本。

万寿山昆明湖碑东侧

万寿山昆明湖碑碑身东侧刻字

韶月①寻清赏，芳晨礼照园。山容将欲染，春事渐堪论。
阶藓含阳重，林禽较昔繁。吉云频蕴酿，雪雨总天恩。

面水背山地，明湖略仿西②。琳琅③三竺宇④，花柳六桥⑤堤。
冻解凫鹥⑥乐，风轻梵呗低。高峰称万寿，慈寿祝同齐。

梅雪清喷麝，松风谡起涛⑦。得奇欣在迩⑧，因迥亦为高。
纵匪民之力⑨，宁无作者劳⑩？抒怀聊即事，便与付宣毫⑪。

（款识）**万寿山即事三首。乾隆癸酉春月。御题并书。**

（钤印）**乾隆宸翰、陶冶性灵。**

乾隆宸翰

陶冶性灵
（陶冶性靈）

题解

清高宗御制并书。诗题《万寿山即事》，载《清高宗御制诗集》二集卷三十八。乾隆癸酉年（乾隆十八年，1753年）作。碑刻"明湖略仿西"，而在诗集中记为"明湖仿浙西"。碑刻应是乾隆帝初意。

注释

①【韶月】指春月、春天。

"初岁开韶月，田家喜载阳。"（唐·韦述《春日山庄》）

②【明湖略仿西】昆明湖在布局上略仿杭州西湖而建。明湖，即昆明湖。本句为乾隆最初之意，但难于理解。文集中改作"明湖仿浙西"，代指意思稍明，但"略"意尽失。

③【琳琅】泛指清脆美妙的声音。

"尤爱檐间竹，风来响琳琅。"（宋·沈辽《宴集》）

④【三竺宇】杭州西湖之西矗立着天竺山，建有上、中、下天竺寺。三竺宇代指天竺山，是西湖上重要的借景资源。此句意为：西风时送天竺山的梵钟佛铃，美妙清脆。这一景观格局也被仿照于昆明湖、玉泉山之间。乾隆还常常在诗中将玉泉山比称天竺山。

⑤【六桥】杭州西湖苏堤建有六桥,而昆明湖也照样筑堤、照数建桥,不过堤的走向与桥形自有特色,所以乾隆诗云"略仿"。

⑥【凫鹥(fú yī)】凫和鸥。泛指水鸟。

⑦【谡起涛】谡谡松涛之声。谡(sù),谡谡的缩写。劲风声。

"卧听谡谡碎龙鳞,俯看苍苍立玉身。"(宋·苏轼《西湖寿星院此君轩》)

⑧【得奇欣在迩】奇景喜在近旁(而不必远寻)。迩(ěr),近。句用典袁崧《西陵峡记》:"既自欣得此奇观,山水有灵,亦当惊知己于千古矣。"

⑨【纵匪民之力】不仅有民众之力。匪,意同"非"。

"匪手携之,言示之事;匪面命之,言提其耳。"(《诗经·大雅·抑》)

"肇建节旄,再司管钥,匪周邦之独慰,乃黎献之交欣。"(宋·王安石《贺留守太尉启》)

⑩【宁无作者劳】也有创意者的辛劳。以反问示肯定。作者,创始之人。

"作者之谓圣,述者之谓明。"(《礼记·乐记》)

⑪【宣毫】安徽宣城生产的毛笔,以制造精美著称。这里代指毛笔。

万寿山昆明湖碑西侧

万寿山昆明湖碑碑身西侧刻字

出墙有舫候堤边,迤逦玉河棹向前。
流水无冰淳水①冻,户枢不朽②理同然。

界湖楼迥俯长川,建闸高低资节宣。
缀景讵③因供游赏,大都图以灌溪田。

氀毹④帷暖水寒降,大食⑤玻璃亦置窗。
岸转舟回山改向,何殊揽景泛吴江⑥。

来往必经耕织图,耕夫织妇厪⑦勤劬⑧。
饲蚕浸种时虽早,此意宁当一刻无。

堤界昆明西与东，六桥如带总舟通。

治经水阁⑨夫何似？一朵芙蓉玉镜中。

画舫乘来到石舫，清漪园接静明园。

于斯自问犹觉恧⑩，何怪他人有后言。

（款识）**自玉河泛舟至昆明湖即景得句。庚寅御笔。**

（钤印）**所宝惟贤、乾隆御笔。**

所宝惟贤
（所寶惟賢）

乾隆御笔
（乾隆御筆）

题解

清高宗御笔行书，七绝六首。诗题《自玉河泛舟至昆明湖即景得句》，载《清高宗御制诗集》三集卷八十七，乾隆庚寅（乾隆三十五年，1770年）作。

注释

①【渟（tíng）水】静止不流动的水。本句是说，冬季静止的水面都结了冰，而玉河（自玉泉山至昆明湖段）并不结冻。诗作之际乾隆乘舟冬游，自玉泉山航向万寿山。

②【户枢不朽】亦作"户枢不蠹"，指门轴常转而不会被虫蛀腐朽。玉河冬流不冰，正如"户枢不蠹"的道理一样。也说明当年玉河水速快、水量大。

③【讵（jù）】岂、难道。本句是说，界湖楼的设置不仅仅是为点景，更是为建闸控水以灌田。

④【氍毹（qú shū）】毛织的布或地毯。

⑤【大食】波斯语的音译，原为一伊朗部族之称。唐代以后用以称阿拉伯地区。

⑥【吴江】吴国一带的江河。代指江南水乡。

⑦【廑（qín）】音意同"勤"。

⑧【勤劬（qú）】辛勤劳累。耕夫织女忙于劳作。

"望旧邦兮路逶随，忧心悄兮志勤劬。"（汉·王逸《九思·逢尤》）

⑨【治经水阁】笔误。治经，应是"治镜"，治镜阁在昆明湖西北湖中，是玉泉山向东舟行时最先看到的景物。全句应为"治镜水阁夫何似"。

⑩【恧（nù）】惭愧。

万寿山大报恩延寿寺碑

叙录

清乾隆十六年（1751年）立，位于清漪园大报恩延寿寺大雄宝殿前正中。碑身刻《御制万寿山大报恩延寿寺碑记》，分别以汉文、满文、蒙古文、藏文四样字各书一面。形式应与静宜园昭庙碑类似而高大。现无。

万寿山大报恩延寿寺碑

万寿山大报恩延寿寺碑记

钦惟我圣母崇庆慈宣康惠敦和裕寿皇太后，仁善性生，惟慈惟懿，母仪天下，尊极域中。粤乾隆辛未之岁，恭遇圣寿六秩诞辰，朕躬率天下臣民，举行大庆礼，奉万年觞，敬效《天保》南山之义。以瓮山居昆明湖之阳，加号曰"万寿"，创建梵宫，命之曰"大报恩延寿寺"。殿宇千楹，浮图九级，堂庑翼如，金碧辉映，燃香灯，函贝叶，以为礼忏祝嘏地。

朕惟人子之于亲恩罔极、则思报之心与为罔极。而报恩之分恒不能称其思报之愿。凡所为祝禧颂嘏，修香光之业，开法喜之筵，于申报曷能以毫发数？亦随时随地致其爱慕诚悃云尔。

位于静宜园昭庙的四样文碑

我圣母至仁广被，如大云起雨，一切卉木药草，随分受润，慈心善质，自足以缉纯嘏，集遐福。盛德之致福永年，固有不求而至焉。而兹复以祇陀布金之园，为灌佛报恩之举。金盘炫日则光照云表，宝铎舍风则音出天外，法鼓洪响，偈颂清发，于以欢喜赞诵，不更有以广益福利，绵远增高，为圣母上无量之寿哉！

自今伊始，其以兹寺为乐林、为香国，万几之暇，亲奉大安辇随喜于此。前临平湖，则醍醐之海也；后倚翠屏，则阿耨之山也。招提广开，舍利高矗，则琉璃土而玉罋台也。散华葳蕤，流芬飞樾。栴檀之香溯风而闻，迦陵之鸟送音而至。

我圣母仁心为质，崇信净业，登斯寺也，必有欣然合掌、喜溢慈颜者，亦足为承欢养志之一助。且山容清净，贞固恒久，宝幢金刹，日月常新。

借兹山之命名，申建寺之宏愿，春晖寸草之心与俱永焉。

爰为之记，并依般若四声作祝颂曰：

佛言慈善根，广受诸利益。如缫能借玉，如磁解吸铁。
又言布施力，指期得果报。如尼拘类树，岁收实数万。
洪惟我圣母，圣善实性生。至仁荫世界，慈氏再出世。
譬犹黍谷吹，葭管才一动。万物尽和煦，蔼然游春温。
以此无量德，致彼无量福。五福寿最先，寿量不可说。
我欲报罔极，亦复何以加。宝篆镂精璆，琼册镌华玉。
惟闻香光业，供养利人天。堪以无碍施，广益无量寿。
遂效呼嵩祝，耆阇崛移来。更辟甘露场，祇树园布就。
青鸳大兰若，堂殿八九重。铁锁界百道，铃铎半空响。
后有舍利塔，直上凌虚空。高悬金露盘，去地百余丈。
中为无垢地，处处白银阶。涂壁百品香，窜地七宝饬。
堂堂莲花座，宝相何庄严。涌现白毫光，圆容规满月。
其余大菩萨，罗汉及金刚。金缕伽梨衣，各各端正在。

宝刹初告成，圣寿聿届临。彩幢华盖中，虔修佛顶会。
以何备供养，新鲜五茎花。摩勒果万枚，伊蒲馔千斛。
又何备供养，五彩毡氍毹。新罗紫金钟，祇洹青玉钵。
环绕礼法忏，膜拜复呗诵。牟尼一串珠，遍翻榆槊函。
轰轰法鼓震，琅琅铜钹响。薝卜散馥郁，慧灯发光明。
维时十方界，无不生欢喜。龙天八部中，一声齐赞叹。
天女散香花，众花纷纷下。拈花虔顶礼，敬上无量寿。
亦有大迦叶，如闻紧那弦。起作小儿舞，敬上无量寿。
最后如来佛，降自忉利天。手持千叶莲，敬上无量寿。
圣寿本无量，更有无量加。无量复无边，万万千千岁。
以兹福德地，常作快乐园。时驾紫蔚车，来此一随喜。
喜林大葱郁，乐树高婆娑。四望种福田，三界选佛地。
朝朝承圣欢，岁岁奉慈辇。延此无量寿，敬报罔极恩。

题解

　　清高宗撰文，汪由敦正书。文题《万寿山大报恩延寿寺碑记》，载《清高宗御制文集》初集卷十八，作于乾隆辛未年（乾隆十六年，1751年）。

注释

万寿山大报恩延寿寺碑记

　　钦惟①我圣母崇庆慈宣康惠敦和裕寿皇太后，仁善性生，惟慈惟懿②，母仪天下，尊极域中。粤乾隆辛未之岁，恭遇圣寿六秩③诞辰，朕躬率天下臣民，举行大庆礼，奉万年觞，敬效《天保》南山④之义。以瓮山居昆明湖之阳，加号曰"万寿"，创建梵宫，命之曰"大报恩延寿寺"。殿宇千楹⑤，浮图九级，堂庑⑥翼如，金碧辉映，燃香灯，函贝叶⑦，以为礼忏⑧祝嘏⑨地。

　　①【钦惟】发语词。犹言敬思。

　　②【惟慈惟懿】即慈懿，犹慈善。惟慈惟善。

　　"惟我岳母，慈懿为德，勤俭成家，既获既食。"（明·何景

明《祭岳母文》）

③【秩】十年。

④【《天保》南山】即《诗经·小雅·天保》，这是祝寿君主的诗，其中有句："如南山之寿，不骞不崩。"

⑤【楹】量词，古代计算房屋的单位，一说一列为一楹，一说一间为一楹。

⑥【堂庑】堂及四周的廊屋。泛指屋宇。

　　　　"庖厨之下，不绝烟火；堂庑之上，不绝声乐。"（《列子·杨朱》）

⑦【贝叶】古代印度人用以写经的树叶。借指佛经。

⑧【礼忏】佛教语。谓礼拜佛菩萨，诵念经文以忏悔所造之罪恶。

⑨【祝嘏(gǔ)】祝贺寿辰。多用于皇室贵族等。

　　朕惟人子之于亲恩罔极、则思报之心与为罔极。而报恩之分恒不能称其思报之愿。凡所为祝禧⑩颂嘏，修香光之业，开法喜⑪之筵，于申报⑫曷能以毫发数？亦随时随地致其爱慕诚悃⑬云尔。

⑩【祝禧(xǐ)】祈求福佑，祝福。

　　　　"今吾闻祠官祝禧，皆归福于朕躬，不为百姓。"（汉·班固《汉书·文帝纪》）

⑪【法喜】佛教语。谓闻见、参悟佛法而产生的喜悦。

　　　　"愿诸众生，离染着相，回向法喜，安住禅悦。"（南朝梁·武帝萧衍《摩诃般若忏文》）

⑫【申报】报答恩情。

　　　　"孝实女师，工惟妇德，成兹妙绝，申报罔极。"（唐·司空图《今相国地藏赞》）

⑬【诚悃(kǔn)】真心诚意。

　　　　"岂不以酌元和，叶诚悃，迁善者斯焉而取斯，怀愿者损之而又损。"（唐·蒋防《政不忍欺赋》）

　　我圣母至仁广被⑭，如大云起雨，一切卉木药草，随分受润，慈心善质，自足以绥纯嘏⑮，集遐福⑯。盛德之致福永年，固有不求而至焉。而兹复以祇陀布金之园⑰，为灌佛报恩之举。金盘炫日则光照云表，宝铎含风则音出天外，法鼓洪响，偈颂⑱清发，于以欢喜赞诵，不更有以广益福利，绵远增高，为圣母上无量之寿哉！

⑭【广被】遍及。

"惠风广被，泽洎幽荒。"（汉·张衡《东京赋》）

⑮【纯嘏】大福。

"锡尔纯嘏，子孙其湛。"（《诗经·小雅·宾之初筵》）

⑯【遐福】广大而长远的福祉。

"降尔遐福，维日不足。"（《诗经·小雅·天保》）

⑰【祇陀布金之园】泛指佛寺，典出祇树给孤独园。给孤独长者以黄金铺地买祇陀太子园地，作为佛讲经之所，后以此典借指佛寺讲经之所。

⑱【偈（jì）颂】梵语"偈佗"的又称。即佛经中的唱颂词，通常以四句为一偈。

自今伊始，其以兹寺为乐林、为香国，万几之暇⑲，亲奉大安辇随喜于此。前临平湖，则醍醐之海也；后倚翠屏，则阿耨之山也。招提⑳广开，舍利高矗，则琉璃土而玉罂台也。散华葳蕤㉑，流芬飞檖。栴檀㉒之香溯风而闻，迦陵之鸟送音而至。

我圣母仁心为质，崇信净业，登斯寺也，必有欣然合掌、喜溢慈颜者，亦足为承欢养志之一助。且山容清净，贞固恒久，宝幢金刹，日月常新。

借兹山之命名，申建寺之宏愿，春晖寸草之心与俱永焉。

⑲【万几之暇】政务繁忙之余。

⑳【招提】泛指寺院或僧房。

"木有诸弟子不为涅槃，但为利养，亲近听受十二部经，招提、僧物及僧鬘物，衣着食啖如自己有，悭惜他家。"（《大般涅槃经》）

㉑【葳蕤（wēi ruí）】形容枝叶繁密，草木茂盛的样子。

"上葳蕤而防露兮。"（《楚辞·七谏·初放》）

㉒【栴檀（zhān tán）】檀香。

"木五香，根旃檀，节沉香，花鸡舌，叶藿，胶薰陆。"（唐·段成式《酉阳杂俎·木篇》）

爰㉓为之记，并依般若四声作祝颂曰：
佛言慈善根，广受诸利益。如缫能藉玉，如磁解吸铁。
又言布施力，指期得果报。如尼拘类树㉔，岁收实数万。
洪惟我圣母，圣善实性生。至仁荫世界，慈氏㉕再出世。
譬犹黍谷吹，葭管才一动。万物尽和煦，蔼然游春温。
以此无量德，致彼无量福。五福寿最先，寿量不可说。
我欲报罔极，亦复何以加。宝篆镂精璆㉖，琼册镌华玉。
惟闻香光业㉗，供养利人天。堪以无碍施，广益无量寿。
遂效呼嵩祝㉘，耆阇崛㉙移来。更辟甘露场，祇树园布就。
青鸳大兰若，堂殿八九重。铁锁界百道，铃铎半空响。
后有舍利塔，直上凌虚空。高悬金露盘，去地百余丈。
中为无垢地，处处白银阶。涂壁百品香，窣地七宝饬。
堂堂莲花座，宝相何庄严。涌现白毫光，圆容规满月。
其余大菩萨，罗汉及金刚。金缕伽梨衣，各各端正在。
宝刹初告成，圣寿聿届临。彩幢华盖中，虔修佛顶会。
以何备供养，新鲜五茎花。摩勒果万枚，伊蒲馔㉚千斛。
又何备供养，五彩毡氍毹㉛。新罗紫金钟，祇洹青玉钵。
环绕礼法忏，膜拜复呗诵。牟尼一串珠，遍翻榆桄㉜函。
轰轰法鼓震，琅琅铜鈸响。薝卜㉝散馥郁，慧灯发光明。
维时十方界，无不生欢喜。龙天八部中，一声齐赞叹。
天女散香花，众花纷纷下。拈花虔顶礼，敬上无量寿。
亦有大迦叶，如闻紧那弦。起作小儿舞，敬上无量寿。
最后如来佛，降自忉利天㉞。手持千叶莲，敬上无量寿。
圣寿本无量，更有无量加。无量复无边，万万千千岁。

以兹福德地，常作快乐园。时驾紫罽车㉟，来此一随喜。
喜林大葱郁，乐树高婆娑。四望种福田，三界选佛地。
朝朝承圣欢，岁岁奉慈辇。延此无量寿，敬报罔极恩。

㉓【爰（yuán）】于是。

㉔【尼拘类树】尼拘律树，意译为无节、纵广、多根。属桑科，形状类似榕树。由枝生出下垂气根，达地复生根；枝叶繁茂而向四方蔓生，然其种子甚小，故佛典常用来比喻由小因而得大果报者。

㉕【慈氏】佛教菩萨名，即弥勒菩萨。

㉖【璆（qiú）】美玉。

㉗【香光业】佛教术语，心念佛，佛随逐于吾身，犹如染香气之人身有香气也。

㉘【嵩祝】祝寿。汉武帝祭拜中岳嵩山途中，山间响"万岁"声三遍。遂有"嵩呼""嵩祝""嵩龄"等祝寿贺词。

㉙【耆阇（qí shé）崛】耆阇崛山的简称，为梵语音译。又译为灵鹫山、灵鸟山、灵鸟顶山。在中印度摩揭陀国王舍城东北，为释迦牟尼说法之地。

㉚【伊蒲馔（zhuàn）】供僧侣食用的素食。

"伊蒲馔可以斋僧。"（明·程登吉《幼学琼林·释道鬼神类》）

㉛【氍毹（qú shū）】毛织的布或地毯。

㉜【榆㮕（tǎng）】用榆木做的经函。

"昔汉明帝梦见大人……于是发使天竺，写致经像，始以榆㮕盛经，白马负图，表之中夏。"（北魏·郦道元《水经注·谷水》）

㉝【薝（zhān）卜】佛经中记载的一种花。色黄，香浓，树身高大。或以为即栀子花。

"步步蹈金色之界。念念嗅薝卜之香。"（宋·延寿集《宗镜录序》）

㉞【忉（dāo）利天】梵语。即三十三天。六欲天之一。佛教谓须弥山顶四方各有八天城，合中央帝释所居天城，共三十三处，故云。

㉟【罽（jì）车】有毛毡帷幕的坐车。

"旦登振武城望之，见罽车十余乘，从者朱碧衣，谍者曰：'公主帐也。'"（宋·欧阳修、宋祁《新唐书·石雄传》）

万寿山花承阁多宝佛塔碑

叙录

约立于清乾隆乙亥年（乾隆二十年，1755年），位于万寿山东北坡花承阁多宝佛琉璃塔北侧。碑身刻《御制万寿山多宝佛塔颂》，碑阳以汉文、满文刻写，背阴以蒙文、藏文刻写。碑文所赞颂的多宝佛塔，高17.6米，八脊攒尖七重檐，彩色琉璃砖镶砌，镀金宝顶，通体色彩璀璨，光彩熠熠。

万寿山花承阁多宝佛塔碑

（汉文正书）御制万寿山多宝佛塔颂

万寿山阴花承阁西，五色琉璃合成宝塔。八面七层，高五丈余。黄碧彩翠，错落相间。飞檐宝铎，层层周缀。榱桷户牖，不施寸木。黄金为顶，玉石为台。千佛瑞相，一一具足。坐莲花座，现宝塔中。轮相庄严，凌虚标胜。用稽释典，名曰"多宝佛塔"。偈以颂之。颂曰：

佛前七宝塔，高五百由旬。涌出虚空中，种种宝庄校。
多摩罗跋香，天曼陀罗华。以是为供养，时出大音声。
赞叹佛妙法，人天千万亿。怪得未曾有，佛告大乐说。
乃过去东方，无量僧祇劫。有佛号多宝，时作大誓愿。
说法华经者，我当为证明。若在在处处，有说法华者。
宝塔皆涌出，分身无量佛。如恒河沙数，善哉世尊言。
此塔随处现，恒河沙国土。千万亿菩萨，充满于其中。
今此宝净地，释迦牟尼佛。来此分半座，愿以神通力。
接引诸大众，皆在虚空中。善哉世尊言，妙不可思议。
是山即耆崛，清净极安乐。白毫光一照，宝塔随涌现。
当未现塔时，多宝佛何在？宝塔忽涌现，全身在其中。
一佛一宝塔，光满三千界。一塔千亿佛，神妙复如是。

了了见十方，宝树与宝衣。无量亿宝物，充牣于其中。
以是供养佛，而得大法喜。今多所众生，安乐普利益。
般若金刚身，寿量千万亿。种诸福德本，大慈悲愿力。
成就是功德，现此宝塔故。

题解

  碑文正书。书丹者不详。碑题《御制万寿山多宝佛塔颂》，载《钦定日下旧闻考》卷八十四。未见于《清高宗御制诗集》《清朝通志》。

  多宝佛塔来历载于《妙法莲华经》卷四《见宝塔品》。多宝佛又译作大宝佛、宝胜佛、多宝如来。多宝佛是东方宝净世界的古佛，坐七宝塔中，

清漪园万寿山花承阁多宝琉璃塔

每当佛说《法华经》时，七宝塔便自地涌出，现于空中，塔中发大音声"善哉！善哉！"，以证此经真义。塔内多宝佛坐师子座，呈禅定状，并分半座与佛祖。碑文即是对《妙法莲华经》卷四《见宝塔品》的解读。

《见宝塔品》叙述：七宝塔由金、银、琉璃、砗磲、玛瑙、真珠、玫瑰七宝合成。东方宝净国以颇梨（水晶）为地，娑婆世界以清净琉璃为地。所以多宝佛塔的材质皆以琉璃砖建造。

《妙法莲华经》简称《妙法华经》《法华经》，为佛教经典，是天台宗依据的主要经典。重点弘扬三乘归一，调和大乘、小乘各种说法，认为一切众生皆具佛智，待于开发。乾隆皇帝赞称道："《妙法莲华经》者，华严海会中方广妙谛也。"他曾正书抄写全部经文，每日定量，包括其中的《见宝塔品》。即使在出巡的营帐中，或是凉亭、温室中，乾隆仍笔不停辍。这部手抄经文历时五月而成，于乾隆甲戌年（乾隆十九年，1754年）浴佛日刻于玉泉山罗汉洞。乾隆己卯年（乾隆二十四年，1759年），再次正书小字《妙法莲华经》，刻于清漪园墨妙轩两壁。

多宝佛塔最为人知的是唐代颜真卿所写的《多宝塔碑》帖，全称为《大唐西京千福寺多宝佛塔感应碑文》，是唐天宝壬辰年（天宝十一载，752年）由岑勋撰文、徐浩题额、颜真卿书丹、史华刻石而成，为书法史上的经典。碑帖内容记述：千福寺楚金禅师专心修行，精诚诵念《见宝塔品》，身心淡然，结果宝塔忽现眼前，佛祖分身满布周边。于是楚金禅师发愿建造多宝佛塔，四年而成。

这些背景促成乾隆时期御苑中建有多处多宝佛琉璃塔，如圆明园长春园中的法慧寺多宝佛塔、玉泉山静明园中的圣缘寺多宝佛琉璃塔。

圆明园法慧寺多宝佛琉璃塔

注释

万寿山阴花承阁西，五色琉璃合成宝塔。八面七层，高五丈余。黄碧彩翠，错落相间。飞檐宝铎①，层层周缀。榱桷户牖②，不施寸木。黄金为顶，玉石为台。千佛瑞相，一一具足③。坐莲花座，现宝塔中。轮相庄严，凌虚标胜。用稽释典④，名曰"多宝佛塔"。

①【宝铎】佛寺飞檐上的风铃。铎（duó），风铃。

②【榱桷户牖】榱桷（cuī jié），古建筑上的椽子与斗拱。牖（yǒu），窗。这里泛指塔身上各处构造。

③【具足】具备。

"一一法门，具足无量妙义。"（元·德异《坛经》）

④【用稽释典】考核，查考。释典，指佛经。

"性好释典，崇修佛寺。"（唐·房玄龄等《晋书·何充传》）

偈⑤以颂之。颂曰：

佛前七宝塔，高五百由旬⑥。涌出虚空中，种种宝庄⑦校。
多摩罗跋⑧香，天曼陀罗华⑨。以是为供养，时出大音声。
赞叹佛妙法，人天千万亿。怪得未曾有，佛告大乐说⑩。
乃过去东方，无量僧祇劫。有佛号多宝，时作大誓愿。
说法华经者，我当为证明。若在在⑪处处，有说法华者。
宝塔皆涌出，分身无量佛⑫。如恒河沙数，善哉世尊言。
此塔随处现，恒河沙国土。千万亿菩萨，充满于其中。

多宝佛、释迦佛并坐铜像（北齐天保五年，554年）
首都博物馆藏，怡然摄影

多宝佛、释迦佛并坐铜像
首都博物馆藏，魏晓矇摄影

今此宝净地，释迦牟尼佛。来此分半座，愿以神通力。
接引诸大众，皆在虚空中。善哉世尊言，妙不可思议。
是山即耆崛[13]，清净极安乐。白毫光一照[14]，宝塔随涌现。
当未现塔时，多宝佛何在？宝塔忽涌现，全身在其中。
一佛一宝塔，光满三千界。一塔千亿佛，神妙复如是。
了了见十方，宝树与宝衣。无量亿宝物，充牣[15]于其中。
以是供养佛，而得大法喜[16]。今多所众生，安乐普利益。
般若金刚身，寿量千万亿。种诸福德本[17]，大慈悲[18]愿力[19]。
成就是功德，现此宝塔故。

⑤【偈（jì）】梵语"偈佗"的简称，即佛经中的唱颂词。通常以四句为一偈。

"罗什从师受经，日诵千偈，偈有三十二字，凡三万二千言。"
（唐·房玄龄等《晋书·艺术传·鸠摩罗什传》）

⑥【由旬】古印度计量单位。一由旬的长度，我国古有80里、60里、40里等说。本句来自《妙法莲华经·见宝塔品》首句："尔时佛前有七宝塔，高五百由旬。"

⑦【宝庄】精美庄严。又"宝校"，精美的装具；装饰。

"是城形相，亦卫四兵，栅堑树池，杂林宫殿，作倡伎乐及诸外戏，种种宝庄，不可具述。"（《法苑珠林》）

⑧【多摩罗跋】香草名，指藿叶香，供养佛的诸香之一。因此这里说"多摩罗跋香"。

"多摩罗跋栴檀之香，充遍世界三十三天。"（《妙法莲华经·见宝塔品》）

⑨【天曼陀罗华】即曼陀罗花之香。佛陀说法，天降曼陀罗花雨。另外，曼陀罗花香为法华诸香之一，充满佛国世界。

"佛说此经，已结跏趺坐入于无量义处，三昧身心不动。是时，天雨曼陀罗华、摩诃曼陀罗华、曼殊沙华、摩诃曼殊沙华，而散佛上

多宝佛塔碑文

及诸大众。"(《妙法莲华经·见宝塔品》)

⑩【大乐说】菩萨名。

⑪【在在】处处;到处。

"桃源在在阻风尘,世事悠悠又遇春。"(唐·武元衡《春斋夜雨忆郭通微》)

⑫【无量佛】无数,数不尽的佛,像恒河沙子一样多。

⑬【是山即耆崛】此山(万寿山)即是灵鹫山。耆崛,耆阇崛(qí shé jué)山的简称。又名鹫峰、灵鹫山,在古印度摩揭陀国王舍城东北,释迦牟尼居住说法之地。

⑭【白毫光一照】指释迦牟尼佛说法时所放的光芒。

"尔时佛放白毫一光,即见东方五百万亿那由他恒河沙等国土诸佛。"(《妙法莲华经·见宝塔品》)

⑮【充牣】充满。牣(rèn),满。

⑯【法喜】佛教语。谓闻见、参悟佛法而产生的喜悦。

"愿诸众生,离染着相,回向法喜,安住禅悦。"(梁·武帝萧衍《摩诃般若忏文》)

⑰【德本】道德的根本。古代以孝为德本。乾隆皇帝为母祝寿建园,故如此说。

"夫孝,德之本也。"唐玄宗注:"人之行,莫大于孝,故为德本。"(《孝经·开宗明义》)

⑱【慈悲】佛教语。谓给人快乐,将人从苦难中拔救出来。

"大慈与一切众生乐,大悲拔一切众生苦。"(《大智度论·大慈大悲义》)

⑲【愿力】佛教语。誓愿的力量。多指善愿功德之力。

圆明园法慧寺多宝佛琉璃塔　　　　静宜园昭庙琉璃塔

清漪园多宝佛琉璃塔　　　　静明园圣缘寺多宝佛琉璃塔

青芝岫石刻

叙录

　　青芝岫是一块巨型奇石,产自北京房山,其安置于乐寿堂庭院正南侧,有着屏风与祝寿多重寓意。其来历富有戏剧性,奇石长8米,高4米,厚2米,卧式摆放于汉白玉基座上,基座雕海水江崖,精美圆润。石南侧刻有乾隆皇帝古风长诗,北面则刻有大臣应制诗及乾隆题辞。石面刻字在清末即已模糊,著录依据现场考察,参校《清高宗御制诗集》《万寿山名胜核实录》《碧玉青芝岫山子》。

青芝岫南侧

青芝岫南侧刻字

乾隆御笔
（乾隆御筆）

（额章）**乾隆御笔**

青芝岫

我闻莫厘、缥缈,乃在洞庭中。
湖山秀气之所钟,爰生奇石窈玲珑。
石宜实也而函虚,此理诚难穷。
谁云南北物性殊燥湿,此亦有之殆或过之无不及。
君不见房山巨石磊岜岌,万钟勺园初筑茸。
旁搜皱瘦森笏立,缒幽得此苦艰涩。
致之中止卧道旁,覆以葭屋缭以墙。
年深屋颓墙亦废,至今窍中生树拱把强。
天地无弃物,而况山骨良?居然屏我乐寿堂。
青芝之岫含云苍,崔嵬刻削袤直方,应在因提疏仡以前辟元黄。
无斧凿痕剖吴刚,雨留飞瀑月留光,锡名题什翰墨香。

老米皇山之石穴九九，未闻一一穴中金幢玉节纷縈纠。

友石不能致而此致之，力有不同事有偶。

知者乐兮仁者寿，皇山洞庭夫何有？

（款识）**青芝岫**。**乾隆辛未春五月之吉**。**御制并书**。

（钤印）**乾**、**隆**。

题解

  清高宗撰文并行书。石刻题名《青芝岫》。集中诗题《青芝岫有序》，载《清高宗御制诗集》二集卷二十八。乾隆辛未年（乾隆十六年，1751年）作。诗序："米万钟《大石记》云：房山有石，长三丈，广七尺，色青而润，欲致之勺园，仅达良乡，工力竭而止。今其石仍在，命移置万寿山之乐寿堂，名之曰青芝岫，而系以诗。"

注释

我闻莫厘、缥缈①，乃在洞庭中。

①【莫厘、缥缈】江苏太湖中的两座山峰名，古代以出产太湖石著称。莫厘峰位于太湖东洞庭山，因隋代莫厘将军隐居此地故名。缥缈峰位于太湖西洞庭山。

  乾隆写这篇《青芝岫》的数月前（第一次巡视江南），途经太湖曾写下《莫厘缥缈》诗："洞庭相望分东西，西则缥缈东莫厘。两峰崔嵬连云水，是一是二谁然疑。"

湖山秀气之所钟②，爰③生奇石④窈玲珑⑤。

②【钟】聚集、凝聚。古人认为石由云气凝聚而成，因此又称石为"云根"。

③【爰（yuán）】于是。

④【奇石】这里专指太湖石。

⑤【窈玲珑】孔洞多而宛转。窈，孔洞。传统太湖石类审美评判是依石上孔洞多少与分布而定，宋代米芾相石四法中的"漏""透"即指此。

石宜实也而函虚，此理诚难穷。⑥

⑥【石宜实也而函虚，此理诚难穷。】石性本顽夯坚实，而太湖石却含着空洞，实中有虚，它的成因原理谁也说不清。

谁云南北物性殊燥湿，此亦有之殆⑦或过之无不及。

⑦【殆（dài）】近，接近。

谁说南方北方的物性差别缘于环境的湿燥不同，此论似对非对，不能一概而论。

过去总认为只有南方湿润之地，才会出产孔洞剔透的太湖石，而北方由于干燥则没有。所以长久以来就从南方采石运往北方，在宋徽宗时期还形成花石纲的采购，这种依据南北物性湿燥的推论，现在看来或许不对。

君不见房山⑧巨石磊岌岌⑨，万钟⑩勺园⑪初筑葺⑫。

⑧【房山】即北京西南大房山，在金元时期就已成为城市建设的石材产地，至明代米万钟造园时，当地孔洞奇石也开始被用于园林造景，被称作"北太湖石"。米万钟的事迹则起到进一步的宣传作用。

⑨【岌岌（jí jí）】山巍峨貌。

⑩【万钟】米万钟，字仲诏，号友石、勺园等，生平好奇石，储石甚富。自诩为宋代米芾后代，著有《石史》。

⑪【勺园】米万钟四园之一，建于明万历三十九年（1611年）至四十一年（1613年），位于今北京大学内。园中怪石遍立，以《翠葆榭》周边最为集中。

⑫【筑葺】建筑修葺。

旁搜⑬皱瘦⑭森笏立⑮，缒幽⑯得此苦艰涩。
致之中止卧道旁，覆以葭屋⑰缭以墙。

⑬【旁搜】广泛寻找。

"彼皆目下十行，胸罗万卷，旁搜广撷，集厥大成。"（明·胡应麟《少室山房笔丛》）

⑭【皱瘦】这里指有皱纹的瘦俊美石。皱，皱纹，相当于中国画技法

中的皴法，用以表现山石峰峦的石质。瘦，即瘦石，传统赏石以石皮有皱纹、轮廓瘦俊为美。

    "瘦石聊吾伴，遥山更尔瞻。"（宋·叶梦得《为山亭晚卧》）

⑮【森笏立】森立，耸立、竖立。笏，笏板，大臣上朝时使用。这里意为像笏板般竖立罗列。乾隆曾题静宜园山石景区为"森玉笏"，与此处同意，为静宜园二十八景之一。

    "夫雁岩灵峰、黄山石笋、森立峭拔，已为瑰观。"（明·徐霞客《徐霞客游记》）

⑯【缒幽】拽出幽谷。缒（zhuì），用绳子拴着往下放。

⑰【葭屋】草屋。葭（jiā），初生的芦苇。

年深屋颓墙亦废，至今窍中生树拱把⑱强。

⑱【拱把】指两手合围粗细的树木。把，一手所把。本句是说年深日久草棚围墙均已颓废，现在石孔窍中生长的树木已有一握之粗。至乾隆发现时，米万钟大石在路旁已有百年之久。

天地无弃物，而况山骨⑲良？居然⑳屏我乐寿堂。

⑲【山骨】指山体岩石。

    "林烟漠漠鸦边暗，山骨棱棱雪外青。"（金·元好问《十一月五日暂往西张》）

⑳【居然】犹安然、安稳。本句是说，天地之间从无弃物，何况大石质地如此俊美，像屏风一般安然立于我的乐寿堂前。

青芝之岫含云苍，崔嵬㉑刻削㉒衺㉓直方㉔，应在因提疏仡㉕以前辟元黄㉖。

㉑【崔嵬】同"崔巍"，高峻，高大雄伟。崔嵬是讲体量雄大，青芝岫长8米，高4米，厚2米，为清代皇家园林中太湖石最大者。

    "高山崔巍兮，水流汤汤。"（汉·东方朔《七谏·初放》）

㉒【刻削】形容山石棱角分明，峥嵘峭拔。

    "山半大石盘陀数亩，高下如刻削。"（清·纳兰性德《渌水亭杂识一》）

㉓【裒（póu）】聚集、聚敛。

"原隰裒矣，兄弟求矣。"（《诗经·小雅·常棣》）

㉔【直方】公正端方、正气大方。"直方"原用以形容人品的大方正气，这里用来形容青芝岫堂堂正正的气质，这种气质正是从崔巍的体量、刻削的轮廓发散而来，由形而出神韵。

"不畏疆御气流墨中，无纵诡随声动简外，乃称绝席之雄，直方之举耳。"（梁·刘勰《文心雕龙·奏启》）

㉕【因提疏仡（yì）】我国传说中太古时代的纪年，这里指年代久远。

"天地辟设人皇以来，至鲁哀公十有四年，积二百七十六万岁，分为十纪，曰：九头、五龙、摄提、合雒、连通、叙命、循蜚、因提、禅通、疏仡。"（《广雅·释天》）

㉖【元黄】即玄黄，指天地，天玄而地黄。因避康熙玄烨讳改"玄"为"元"。

"元孙嵩甫宸兹重御，列祖咸灵实式凭。"（清·弘历《御崇政殿》）

这块山石色青而润如苍云含濡，其轮廓如神功雕琢、气韵浑厚，这种品相也只有在远古开天辟地之时才能形成。赏石常从色、形、质来评价。这段着重评价青芝岫的色与形。奇石色泽以硬密、润泽近玉质为上品，当年的青芝岫"色青而润"，如"含云苍"，色泽优良。其形势轮廓，刀切斧砍气势磅礴，被乾隆评点为"雄"与"突兀"，很符合皇家气场。为突出特点，展放采用不多见的横向形式，若沿用竖向惯例，其雄浑难以显现。高大雄伟的体量、棱角分明的轮廓，使青芝岫凝集着一种堂堂正正的气势。

无斧凿痕剖吴刚㉗，雨留飞瀑月留光，锡名题什㉘翰墨㉙香。

㉗【吴刚】人名。

"汉西河人，学仙有过，谪伐月中桂，桂高五百尺，斫之，斧痕随合。"（唐·段成式《酉阳杂俎》）

㉘【题什】即题识，刻石铭记，题跋，书写品评鉴赏之词。

㉙【翰墨】笔墨，借指文章书画等。奇石配以妙笔奇文，相映生辉。

>"特妙于翰墨，沉着飞翥，得王献之笔意。"（元·脱脱等《宋史·米芾传》）

本句是说，石面无斧凿之痕犹如吴刚伐桂；通透的石孔中，雨时留有飞瀑，夜晚留下月光。如今我赐名题字，又留下翰墨之香。

在上句对石的外形描述后，接着作更进一步的细微观察，谈青芝岫的质地与孔洞。奇石最忌讳人工雕凿痕迹，一经修饰，其价值会大打折扣，所以这里讲青芝岫虽从大房山里人工"缒幽"而来，但如吴刚伐桂了无痕迹。石体孔洞纵横通透为上品，如江南三大名石之一的玉玲珑，石下燃香，孔孔出烟。而青芝岫孔洞间，雨来会形成飞瀑，月来孔中透光。乾隆在描述青云片的孔洞时，也有类似描述："虚处入风籁吹声，窍中过雨瀑垂溜。"（《青云片歌》）

老米[30]**皇山之石**[31]**穴九九，未闻一一穴中金幢玉节**[32]**纷萦纠**[33]**。**

[30]【老米】指宋代米芾，晚年号米老。米芾酷爱奇石。参阅"石丈亭"注释。

[31]【皇山之石】又称"洞天一品石"，为米芾珍藏的巨型灵璧石，米芾在《异石帖》记述了这块石峰："西山书院，丹徒私居也。上皇樵人以异石来告余，凡八十一穴，状类泗滨山一品石，加秀润焉。余因题为'洞天一品石'，以丽其八十一数，令百夫辇致宝晋斋。又七日，甘露下其石，梧桐、柳、竹、椿、杉、蕉、菊，无不沾也。自五月望至廿六日犹未已。"

[32]【金幢玉节】原指寺庙里的筒管状垂挂装饰和使者的权杖，象征尊贵与神圣，后用来形容神奇的仙草琼花。这里指盘绕的藤蔓植物。

>"瘦茎叶叶带霜气，繁英片片含秋清。黄鹅紫凤娇欲舞，金幢玉节纷来迎。"（清·恽寿平《题东篱秋色图》）

>"仙菌多盘古柏青，金幢玉节倚云屏。山僧雨后锄悬壁，饭佐胡麻万虑宁。"（清·弘历《五台山天花诗》）

[33]【纷萦纠】纷纠，交错杂乱状。萦，回旋缠绕，加强"纷纠"的状态，形容石体孔洞"透""漏"的精彩。

>"灵溪自兹去，纡直互纷纠。"（唐·李华《仙游寺》）

这里以孔洞中植物根枝蔓缠绕说明孔洞相通贯穿。米芾只说"皇山石"有孔81个,并未提孔孔纠缠相连。诗中以米芾皇山石反衬青芝岫的珍贵。米芾被尊为赏石大家,他归纳出的"瘦、漏、透、皱"成为后代赏石准则。米芾的石头应最能体现奇石的精粹,却也不具备青芝岫的奇妙。这里折射出乾隆仿效、超越古人的心态。

友石㉞不能致而此致之,力有不同事有偶。

㉞【友石】米万钟字仲诏,号友石、勺园等。米万钟有多种字号,这里单提"友石",进一步反衬作者的地位优势。

本句是说,米万钟不能得到此石,而我能得到。尽管你自号"友石",也会相石,但最后还是得不到,而我就不同了。句中流露出作者的自得之意。

知者乐兮仁者寿㉟,皇山洞庭夫何有?

㉟【知者乐兮仁者寿】即乐寿堂的题名之意,出自《论语·雍也篇》:"仁者乐山,知者乐水;仁者静,知者动;仁者寿,知者乐。"

这里点出放置青芝岫符合"乐寿"祝寿的目的,大石凝聚着"知者乐水,仁者寿山"的儒家思想。而米芾的皇山石以及太湖洞庭石仅仅是自然物体,除此之外又有什么可与此石相比呢?

译文

青芝岫

我听说莫厘山、缥缈峰皆在太湖洞庭山中。

湖山秀气汇聚,凝结出玲珑剔透的奇石。

石性本实却含虚,其中奥妙难以穷尽。

谁说南北方物性差异源自环境的燥湿?此论有些道理,也有些片面。

君不见房山巨石巍峨峻峭,勺园初建之际米万钟至此来寻。

各处搜罗的奇石如森笏般竖立,幽谷中运此大石尤为艰辛。

半途力竭弃置路旁,只好覆以草棚,护以围墙。

年久棚废墙倾,石窍生树至今已有一握之径。

天地从无弃物，更何况石品如此优良，安然屏立我的乐寿堂。

孕育青芝的美石色如苍云，凛然正气形体堂堂。如此品相必是成于天地初创。

石纹古奥如吴刚伐桂无斧凿之痕；孔洞透漏相通，雨来可流瀑，月来可流光。

加之我题以嘉名，更添翰墨韵香。

老米"皇山石"自夸有孔81个，也未提及如此石孔孔相连、佳卉芳蔓宛转交缠。

米万钟不能得此石而我能，事虽相同而力有不同。

大石驻此可使知者乐而仁者寿，皇山、洞庭之石又岂能相比！

附录一

青云片歌

万钟大石青芝岫，欲致勺园力未就。已达广阳却弗前，土墙缭之葭屋覆[*]。

适百里半九十里，不然奇物靳经售。向曾辇运万寿山，别遗一峰此其副。

云龙气求经所云，可使一卷独孤留？伯氏吹埙仲氏篪，彼以雄称此通透。

移来更觉易于前，一例为屏列园囿。泐题三字青云片，兼作长歌识所由。

有时为根煖䕺生，有时为峰芳润漱。虚处入风籁吹声，窍中过雨瀑垂溜。

大青小青近相望，突兀玲珑欣邂逅。造物何处不钟灵，岂必莫厘乃称秀。

事半功倍萃佳赏，宣和之纲诚大谬。

自注

[*] 见米万钟《大石记》语。

附录二

恭跋御制玲峰、文峰、青芝岫诗

于敏中

繄兹灵石,产自大房。应悬象以凝光,聚蒸云而成霭。左为萦而右为拂,秀探畿辅之钟;下如受而上如施,符表台垣之瑞。有峰斯介,肇锡惟玲。会杰阁之建标,借奇峦之作障。通明万窍,洞天合是琅嬛;掩映一卷,石室奚夸宛委。盖有奇则必有偶,而其次克肖其初,彼固兼而两之,是足昭其文也,夫松栋屹称壮观,增美聿彰。阐珍适叶乎;萝图介宜景福,兹乃由于类聚因之溯厥权舆,缅芝岫之自呈,非勺园之可致。青霞晻霭,湖山助以清佳;瑶草轮囷,仁智征其乐寿。于是奎章并焕,天藻相辉。缥缈仙壶,俨方丈蓬瀛之列峙;浑沦元气,洵国风雅颂之联章。

臣识陋豹窥,志殷鳌忭。愧学山之未至,哂缩地之非工。敬思骈缀以函三;窃效喁于而呼万。钞从砚北、逊金斑集管之书;寿献弧南、比岱华连峰之祝云尔。

乾隆御笔（乾隆御筆）

题解

于敏中（1714—1780）,字叔子,号耐圃,江苏金坛人,官至文华殿大学士兼首席军机大臣。本文辑自其文集《素余堂集》卷二十五,清嘉庆丙寅年（嘉庆十一年,1806年）刻本。

青芝岫北侧

青芝岫北侧刻字之一

（额章）**乾隆御笔**

玉英

题解

清高宗乾隆辛未年（乾隆十六年,1751年）行书。

注释

【玉英】美玉名。古代以出现这种玉石为祥瑞之兆。

"赵人新垣平,以望气见,因说上设立渭阳五庙,欲出周鼎,当有玉英见。"(《史记·孝文本纪》)

乾隆御笔
(乾隆御筆)

译意

玉之精英。

青芝岫北侧刻字之二

(额章)**乾隆御笔**

莲秀

题解

清高宗乾隆辛未年(乾隆十六年,1751年)行书。

注释

古人常将山峰秀丽者比喻为"莲""芙蓉"。

"庐山东南五老峰,青天削出金芙蓉。"(唐·李白《登庐山五老峰》)

"瑶草幽难掇,青莲秀可餐。赤城虚瀑布,彭蠡更波澜。"(明·徐祯卿《庐山》)

译意

如莲花之秀。

青芝岫北侧刻字之三

太青

注释

【青】古人以五行之说,附会五岳山色,泰山居五岳之东,故色为青。泰山又写作"太山"。

"乃游行天下，东到青丘，遇谷希子，青帝君，授以青精日水，饮食青芝，还到太山。"（《云笈七签》）

译意

石有泰山之青。

青芝岫北侧刻字之四

湖芝

注释

【湖芝】意同"水芝""泽芝"，莲花的别称，古人将芙蓉、荷花、莲花视为同类，常常用来形容节理清晰、皱纹丰富、青润苍翠的奇峰、岩石等。

"荷为茎叶华实根之总名，芙蕖其别名也，更有水芝、泽芝、水花诸称。"（清·姚炳《诗识名解》）

译意

青芝岫如湖莲之美。

青芝岫北侧刻字之五

石岫

注释

【岫】有洞穴的山。

"山有穴为岫。"（《尔雅·释山》）

"园隈构石岫，林际开云巇。迤逦带华池，崎岖入层苑。"（明·薛蕙《石假山》）

青芝岫北侧刻字之六（"玉英"左下方）

刘统勋题《青芝岫》

少霞仙吏纪学米，芝有五本一最齐。千年日烁翠示胜，元气化作青琉璃。米家孙子取不得，固知勺园位置非其宜。天中之天

□乐寿，左右珊瑚琅玕枝。一朝突兀见斯岫，花木竹石皆仙姿。鸾翔凤翥宸章披，溯厥由来目以芝。一年三秀长九兹，青青之色遥连岳镇同崟崟。

（款识）臣刘统勋敬题。

（钤印）臣刘统勋、思禀良规。

青芝岫北侧刻字之七（西端，"玉英"下方）

蒋溥题《青芝岫》

云根剧瑰姿，物外寄芳躅。元契蒐精英，长歌予甄录。霞茎发神芝，虹影苏璞玉。乐寿意相涵，万松护寒绿。

（款识）臣蒋溥敬题。

（钤印）共沐恩波、臣蒋溥。

臣蒋溥
（臣蒋溥）

青芝岫北侧刻字之八（"莲秀"右方）

汪由敦题《青芝岫》

本是斋房种，新从圆峤分。金光凝碧影，珠露润苍纹。远势森三秀，高标矗五云。松筠同献寿，瑞色共氤氲。

（款识）青芝岫一律。臣汪由敦敬题。

（钤印）臣汪由敦、优游义府。

青芝岫北侧刻字之九（东端，"莲秀"正下方）

钱陈群题《青芝岫》

奇石耸芝盖，结束青芙蓉。致雨微外润，歕云拟中空。乐寿有真得，元气含鸿蒙。

（款识）臣钱陈群敬题。

（钤印）臣钱陈群、勤能补拙。

介寿堂东国花台石碣刻字

叙录

国花台位于介寿堂东、长廊北的万寿山坡地,依山垒土作14层梯状花台,挡土墙上覆琉璃瓦,是全园牡丹种植最大的区域,光绪二十九年(1903年)筑成,由八品苑副白永麟奉慈禧懿旨书名刻石。至1947年石碣尚存。

白永麟字竹君,有古士大夫气节,忧国是日危,于宣统元年(1909年)以微职越级上书摄政王,痛陈时弊,慷慨陈词,要求改革。并行以尸谏,绝食而亡,引起社会普遍反响。

介寿堂东国花台石碣刻字

国花台

注释

【国花】一国最具代表性的花卉,用以弘扬民族精神。我国自唐宋以来,牡丹就被称为"国色天香",约定俗成视牡丹为"国花"。

"怜香实怕青萝掩,在野虚愁蔓草繁。碧草春风筵席罢,何人道有国花存。"(明·李梦阳《牡丹盛开群友来看》)

"门外古柳,殿前古松,寺左国花堂牡丹。"(明·刘侗、于奕正《帝京景物略》)

"罗群芳于四时,推国花之独冠。既丛植于芝房,复骈延于兰馆。"(清·施闰章《牡丹赋》)

石丈亭太湖石刻字

叙录

　　石丈亭位于长廊西端点，是一处小型庭院，院中以一尊太湖石为主景，用米芾"拜石为丈"典故，命名此景为"石丈亭"。太湖石竖向摆放，基座为青白石，雕刻精美。这处景点与长廊东端的"青芝岫"遥相呼应：一横卧气势磅礴，一峻立玲珑剔透，使长廊成为一个气韵连贯的景观带。

石丈亭太湖石刻字

　　岳立真堪称丈人，莓苔烟雨渍龙鳞。元章磬折何妨癖，奚事当年白简陈。

　　（款识）甲戌题石丈亭御笔。

　　（钤印）乾隆宸翰。

乾隆宸翰

题解

　　清高宗行书。诗题《石丈亭》，载《清高宗御制诗集》二集卷四十八，作于乾隆甲戌年（乾隆十九年，1754年）。

注释

　　【岳立】高大矗立。像五岳一样地竖立。

　　【称丈人】宋代书画家米芾爱石成癖，留下多个版本故事。其一是他在安徽无为任官时，听说有处奇石，就跑去探访，一见欢喜，便穿上官服行礼膜拜，口中还念念有词，呼石为丈。

　　【龙鳞】像龙鳞的样子。

　　　　"石琼文而翕艳，山龙鳞而照烂。"（梁·江淹《水上神女赋》）

　　【元章】米芾，字元章。

　　【磬折】弯腰。表示谦恭。指米芾拜石典故。

　　【奚事】奚，何，为什么。事，动词，做，从事。

　　【白简陈】白简，古时弹劾官员的奏章。陈，叙述。米芾因醉心于赏石以致荒废公务，多次遭到弹劾贬官。

仁寿殿太湖石刻字

惟精惟一

乾隆宸翰

叙录

仁寿殿前庭摆放有五尊大型奇石，其右前方太湖石上刻有乾隆词《水木明瑟·调寄秋风清》。证明奇石移自圆明园四十景之一的水木明瑟。

仁寿殿太湖石刻字

风瑟瑟，水泠泠。

溪风群籁动，山鸟一声鸣。

斯时斯景谁图得，非色非空吟不成。

（款识）《水木明瑟·调寄秋风清》。甲子夏日。御题。

（钤印）惟精惟一、乾隆宸翰。

题解

清高宗御制并行书，词题《水木明瑟·调寄秋风清》，载《清高宗御制诗集》初集卷二十二，作于乾隆甲子年（乾隆九年，1744年）。原词有序："用泰西水法引入室中，以转风扇。泠泠瑟瑟，非丝非竹。天籁遥闻，林光逾生净绿。郦道元云：竹柏之怀与神心妙达；智仁之性共山水效深。兹境有焉。"

注释

【瑟瑟】风声。

【泠泠】水声。

"山溜何泠泠，飞泉漱鸣玉。"（晋·陆机《招隐诗》）

【溪风】顺溪而来之风。

【群籁】各种声响。凡孔窍发声皆曰籁。

【非色非空】色、空为佛家语。色为有形万物之总称，空为诸法无实性，虚无之意。非色非空：既不是有形之物，也非虚无缥缈。

"色不异空，空不异色；色即是空，空即是色。"（《般若波罗蜜心经》）

水木明瑟 调寄秋风清

用泰西水法引入室中以
转风扇泠泠瑟瑟非丝非
竹天籁遥闻林光逾生净
绿鄘道元云竹柏之怀兴
神心妙达智仁之性共山
水效深兹境有焉

林瑟瑟水泠泠溪风群籁动山
鸟一声鸣斯时斯景谁图得
非色非空吟不成

圆明园四十景之水木明瑟

宜芸馆法书石刻十八帖

题解

宜芸馆之名意为适于藏书之所，庭院南廊镶嵌的十方法书石刻，很好地烘托了书香氛围。每方石面长方形，均为长1.28米、高0.48米。刻字为乾隆皇帝临写的10位书法大家作品，共计18帖。

乾隆皇帝酷爱书法，政务之余勤于翰墨，终其一生临摹了大量名家碑帖。他对自己作品要求十分严格，曾下旨收回乾隆二十年（1755年）之前题写的手迹，而后重新书写，还将其中的得意之作著录于《钦定石渠宝笈》，入刻《敬胜斋法帖》等拓本，宜芸馆石刻十八帖都有重写作品载于其中。

宜芸馆刻石是乾隆十五年（1750年）前的御临习作，其中个别字词较之后来的著录之作以及名家帖文有所增减。本书对法帖所减之字用〔〕标识，所增之字用（）标识，从中可见乾隆皇帝书艺的历练过程及其个人喜好。

宜芸馆廊壁法帖石东一（二帖）

宜芸馆廊壁法帖石东一刻字之一

棘树寒云色，茵陈春藕香。脆添生菜美，阴益食单凉。
野鹤清晨出，山精白日藏。石林蟠水府，百里独苍苍。

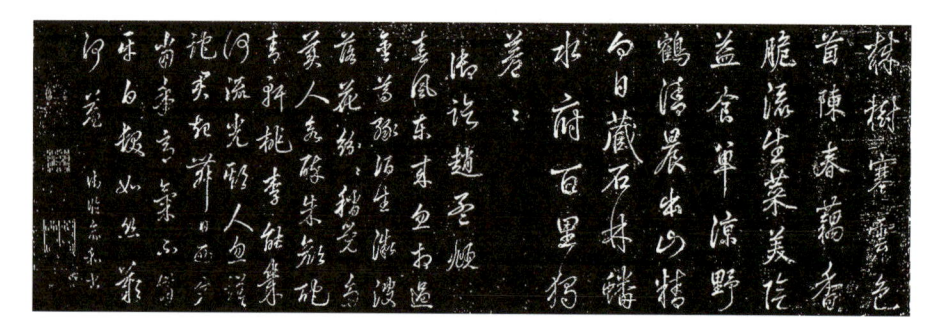

东一宜芸馆法帖石二帖：御临赵孟頫书《棘树寒云》、俞和书《前有尊酒行》[1]

---

[1] 同一内容的法帖在不同的著录文献、丛帖中，往往有不同的帖名。为防止因此给读者造成困扰，本章图片说明采用统一的帖名。

俞和书《前有尊酒行》（原帖）——《御刻三希堂石渠宝笈法帖》

御临俞和书《前有尊酒行》——《敬胜斋法帖》

（款识）**御临赵孟頫。**

注释

　　本御临帖为行书，临元赵孟頫帖。同样内容御临新帖4件，分别著录于《钦定石渠宝笈续编》卷八十二《长春园等处藏一》，《钦定石渠宝笈三编》的《乾清宫藏一》《延春阁藏九》《圆明园九州清晏藏》。入刻《敬胜斋法帖》。帖文内容为唐杜甫诗《陪郑广文游何将军山林》之七。

　　赵孟頫书法工整秀丽，形润骨俊，谨严方正，开后世秀美书风。其楷书、行书造诣最深、影响最广，也最为乾隆所推崇。

乾

隆

御书（御書）

宜芸馆廊壁法帖石东一刻字之二

　　春风东来忽相过，金尊绿酒生微波。落花纷纷稍觉多，
　　美人欲醉朱颜酡。青轩桃李能几何，流光欺人忽蹉跎。
　　君起舞，日西夕，当年意气不肯平，白发如丝叹何益。

（款识）**御临俞和书。**

（钤印）**乾、隆、御书。**

注释

本御临帖为草书，临元俞和帖。同样内容御临新帖2件，分别著录于《钦定石渠宝笈续编》卷四《乾清宫藏四》、《钦定石渠宝笈三编·延春阁藏九》。

俞和帖内容为李白诗《前有一樽酒行二首》之一。俞和早年学赵孟頫运笔之法，后广临晋唐名家碑帖。其行草秀雅遒劲，酷肖赵孟頫。

宜芸馆廊壁法帖石东二（一帖）

宜芸馆廊壁法帖石东二刻字

十一月〔□〕日，金紫光禄大夫、检校刑部尚书、〔上〕柱国、鲁郡开国公颜真卿，谨寓书于右仆射、定襄郡王郭公阁下：

盖太上有立德，其次有立功，是之谓不朽。抑又闻之，端揆者，百寮之师长；诸侯王者，人臣之极地。今仆射挺不朽之功业，当人臣之极地，岂不以才为世出，功冠一时？挫思明跋扈之师，抗回纥无厌之请，故得身画凌烟之阁，名藏太室之廷，吁足畏也！然美则美矣，而终之始难。故曰：满而不溢，所以长守富也；高而不危，所以长守贵也。可不儆惧乎！《书》曰："尔唯弗矜，天下莫与汝争功；尔唯不伐，天下莫与汝争能。"以齐桓公之盛业，片言勤王，则九合诸侯，一匡天下；葵丘之会，微有振矜，而叛者九国。故曰：行百里者半九十里，言晚节末路之难也。从古至今，自我高祖、太宗已来，未有行此而不理，废此而不乱者也。

前者菩提寺行香，仆射指麾宰相与两省、台省已下常参官并为一行坐，鱼开府及仆射率诸军将为一行坐。若一时从权犹未可，何况积习更行之乎？一昨以郭令公以父子之军，破犬羊凶逆之众，众情欣喜，恨不顶而戴之，是用有兴道之会。仆射又不悟前失，径率意而指麾，不顾班秩之高下，不论文武之左右，苟以取悦军容为心，曾不顾百寮之侧目，亦何异清昼攫金之士哉？甚非谓也。君子爱人以礼，不闻姑息，仆射得不深念之乎？

东二宜芸馆法帖石一帖：御临颜真卿书《争座位帖》片段

　　真卿窃闻军容之为人，清修梵行，深入佛海；况乎收东京有殄贼之业，守陕城有戴天之功，朝野（能）之人所共景仰，岂独有分于仆射哉！加以利衰涂割，恬然于心，固不以一毁加怒，一敬加喜，尚何半席之座、咫尺之地，汩其志哉？

　　且乡里上齿，宗庙上爵，朝廷上位，皆有等威，以明长幼。故得彝伦叙而天下和平也。且上自宰相、御史大夫、两省〔五品〕（正）供奉官自为一行，十二卫大将军次之；三师、三公、令仆、少师、保傅、尚书、左右丞、侍郎自为一行，九卿、三监对之，从古以然，未尝参错。至如节度军将，各有本班。卿监有卿监之班，将军有将军之班。纵是开府、特进，并是勋官，用荫即有高卑；会宴合依伦叙。岂可裂冠毁冕，反易彝伦，贵者为卑所凌，尊者为贱所逼？一至于此，振古未闻！

　　如鱼军容阶虽开府，官即监门将军，朝廷列位，自有次叙。但以功绩既高，恩泽莫二，出入王命，众人不敢为比，不可令居本位，须别示有尊崇，只可于宰相、师保座南横安一位，如御史台众尊知杂事御史别置一榻，使百寮共得瞻仰，不亦可乎？

　　（款识）**乾隆御临**。

　　（钤印）**乾隆宸翰、落纸云烟、学古有获**。

乾隆宸翰

落纸云烟
（落紙雲煙）

学古有获
（學古有獲）

颜真卿书《争座位帖》（原帖）——《墨妙轩法帖》

<u>注释</u>

　　本御临帖为行草，节临唐颜真卿《争座位帖》，乾隆壬申年（乾隆十七年，1752年）刻于万寿山（见《清朝通志》）。同样内容御临新帖6件，分别著录于《钦定石渠宝笈续编》卷四《乾清宫藏四》、卷五十一《宁寿宫藏八》、卷八十二《长春园等处藏一》，《钦定石渠宝笈三编·延春阁藏二》。

　　颜真卿《争座位帖》又名《与郭仆射书》，为唐代检校刑部尚书、书法家颜真卿写给右仆射郭英义的书信手稿，共7页64行。帖文通篇顿挫遒劲，激烈之情愤然纸上，是书法史上行草范本之一。

宜芸馆廊壁法帖石东三（二帖）

宜芸馆廊壁法帖石东三刻字之一

　　先生德行道艺，声名今古，信岂由梅花数诗然。而于一隐几间，〔好〕句天来，亦自蕴酿中得。是知疏影暗香于先生不为欠，剩童饥鹤冷，何不舍去，抑将有所俟耳。如其不然，二者俱亡，先生亦将嗒然〔而丧〕，尚何形似之。

　　（款识）**御临米元章书**。

<u>注释</u>

　　本御临帖为行书，临宋米芾帖。同样内容御临新帖1件，著录于《钦定石渠宝笈续编》卷十六《养心殿藏一》，帖名作《御临米芾题林逋梅花诗帖》。入刻《敬胜斋法帖》。

米芾《题林逋梅花诗帖》又名《先生德行帖》，入刻《三希堂法帖》。不过现代研究者对其原真性多有质疑。米芾书法标新立异，恣意豪放，浑厚与灵动相兼，自成一家。

宜芸馆廊壁法帖石东三刻字之二

布谷声中雨满篱，催耕不独野人知，

荷锄莫道春耘早，正是披蓑叱犊时。

（钤印）**敬用五事、敛福宜民**。

敬用五事

敛福宜民
（敛福宜民）

注释

本御临帖为行书，临宋蔡襄诗帖。同样内容御临新帖1件，著录于《钦定石渠宝笈续编》卷二十七《重华宫藏四》，帖名作《御临蔡襄稼村诗帖》。入刻《敬胜斋法帖》。

东三宜芸馆法帖石二帖：御临米芾书《题林逋梅花诗帖》、蔡襄书《稼村诗帖》

御临米芾书《题林逋梅花诗帖》——《敬胜斋法帖》

米芾书《题林逋梅花诗帖》（原帖）——《御刻三希堂石渠宝笈法帖》

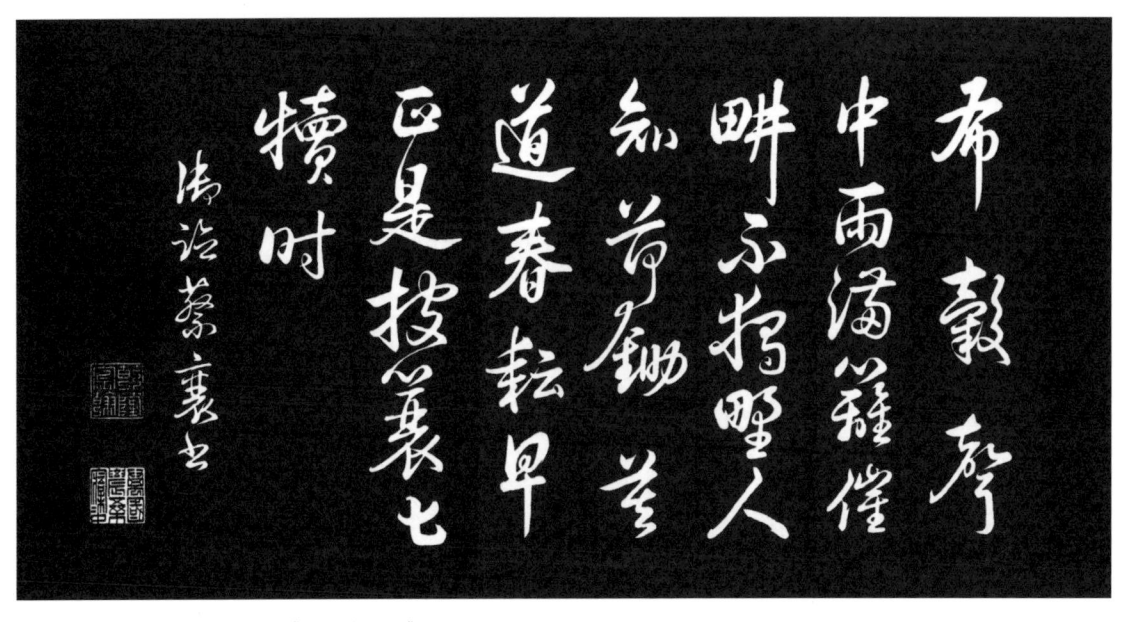

御临蔡襄书《稼村诗帖》——《敬胜斋法帖》

蔡襄书法上接唐人尊法，下启宋人尚意之风，以楷书功力而写行书，在行草中见楷意，体现了宋代书法家的创新意识，为"苏黄米蔡"四大家之一。

宜芸馆廊壁法帖石东四（二帖）

宜芸馆廊壁法帖石东四刻字之一

丘令送此宅图云：可得卅亩。尔者为佳。可与水丘共行视，佳者，决便当取问其贾。

谢生多在山下不？复见且得书，疾恶冷，耿耿。想数知问，虽得还，不能数，可叹。

不审比出，日集聚不？一尔缅然。恐东旋未期，诸情罔。

（款识）**御临**。

（钤印）**所乐在人和**、**乾隆宸翰**。

所乐在人和
（所樂在人和）

乾隆宸翰

注释

本御临帖为草书，临晋王羲之帖。同样内容御临新帖1件，著录于《钦定石渠宝笈续编》卷六十三《淳化轩藏二》，帖名作《御临王羲之丘令帖》。此帖原为三帖——《丘令帖》《谢生帖》《不审帖》，宋代刻拓《淳化阁帖》，合三帖为一，成后世固定格式。《谢生帖》又称《山下帖》，《不审帖》

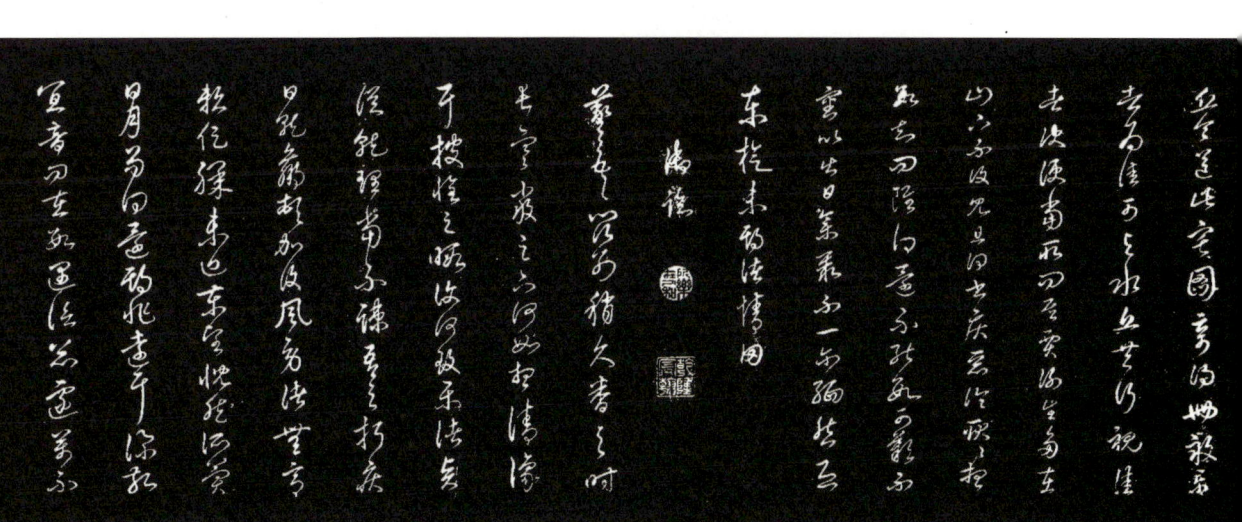

东四宜芸馆法帖石二帖：御临王羲之书《丘令帖》《阔别帖》

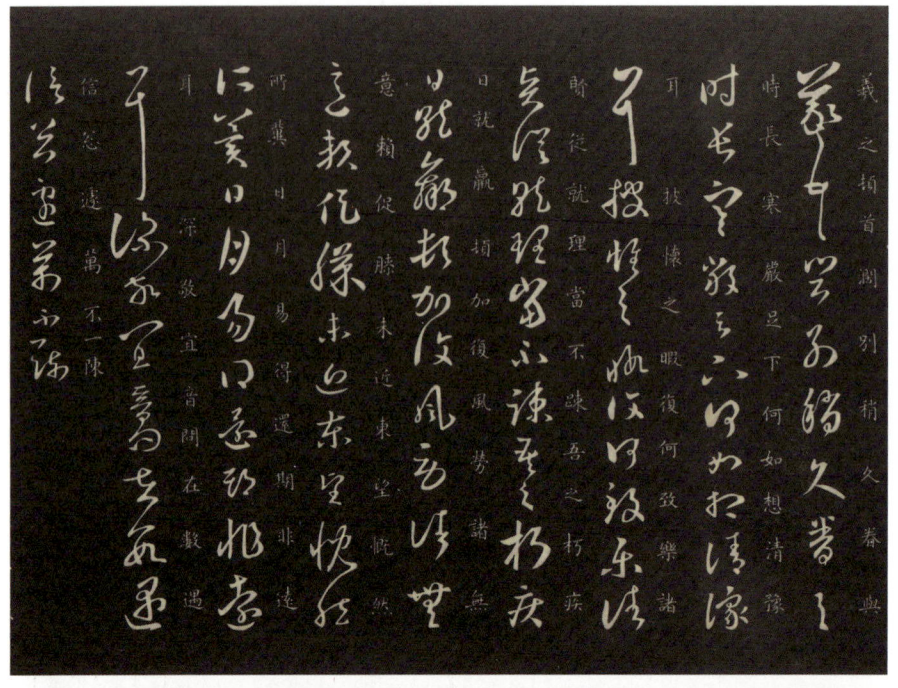

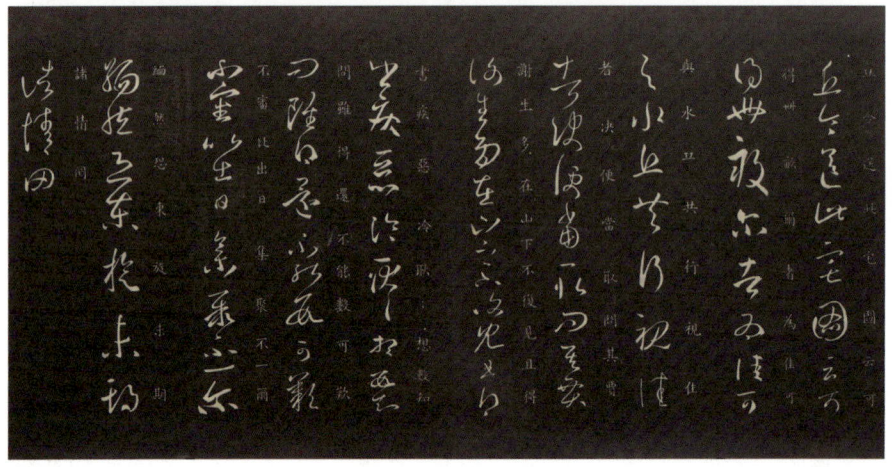

王羲之书《丘令帖》（原帖）——《钦定重刻淳化阁帖·附释文》

又名《东旋帖》。

王羲之善隶、草、楷、行各体，风格平和自然，笔势委婉含蓄，遒美健秀，影响深远，被尊为"书圣"。

宜芸馆廊壁法帖石东四刻字之二

羲之顿首，阔别稍久，眷与时长。寒严，足下何如？想清豫耳。披怀之暇，复何致乐？诸贤从就，理当不疏。吾之朽疾，日就羸顿；加复风劳，诸无意赖。促膝未近，东望慨然。所冀日月易得，还期非远耳。深敬，宜音问在数。遇信匆遽，万不一陈。

（款识）**御临**。

（钤印）**乾**、**隆**。

<u>注释</u>

　　本御临帖为草书，临晋王羲之帖。同样内容御临新帖1件，著录于《钦定石渠宝笈续编》卷五十一《宁寿宫藏八》，帖名作《御临王羲之阔别帖》。王羲之《阔别帖》又列《问慰诸帖》之十二。

乾

隆

宜芸馆廊壁法帖石东五（六帖）

宜芸馆廊壁法帖石东五刻字之一

　　冠山抗殿，绝壑为池，跨水架楹，分岩竦阙，高阁周建，长廊〔四〕起，栋宇胶葛，台榭参差，仰视则迢递百寻，下临则峥嵘千仞，珠璧交映，金碧相晖，照灼云霞，蔽亏日月，观其移山回涧，炎景流金，无郁蒸之气。

（款识）**仿《九成宫》欧阳询**。

（钤印）**修辞立诚**。

修辞立诚
（修辭立誠）

<u>注释</u>

　　本御临帖为楷书，节临唐欧阳询《九成宫帖》。同样内容御临新帖1件，著录于《钦定石渠宝笈续编》卷六十二《淳化轩藏一》，帖名作《临钟繇以下诸家帖二十则·第六》。《九成宫帖》内容为唐魏徵所撰《九成宫醴泉铭》。

东五宜芸馆法帖石六帖之一：御临欧阳询书《九成宫帖》片段

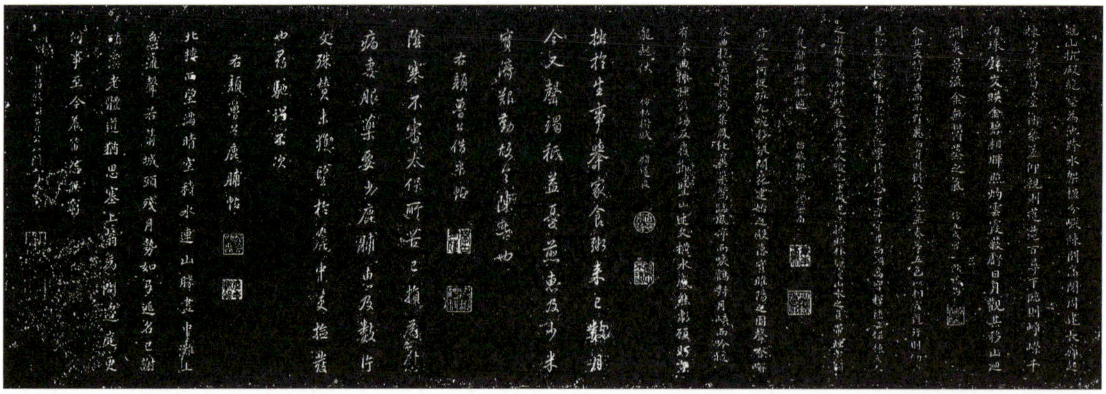

东五宜芸馆法帖石六帖之二：御临欧阳询书《九成宫帖》片段，御临虞世南书《破邪论序》片段，御临褚遂良书《枯树赋》片段，御临董其昌临颜真卿书《借米帖》《鹿脯帖》，御临董其昌临《八关斋会帖》

欧阳询书《九成宫帖》（原帖）片段

笔花春雨
（筆花春雨）

陶冶赖诗篇
（陶冶赖詩篇）

欧阳询书法于平正中见险绝，号为"欧体"。代表作有《九成宫醴泉铭》《皇甫诞碑》《化度寺碑》。

宜芸馆廊壁法帖石东五刻字之二

尔其文情，乃典而不野，丽而有则。犹八音之并奏，等五色以相宣。道行则纳正见于三空，拯群生于八苦。既学博而心下，亦守卑而调高，实释种之梁栋，天人之羽仪者矣。加以赈乏扶危，先人后己，重风光之拂昭林䗀，爱山水之负带烟霞，愿力是融，晦迹肥遁。

（款识）仿《破邪论》虞世南。

（钤印）**笔花春雨**、**陶冶赖诗篇**。

注释

　　本御临帖为楷书，节临唐虞世南《破邪论序》。乾隆另有临明董其昌所临《破邪论序》1件，著录于《钦定石渠宝笈续编》卷六十二《淳化轩藏一》，帖名作《临钟繇以下诸家帖二十则·第七》。入刻《敬胜斋法帖》。两御临帖个别字词不同。虞世南《破邪论序》，是其为释法琳《破邪论》所撰的序文。

　　虞世南书法继承王羲之、王献之传统，外柔内刚，笔致圆融冲和而有遒丽之气。楷书代表作有《孔子庙堂碑》《破邪论序》。

　　书法作品在流传与临写过程中，文字常有讹误，以致不同人临写的作品版本往往不同。如本帖"天人之羽仪者"一句，乾隆临写时作"天人"，明万历刻石作"至人"，《金薤琳琅》《六艺之一录》等记为"生人"，而董其昌所临作"人伦"。

虞世南书《破邪论序》（原帖）——明万历刻石

御临董其昌临虞世南书《破邪论序》片段——《敬胜斋法帖》

宜芸馆廊壁法帖石东五刻字之三

昔之三河徙殖，九畹移根；开花建始之殿，落实睢阳之园。声含嶰谷，曲抱《云门》；将雏集凤，比翼巢鸳。临风亭而唳鹤，对月峡而吟猿。乃有拳曲拥肿，盘坳反覆；节竖山连，文横水蹙；熊彪顾盼，鱼龙起伏。

（款识）仿《枯树赋》褚遂良。

（钤印）德充符、会心不远。

德充符（惪充符）

会心不远（會心不遠）

注释

本御临帖为楷书，节临唐褚遂良《枯树赋帖》。同内容御临新帖1件，著录于《钦定石渠宝笈续编》卷六十二《淳化轩藏一》，帖名作《临钟繇以下诸家帖二十则·第八》。入刻《敬胜斋法帖》。《枯树赋》为北周庾信所作。

褚遂良书法融会贯通汉隶，被称为"初唐四大家"之一。代表作有《伊

东五宜芸馆法帖石六帖之三：御临褚遂良书《枯树赋》片段

御临褚遂良书《枯树赋》片段——《敬胜斋法帖》

褚遂良书《枯树赋》（原帖）

阙佛龛碑》《孟法师碑》《雁塔圣教序》。

本帖乾隆所临写的"节竖山连，文横水蹙；熊彪顾盼，鱼龙起伏"四句，原帖作"熊彪顾盼，鱼龙起伏；节竖山连，文横水蹙"。

宜芸馆廊壁法帖石东五刻字之四

拙于生事，举家食粥，来已数月。今又罄竭，只益忧煎，惠及少米，实济艰勤，故今陈告也。

（款识）右颜鲁公《借米帖》。

（钤印）学古有获、学耨礼耕。

学古有获
（學古有獲）

学耨礼耕
（學耨禮耕）

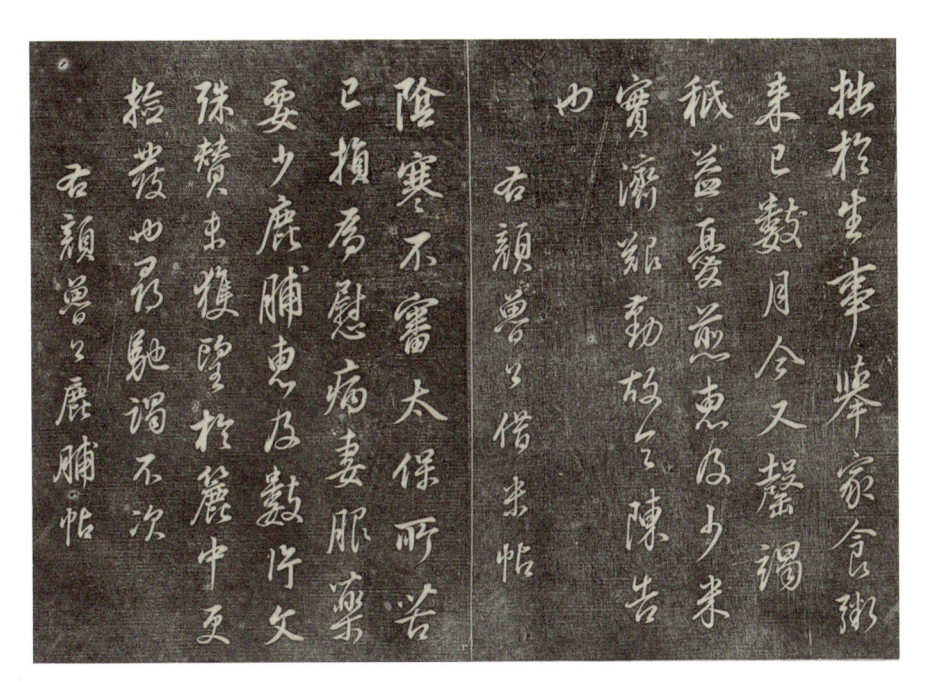

董其昌临颜真卿书《借米帖》《鹿脯帖》——《御刻三希堂石渠宝笈法帖》

宜芸馆廊壁法帖石东五刻字之五

阴寒，不审太保所苦已损为慰。病妻服药，要少鹿脯。惠及数片。《文殊赞》未获，望于箧中更捡发也。寻驰谒。不次。

（款识）右颜鲁公《鹿脯帖》。

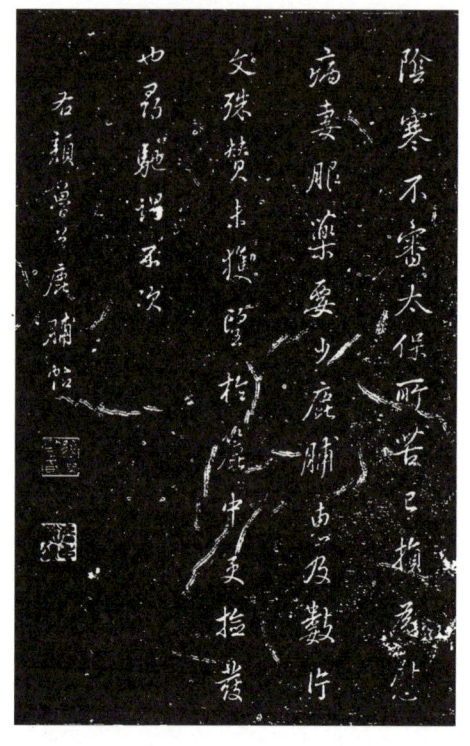

东五宜芸馆法帖石六帖之四：御临董其昌临颜真卿书《借米帖》

东五宜芸馆法帖石六帖之五：御临董其昌临颜真卿书《鹿脯帖》

御临颜真卿书《借米帖》《鹿脯帖》——《敬胜斋法帖》

（钤印）**摛藻为春、虚衷澄照**。

宜芸馆廊壁法帖石东五刻字之六

北楼西望满晴空，积水连山胜画中。滩上急流声若箭，城头残月势如弓。

逃名已谢磻溪老，体道犹思塞上翁。为问边庭更何事，至今羌笛怨无穷。

（款识）**其昌仿颜鲁公《八关斋会帖》**。

（钤印）**礼陶乐淑、主善为师**。

东五宜芸馆法帖石六帖之六：御临董其昌临《八关斋会帖》

摛藻为春
（摛藻爲春）

虚衷澄照
（虚衷澂照）

礼陶乐淑
（禮陶樂淑）

主善为师
（主善爲師）

注释

上三御临帖前二为行书，后为楷书，临自明董其昌《临诸家帖册》，分别为董临颜真卿书《借米帖》《鹿脯帖》《八关斋会帖》。著录于《钦定石渠宝笈续编》卷二十四《重华宫藏一》，帖名作《临董其昌临各种帖》。其中文字与颜真卿原帖多有出入，而《八关斋会帖》内容实为高适诗《金城北楼》，皆为董其昌笔误，乾隆御临帖沿承董帖并未修正。乾隆另有御临颜真卿原迹《借米帖》《鹿脯帖》，入刻《敬胜斋法帖》。

董其昌书法综合了晋、唐、宋、元各家特点，风格飘逸空灵，圆劲秀逸，布局疏朗匀称。

宜芸馆廊壁法帖石西一（一帖）

宜芸馆廊壁法帖石西一刻字

游陆君策畸墅题

积玉岂无囿，干将亦有村。青山贮文赋，秋水悬剑痕。

中有独往者，卜此畸人园。高情挟五岳，取适聊川樊。

一丘美吾土，群峰走其门。虚棂见霞起，卷幔知云屯。

高楼巢燕子，箦谷长龙孙。每当众木凋，郁郁清阴繁。

缅怀柴桑翁，朗爱田水喧。况乃梧竹声，长与风雨吞。

主人桂林枝，雅尚蓬蒿敦。疏渠引泉脉，驱石劖云根。

濠梁期质友，池塘怀哲昆。高僧时驻锡，长者多停轩。

一从鸿避弋，笑波虱处裈。因君奏山水，便欲忘朝昏。

着论准乐志，赋骚称涤烦。高枕乃吾庐，诚如杜陵言。

吾闻达人轨，寄通齐化元。出处各有宜，何必鹤与猿。

我如还山云，君如扶桑暾。方当整六翮，天路期飞翻。

唯容肥遁者，终老桃花源。

中年喜书高丽镜纸，既行笔流易，兼里中儿无能赝作。以彼国残破之后，此纸殊艰致，非若此方玉版金笺可澜翻涂抹，得窜墨池优孟辈也。董其昌。

董其昌书端庄杂流丽，盖自颜碑中出，张长史所谓钗股屋漏之喻，香光得其三昧，故宜俯视，文待诏且将凌轹赵集贤也。兹书畸墅诗册，尤其惬意之笔，几余对临一过并志数言，不禁神溯。

（款识）**乾隆丙寅春御识**。

（钤印）**心清闻妙香**、**笔花春雨**。

心清闻妙香
（心清聞妙香）

笔花春雨
（筆花春雨）

西一宜芸馆法帖石一帖：御临董其昌书《游陆君策畸墅题》

注释

本御临帖为行书，临明董其昌诗帖。同样内容御临新帖1件，著录于《钦定石渠宝笈续编》卷七十《宫内等处藏一》，帖名作《御临董其昌游陆君策畸墅诗帖》。入刻《敬胜斋法帖》。

御临董其昌书《游陆君策畸墅题》——《敬胜斋法帖》

宜芸馆廊壁法帖石西二（一帖）

宜芸馆廊壁法帖石西二刻字

襄阳歌

落日欲没岘山西，倒着接篱花下迷。襄阳小儿齐拍手，拦街争唱《白铜鞮》。

傍人借问笑何事，笑杀山翁醉似泥。鸬鹚杓、鹦鹉杯，百年三万六千日，一日须倾三百杯。遥看汉水鸭头绿，恰似蒲萄初拨醅。此江若变作春酒，垒曲便筑糟丘台。千金骏马换小妾，笑坐雕鞍歌《落梅》。车傍侧挂一壶酒，凤笙龙管行相催。咸阳市中叹黄犬，何如月下倾金罍。君不见晋朝羊公一片石，龟龙剥落生莓苔。泪亦不能为之堕，心亦不能为之哀。清风明月不用一钱买，玉山自倒非人推。舒州杓、力士铛，李白与尔同死生。襄王云雨今安在，江水东流猿夜声。

子昂为仲宝书。

（款识）**乾隆丙寅仲秋月重华宫御笔。**

（钤印）**乾、隆、御书**。

乾

隆

御书（御書）

西二宜芸馆法帖石一帖：御临赵孟頫书《襄阳歌》

赵孟頫书《襄阳歌》（原帖）——《御刻三希堂石渠宝笈法帖》

注释

  本御临帖为行草，临元赵孟頫帖。同样内容御临新帖1件，著录于《钦定石渠宝笈三编·乾清宫藏四》，帖名作《高宗纯皇帝御临赵孟頫书襄阳歌》。《襄阳歌》为唐李白作。

宜芸馆廊壁法帖石西三（一帖）

宜芸馆廊壁法帖石西三刻字

归田赋

  游都邑以永久，无明略以佐时。徒临川以羡鱼，俟河清乎未期。感蔡子之慷慨，从唐生以决疑。谅天道之微昧，追渔父以同嬉。超埃尘以遐游，与世事乎长辞。

于是仲春令月，时和气清；原隰郁茂，百草滋荣，王雎鸠鼓翼，仓庚哀鸣；交颈颉颃，关关嘤嘤。于焉逍遥，聊以娱情。

尔乃龙吟方泽，虎啸山丘。仰飞纤缴，俯钓长流。触矢而毙，贪饵吞钩。落云间之逸禽，悬渊沉之鲨鰡。于时曜灵俄景，继以望舒。极般游之至乐，虽日夕而忘劬。感老氏之遗诫，将回驾乎蓬庐。弹五弦之妙指，咏周、孔之图书。挥翰墨以奋藻，陈三皇之轨模。苟纵心于域外，安知荣辱之所如。

子昂。

（款识）**乾隆丁卯小除夕灯下书于坤宁宫。**

（钤印）**宫商之外太古心**、**领取春温和且平**。

注释

本御临帖为行书，临元赵孟頫帖于乾隆丁卯年（乾隆十二年，1747年）。同样内容御临新帖1件，著录于《钦定石渠宝笈续编》卷七十三《宫内等处藏四》。入刻《敬胜斋法帖》。《归田赋》为汉张衡所撰。

宫商之外太古心

领取春温和且平
（领取春溫和且平）

西三宜芸馆法帖石一帖：御临赵孟頫书《归田赋》

御临赵孟頫书《归田赋》——《敬胜斋法帖》

御临颜真卿书《自书告身帖》——《敬胜斋法帖》

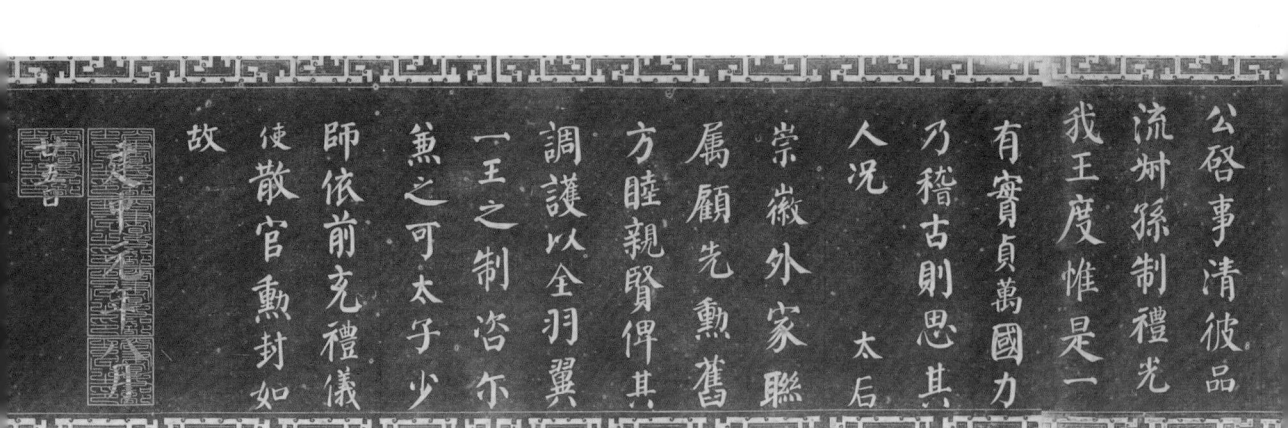

解山公启事清
彼品流州孙制礼
光我王度惟是
顾先勳旧方睦
亲贤俾其调护
以全羽翼一王之
制咨尔黄之可
太子少师依前
克礼仪使散官
勳封如故
建中元年八
月廿五日
乾隆戊辰仲春六
日临于涿鹿之行
营

颜真卿书《自书告身帖》（原帖）——《御刻三希堂石渠宝笈法帖》

公启事清彼品
流州孙制礼光
我王度惟是一
有宝贞万国力
乃稽古则思其
人况 太后
崇徽外家联
属顾先勳旧
方睦亲贤俾其
调护以全羽翼
一王之制咨尔
黄之可太子少
师依前克礼仪
使散官勳封如
故

敬勝齋法帖第二十五
御臨顏真卿自書告身

勅國儲為天下之本師道尊乃元良之教將以本固必由教先非求忠賢何以審諭光祿大夫行吏部尚書克禮儀使上柱國魯郡開國公顏真卿立德踐行當四科之首懿文碩學為百氏之宗忠謹罄于臣節貞規存乎士範述職中外服勞

唐顏真卿書

勅國儲為天下之本師導乃元良之教將以本固必由教先非求中賢何以審諭光祿大夫行吏部尚書克禮儀使上柱國魯郡開國公顏真卿立德踐行當四科之首懿文碩學為百氏之宗忠謹罄于臣節貞規存乎士範述職中外服勞社稷靜

西四宜芸馆法帖石一帖：御临颜真卿书《自书告身帖》

宜芸馆廊壁法帖石西四（一帖）

宜芸馆廊壁法帖石西四刻字

敕：国储为天下之本，师导乃元良之教。将以本固，必由教先，非求忠贤，何以审谕？光禄大夫、行吏部尚书、充礼仪使、上柱国、鲁郡开国公颜真卿，立德践行，当四科之首；懿文硕学，为百氏之宗。忠谠罄于臣节，贞规存乎士范。述职中外，服劳社稷。静专由其直方，动用谓之悬解。山公启事，清彼品流；叔孙制礼，光我王度。惟是一有，实贞万国，力乃稽古，则思其人。况太后崇徽，外家联属，顾先勋旧，方睦亲贤。俾其调护，以全羽翼，一王之制，咨尔兼之可。太子少师，依前充礼仪使，散官勋封如故。建中元年八月廿五日。

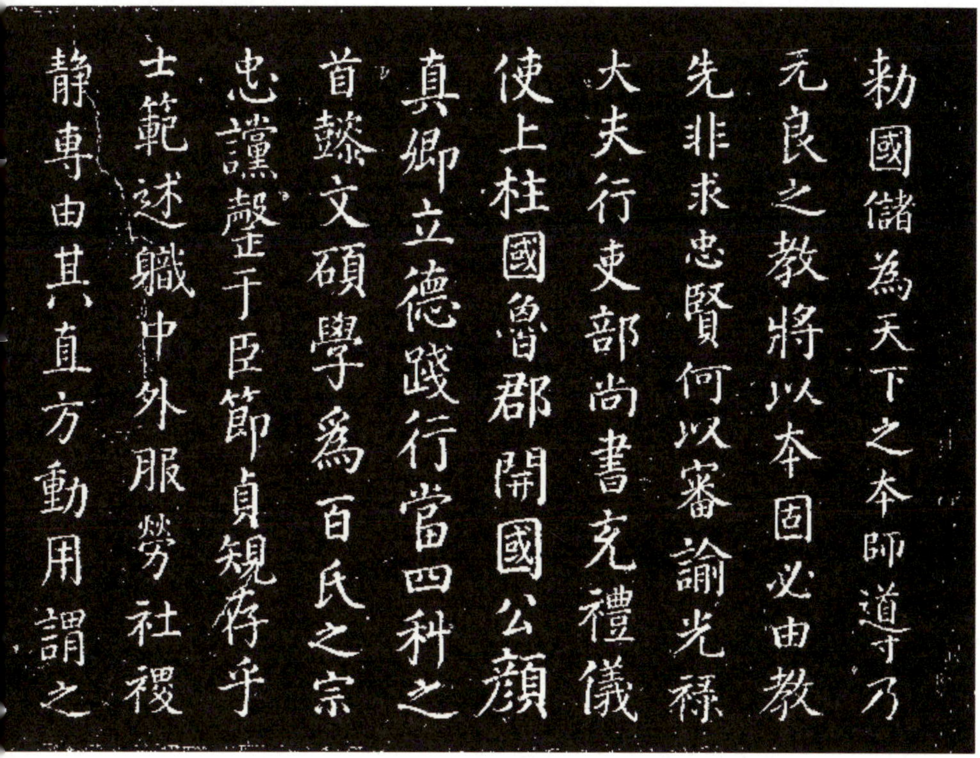

勅國儲為天下之本師道尚乃
元良之教將以本固必由教
先非求忠賢何以審諭光祿
大夫行吏部尚書克禮儀
使上柱國魯郡開國公顏
真卿立德踐行當四科之
首懿文碩學為百氏之宗
忠謹鬱正於臣節貞規存乎
士範述職中外服勞社稷
靜專由其直方動用謂之

（款识）**乾隆戊辰仲春六日御临。**

（钤印）**乾隆宸翰、敬用五事。**

注释

本御笔帖行书，临颜真卿帖于乾隆戊辰（乾隆十三年，1748年）。另有乾隆丙午年（乾隆五十一年，1786年）同题临摹书法，收录于《钦定石渠宝笈续编》卷五十《宁寿宫藏七》。编入《敬胜斋法帖》第二十六册。

乾隆宸翰

敬用五事

宜芸馆廊壁法帖石西五（一帖）

宜芸馆廊壁法帖石西五刻字

皎皎中天月，团团径千里。震泽乃一水，所占已过二。
娑罗即岘山，谬云形大地。地惟东吴偏，山水古佳丽。

乾隆御笔
（乾隆御筆）

含经味道
（含經味道）

与物皆春
（與物皆春）

中有皎皎人，琼衣玉为饵。位维列仙长，学与千年对。
幽操久独处，迢迢愿招类。金飕带秋威，欻逐云樯至。
朝陪舆驭飙，暮返光浮袂。云盲有风驱，蟾饕有刀利。
亭亭太阴宫，无乃瞻星气。兴深夷险一，理洞轩裳伪。
纷纷夸俗劳，坦坦忘怀易。浩浩将我行，蠢蠢须公起。
和林公岘山之作。

（款识）御笔临米元章书。

（钤印）乾隆御笔、含经味道、与物皆春。

注释

本御临帖为行书，临宋米芾诗帖。同样内容御临新帖4件，分别著录于《钦定石渠宝笈续编》卷二十四《重华宫藏一》、卷二十五《重华宫藏二》、卷八十三《长春园等处藏二》，《钦定石渠宝笈三编·延春阁藏八》。入刻《敬胜斋法帖》。诗帖内容为米芾诗《和林公岘山之作》。

西五宜芸馆法帖石一帖：御临米芾书《和林公岘山》

御临米芾书《和林公岘山》——《敬胜斋法帖》

谐趣园知鱼桥石坊刻字

叙录

"知鱼桥"为清漪园惠山园八景之一，乾隆皇帝为此景写下16首诗篇，全部刻于桥头石坊上。

知鱼桥石坊东侧

石坊东侧中枋楣刻字（导图①）

知鱼桥

（钤印）**乾隆宸翰、得句因新意**。

乾隆宸翰

石坊东侧中枋楣刻字（导图②）

春水融冰澹荡漪，弗寒弗暖正宜时。
其间底用劳分辨，莫若娵隅付彼知。

（款识）**丙辰孟春月。御题**。

（钤印）**太上皇帝、归政仍训政**。

得句因新意

题解

清高宗御笔小字行书。诗题《知鱼桥》，载《清高宗御制诗集》余集卷二，嘉庆丙辰年（嘉庆元年，1796年）作。

注释

【底用】何用。底，何，什么。

【娵（jū）隅】中国古代南方少数民族称鱼，出自南朝宋刘义庆《世说新语·排调》："蛮名鱼为娵隅。"

太上皇帝

石坊东侧上额枋刻字（导图③）

负冰才解尚矜鳞，画水浮潜意趣新。

归政仍训政
（歸政仍訓政）

庄惠是非嫌语絮，请看者个早知春。

（款识）**戊子新正。御题。**

（钤印）**乾隆宸翰**。

题解

清高宗御笔小字行书。诗题《知鱼桥》，载《清高宗御制诗集》三集卷七十，乾隆戊子年（乾隆三十三年，1768年）作。

注释

【负冰】水底鱼虫游近冰面，以示天气回暖，百虫解蛰。

【矜鳞】鱼划水状。矜（jīn），挥动，奋张。

　　"鱼矜鳞而并凌兮，鸟登木而失条。"（南朝宋·范晔《后汉书·张衡传》）

【画水】划水。

【者个】这个。者，同"这"。

石坊东侧下额枋刻字（导图④）

几个文鳞水面游，偶因浮豫识庄周。

縶予乐欲公天下，那向区区在藻求。

（款识）**癸未新正。御题。**

（钤印）**所宝惟贤、乾隆宸翰**。

题解

清高宗御笔小字行书。诗题《知鱼桥》，载《清高宗御制诗集》三集卷二十八，乾隆癸未年（乾隆二十八年，1763年）作。

注释

【文鳞】指鱼。

　　"浮晖翻高禽，沉景照文鳞。"（唐·柳宗元《登蒲州石矶望横江口潭岛深迥斜对香零山》）

【浮豫】欢游。豫，喜悦，欢快。

所宝惟贤（所寶惟賢）

乾隆宸翰

【繄（yī）】语气助词。

"尔有母遗，繄我独无。"（《左传·隐公元年》）

石坊东侧柱联刻字（导图⑤）

月波潋滟金为色；风濑琤琮石有声。（详见《湖山品题——颐和园匾额楹联解读》）

知鱼桥石坊西侧

石坊西侧中枋楣刻字（导图⑥）

石桥曲折镜光披，潜跃文鳞适任伊。

俯仰清华谁弗乐，便当鱼乐亦应知。

（款识）**丙申仲夏月。御题。**

（钤印）**所宝惟贤、乾隆御笔。**

题解

清高宗御笔小字行书。诗题《知鱼桥》，载《清高宗御制诗集》四集卷三十八，乾隆丙申年（乾隆四十一年，1776年）作。

石坊西侧中枋楣刻字（导图⑦）

屟步石桥上，轻鯈出水游。濠梁真识乐，竿线不须投。

子我嗤多辩，烟波匪外求。琳池春雨足，菁藻任潜浮。

（款识）**甲戌春月题知鱼桥一律。御笔。**

（钤印）**乾、隆。**

所宝惟贤
（所寶惟賢）

乾隆御笔
（乾隆御筆）

题解

清高宗御笔小字行书。诗题《知鱼桥》，载《清高宗御制诗集》二集卷四十五，乾隆甲戌年（乾隆十九年，1754年）作。

注释

【屟步】漫步。屟（xiè），行走，木屐。

"时来访老疾，步屧到蓬蒿。"（唐·杜甫《北邻》）

【轻鲦（tiáo）】白鲦。一种生活于淡水的小白鱼。

"鲦鱼出游从容。"（《庄子·秋水》）

乾

隆

犹日孜孜
（猶日孜孜）

石坊西侧中枋楣刻字（导图⑧）

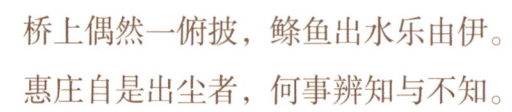

桥上偶然一俯披，鲦鱼出水乐由伊。

惠庄自是出尘者，何事辨知与不知。

（款识）**辛丑润夏月。御题。**

（钤印）□、**犹日孜孜**。

题解

清高宗御笔小字行书。诗题《知鱼桥》，载《清高宗御制诗集》四集卷八十二，乾隆辛丑年（乾隆四十六年，1781年）作。

石坊西侧上额枋刻字（导图⑨）

宛转曲桥若濠上，鲦鱼自出自游之。

凭栏每论知否者，总是惠庄隐笑时。

（款识）**辛亥仲夏。御题。**

（钤印）□□。

题解

清高宗御笔小字行书。诗题《知鱼桥》，载《清高宗御制诗集》五集卷六十六，乾隆辛亥年（乾隆五十六年，1791年）作。

石坊西面上额枋刻字（导图⑩）

曲折石桥俯碧漪，唼喁春水出鱼儿。

却嗤庄惠特多事，何必辨知与不知。

（款识）**壬辰新正下浣。御题。**

（钤印）**乾隆御笔**。

题解

清高宗御笔小字行书。诗题《知鱼桥》，载《清高宗御制诗集》四集卷二，乾隆壬辰年（乾隆三十七年，1772年）作。

注释

【唵喁（yǎn yú）】鱼口开合貌。

"禽惊格磔起，鱼戏唵喁繁。"（唐·刘禹锡《武陵书怀五十韵》）

石坊西面上额枋刻字（导图⑪）

新水溶溶弱练披，开奁绿藻欲生时。

负冰才罢锦鳞脆，乐否惟鱼任自知。

（款识）**乙卯新正。御题。**

（钤印）□□。

乾隆御笔
（乾隆御筆）

题解

清高宗御笔小字行书。诗题《知鱼桥》，载《清高宗御制诗集》五集卷九十四，乾隆乙卯年（乾隆六十年，1795年）作。

石坊西面下额枋刻字（导图⑫）

久议惠庄多费辞，鱼乎子者究为谁。

不如桥上观而乐，万物由其付自知。

（款识）**乙巳新正。御题。**

（钤印）□□。

题解

清高宗御笔小字行书。诗题《知鱼桥》，载《清高宗御制诗集》五集卷十二，乾隆乙巳年（乾隆五十年，1785年）作。

石坊西面下额枋刻字（导图⑬）

石栏雁齿亘春池，出水轻鲦在藻思。

数典列庄亦繁矣，由来其乐有鱼知。

（款识）**丙戌新正下浣。御题。**

（钤印）□□。

题解

　　清高宗御笔小字行书。诗题《知鱼桥》，载《清高宗御制诗集》三集卷五十四，乾隆丙戌年（乾隆三十一年，1766年）作。

注释

　　【雁齿】常比喻桥的台阶、桥头台基。

　　　　"虹梁雁齿随年换，素板朱栏逐日修。"（唐·白居易《答王尚书问履道池旧桥》）

石坊西侧下额枋刻字（导图⑭）

　　鱼负冰过波跃时，桥头小步契幽思。

　　惠庄总落未忘我，付不知原胜有知。

　　（款识）**庚戌新正。御题。**

　　（钤印）□□。

题解

　　清高宗御笔小字行书。诗题《知鱼桥》，载《清高宗御制诗集》五集卷六十六，乾隆庚戌年（乾隆五十五年，1790年）作。

石坊柱联刻字（导图⑮）

　　回翔凫雁心含喜；新苗蘋蒲意总闲。（详见《湖山品题——颐和园匾额楹联解读》）

知鱼桥石坊北柱

石坊北柱外侧刻字（导图⑯）

　　林泉咫尺足清娱，拨剌文鳞动绿蒲。

　　当日惠庄评论处，至今知者是嫩隅。

（款识）**乾隆乙亥仲春。御题。**

（钤印）**契理在寸心、乾隆御笔。**

题解

　　清高宗御笔小字行书。诗题《知鱼桥》，载《清高宗御制诗集》二集卷五十六，乾隆乙亥年（乾隆二十年，1755年）作。

石坊北柱内侧刻字（导图⑰）

　　香霞蔚覆净琉璃，极乐国中解夏时。
　　便是游鳞那无乐，欲嗤庄叟太言知。

（款识）**辛巳新秋。御题。**

（钤印）**乾隆宸翰、琴书道趣生。**

题解

　　清高宗御笔小字行书。诗题《知鱼桥》，载《清高宗御制诗集》三集卷十五，乾隆辛巳年（乾隆二十六年，1761年）作。

知鱼桥石坊南柱

石坊南柱外侧刻字（导图⑱）

　　平铺半亩冻琉璃，未是轻鲦出水时。
　　谩道跃潜殊理趣，鱼知鱼乐我因知。

（款识）**戊寅春日。御题。**

（钤印）**惟精惟一、乾隆宸翰。**

题解

　　清高宗御笔小字行书。诗题《知鱼桥》，载《清高宗御制诗集》二集卷七十六，乾隆戊寅年（乾隆二十三年，1758年）作。

契理在寸心

乾隆御笔
（乾隆御筆）

乾隆宸翰

琴书道趣生
（琴書道趣生）

惟精惟一

乾隆宸翰

石坊南柱内侧刻字（导图⑲）

饮波练影无痕，戏莲闯藻便蕃。
知否付之鳞类，惠庄却费名言。

（款识）**庚辰长夏。御题。**

（钤印）**惟精惟一、乾隆宸翰。**

题解

清高宗御笔小字行书。诗题《知鱼桥》，载《清高宗御制诗集》三集卷五，乾隆庚辰年（乾隆二十五年，1760年）作。

惟精惟一

乾隆宸翰

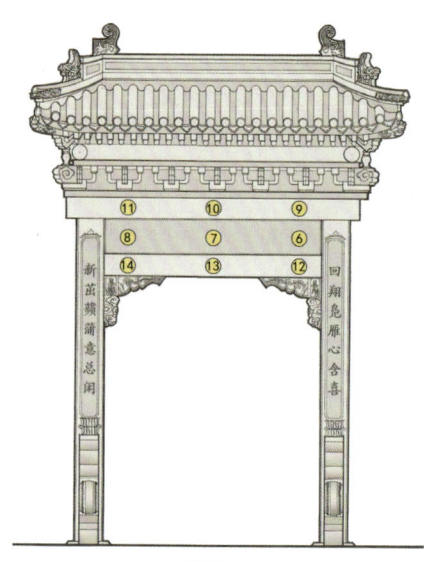

知鱼桥石牌坊东立面　　知鱼桥石牌坊西立面

①石坊东侧中枋楣刻字
　知鱼桥
　（钤印）乾隆宸翰（白文）、得句因新意（朱文）。

②石坊东侧中枋楣刻字
　春水融冰澹荡漪，弗寒弗暖正宜时。
　其间底用劳分辨，莫若嫩隅付彼知。
　（款识）丙辰孟春月。御题。
　（钤印）太上皇帝（白文）、归政仍训政（朱文）。

③石坊东侧上额枋刻字
　　负冰才解尚矜鳞，画水浮潜意趣新。
　　庄惠是非嫌语絮，请看者个早知春。
　　（款识）戊子新正。御题。
　　（钤印）乾隆宸翰（朱文）。

④石坊东侧下额枋刻字
　　几个文鳞水面游，偶因浮豫识庄周。
　　繄予乐欲公天下，那向区区在藻求。
　　（款识）癸未新正。御题。
　　（钤印）所宝惟贤（朱文）、乾隆宸翰（白文）。

⑤石坊东侧柱联刻字
　　月波潋滟金为色；风濑玲琮石有声。

⑥石坊西侧中枋楣刻字（南/近山石端）
　　石桥曲折镜光披，潜跃文鳞适任伊。俯仰清华谁弗乐，便当鱼乐亦应知。
　　（款识）丙申仲夏月。御题。
　　（钤印）所宝惟贤（朱文）、乾隆御笔（白文）。

⑦石坊西侧中枋楣刻字（中端）
　　屧步石桥上，轻鲦出水游。濠梁真识乐，竿线不须投。
　　子我嗤多辨，烟波匪外求。琳池春雨足，菁藻任潜浮。
　　（款识）甲戌春月题知鱼桥一律。御笔。
　　（钤印）乾（圆白文）、隆（方白文）。

⑧石坊西侧中枋楣刻字（北/近湖端）
　　桥上偶然一俯披，鲦鱼出水乐由伊。
　　惠庄自是出尘者，何事辨知与不知。
　　（款识）辛丑润夏月。御题。
　　（钤印）□、犹日孜孜（朱文）。

⑨石坊西侧上额枋刻字（南/近山石端）
　　宛转曲桥若濠上，鲦鱼自出自游之。
　　凭栏每论知否者，总是惠庄隐笑时。
　　（款识）辛亥仲夏。御题。
　　（钤印）□□。

⑩石坊西面上额枋刻字（中端）
　　曲折石桥俯碧漪，唼喁春水出鱼儿。
　　却嗤庄惠特多事，何必辨知与不知。
　　（款识）壬辰新正下浣。御题。
　　（钤印）乾隆御笔（白文）。

⑪石坊西面上额枋刻字（北/近湖端）
　　新水溶溶弱练披，开奁绿藻欲生时。
　　负冰才罢锦鳞脆，乐否惟鱼任自知。
　　（款识）乙卯新正。御题。
　　（钤印）□□。

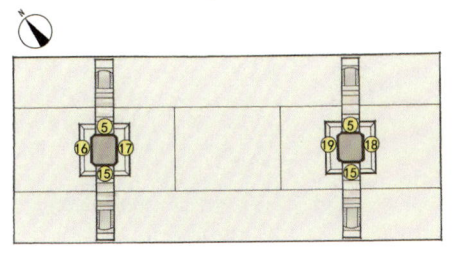

知鱼桥石牌坊平面

⑫石坊西面下额枋刻字（南/近山石端）
久议惠庄多费辞，鱼乎子者究为谁。
不如桥上观而乐，万物由其付自知。
（款识）乙巳新正。御题。
（钤印）□□。

⑬石坊西面下额枋刻字（中端）
石栏雁齿亘春池，出水轻鲦在藻思。数典列庄亦繁矣，由来其乐有鱼知。
（款识）丙戌新正下浣。御题。
（钤印）□□。

⑭石坊西侧下额枋刻字（北/近湖端）
鱼负冰过波跃时，桥头小步契幽思。惠庄总落未忘我，付不知原胜有知。
（款识）庚戌新正。御题。
（钤印）□□。

⑮石坊柱联刻字（西侧）
回翔凫雁心含喜；新茁蘋蒲意总闲。

⑯石坊北柱外（北）侧刻字
林泉咫尺足清娱，拨剌文鳞动绿蒲。当日惠庄评论处，至今知者是嬼隅。
（款识）乾隆乙亥春仲。御题。
（钤印）契理在寸心（朱文）、乾隆御笔（白文）。

⑰石坊北柱内（南）侧刻字
香霞蔚覆净琉璃，极乐国中解夏时。便是游鳞那无乐，欲嗤庄叟太言知。
（款识）辛巳新秋。御题。
（钤印）乾隆宸翰（朱文）、琴书道趣生（白文）。

⑱石坊南柱外（南）侧刻字
平铺半亩冻琉璃，未是轻鲦出水时。漫道跃潜殊理趣，鱼知鱼乐我因知。
（款识）戊寅春日。御题。
（钤印）惟精惟一（朱文）、乾隆宸翰（白文）。

⑲石坊南柱内（北）侧刻字
饮波练影无痕，戏莲闯藻便蕃。知否付之鳞类，惠庄却费名言。
（款识）庚辰长夏。御题。
（钤印）惟精惟一（朱文）、乾隆宸翰（白文）。

谐趣园"寻诗径"碑

叙录

"寻诗径"为清漪园早期惠山园八景之一，乾隆皇帝为此景写下大量诗文，多刻于景区山岩、碑石上。嘉庆时期改惠山园为谐趣园，"寻诗径"景亡而碑存，后又经焚毁与光绪年间重建，碑石定位于现址，覆以方亭，名兰亭。碑座长方形，雕以浮花。碑首、碑身四面刻字，共6首诗、2题辞。

寻诗径碑阴（北）面

寻诗径碑阴（北）面碑身刻字

（引首章）**奉三无私**。

（榜书）**寻诗径**。

（钤印）**乾隆宸翰**、**陶冶性灵**。

寻诗径碑阴（北）面碑首刻字

窈窕冲融间，诘曲透迤处。
目击斯道存，浅言亦深趣。
于此论格律，何殊刻舟误。

（款识）**庚辰夏**。**御题**。

（钤印）**所宝惟贤**、**乾隆宸翰**。

题解

清高宗御笔行书。诗题《寻诗径》，载《清高宗御制诗集》三集卷五，乾隆庚辰年（乾隆二十五年，1760年）作。

注释

【融】《清高宗御制诗集》中作"瀜"。

奉三无私
（奉三無私）

乾隆宸翰

陶冶性灵
（陶冶性靈）

寻诗径碑阳（南）面

寻诗径碑阳（南）面碑首刻字

（碑额篆书）御制

寻诗径碑阳（南）面碑身刻字

岩壑有奇趣，烟云无尽藏。石栏遮曲径，春水漾方塘。新会忽于此，幽寻每异常。自然成迥句，底用锦为囊？

（款识）**乾隆甲戌。御题。**

（钤印）**所宝惟贤、乾隆御笔。**

题解

清高宗御笔行书。诗题《寻诗径》，载《清高宗御制诗集》二集卷四十五，乾隆甲戌年（乾隆十九年，1754 年）作。

注释

【岩壑】山峦溪谷。

"山明鸟声乐，日气生岩壑。"（唐·卢纶《太白西峰书怀》）

【奇趣】奇妙的情趣。

"要欲追奇趣，即此陵丹梯。"（南朝齐·谢朓《游敬亭山》）

【烟云】烟霭云雾。

"于是榛林深泽，烟云暗莫，兕虎并作。"（汉·枚乘《七发》）

【无尽藏】原为佛教语，谓佛德广大无边，作用于万物，无穷无尽。后泛指事物之取用无穷者。

"惟江上之清风，与山间之明月，耳得之而为声，目遇之而成色，是造物者之无尽藏也。"（宋·苏轼《前赤壁赋》）

【新会】新的感受，新灵感。会，领悟，理解。

【迥句】佳句，绝妙之句。

"凡山川物色之明秀佳丽，无不入其奇怀，供其彩笔，宜其学诗未久，而名章迥句，遂能惊人也。"（清·归庄《王太冲〈蕉雨亭诗〉》）

【底用】何必用。底,何。

"江南俗语,问何物曰底物,何事曰底事,唐以来已入诗词中。"(清·赵翼《陔余丛考》)

【锦为囊】唐朝李贺以苦吟著称,出外每得佳句,随即写下投入随身的锦囊中,回家后整理成篇。

寻诗径碑左(东)面

寻诗径碑左(东)面碑身刻字

诘曲穿云复度松,山如饭颗翠还浓。

诙谐白也苦吟杜,疑是曾于此处逢。

(款识)乾隆乙亥仲春。御题。

(钤印)乾隆御笔、意静妙堪会。

题解

清高宗御笔行书。诗题《寻诗径》,载《清高宗御制诗集》二集卷五十六,乾隆乙亥年(乾隆二十年,1755年)作。

注释

【诘曲】屈曲;曲折。诘(jié),弯曲。

"复道兮诘曲,离宫兮相属。"(唐·宋之问《秋莲赋》)

【饭颗】指饭颗山。相传是唐代长安附近的一座山。后遂用作表示诗作刻板平庸,或诗人拘守格律,或刻苦写作的典故。

"白(李白)才逸气高,与陈拾遗齐名……尝言:'兴寄深微,五言不如四言,七言又其靡也,况使束于声调俳优哉!'故戏杜曰:'饭颗山头逢杜甫,头戴笠子日卓午。借问何来太瘦生,总为从前作诗苦。'盖讥其拘束也。"(唐·孟棨《本事诗·高逸》)

【诙谐白也苦吟杜】白,指李白。杜,指杜甫。

乾隆御笔
(乾隆御筆)

意静妙堪会
(意靜妙堪會)

寻诗径碑左(东)面碑首刻字

一卷当谷下临陂,步入幽深总合诗。

便是三唐多作者，个中滋味几人知。

（款识）癸未新正。御题。

（钤印）所宝惟贤、乾隆御笔。

题解

清高宗御笔小字行书。诗题《寻诗径》，载《清高宗御制诗集》三集卷二十八，乾隆癸未年（乾隆二十八年，1763年）作。

所宝惟贤
（所寶惟賢）

乾隆御笔
（乾隆御筆）

寻诗径碑右（西）面

寻诗径碑右（西）面碑身刻字

古锦囊教奴子携，惟应愈、湜解金鎞。

如今拟问李长吉，题凑诗乎诗凑题。

（款识）戊寅春日。御题。

（钤印）惟精惟一、乾隆宸翰。

题解

清高宗御笔行书。诗题《寻诗径》，载《清高宗御制诗集》二集卷七十六，乾隆戊寅年（乾隆二十三年，1758年）作。

注释

【奴子】僮仆；书童。

【愈、湜】韩愈、皇甫湜。二人为师生加忘年交，韩愈指定皇甫湜为自己逝后写行状。皇甫湜与李贺为密友，二人诗文往来，惺惺相惜。

【金鎞】在此处指古时医生用以治眼病的器械。

【李长吉】李贺字长吉。河南府福昌县（今河南省洛阳市宜阳县）人，后世称李昌谷。

惟精惟一

乾隆宸翰

寻诗径碑右（西）面碑首刻字

奇峰诡石解招携，即是黄金刮眼鎞。

快霁一天残暑退，得教触景此拈题。

（款识）辛巳新秋。御题。

（钤印）惟精惟一、乾隆宸翰。

惟精惟一

乾隆宸翰

题解

清高宗御笔小字行书。诗题《寻诗径》，载《清高宗御制诗集》三集卷十五，乾隆辛巳年（乾隆二十六年，1761年）作。

谐趣园"寻诗径"周边山石刻字

叙录

清高宗"寻诗径"诗文除刻于"寻诗径"碑外，还刻于沿途谷壑间山岩上。《清朝通志·金石略》记载，至乾隆五十一年（1786年）已刻诗7首，皆为行书，刻字位置不明。据《清高宗御制诗集》著录，以待新发现。

谐趣园"寻诗径"周边山石刻字之一

两傍怪石迭欹嵌，一径烟霞步步深。
此处相应定谁是，依稀李贺是知音。

题解

诗题《寻诗径》，载《清高宗御制诗集》三集卷五十四，乾隆丙戌年（乾隆三十一年，1766年）作。

谐趣园"寻诗径"周边山石刻字之二

石门云径倚松开，屧步无尘有绿苔。
试问今来缘底事，答言端为觅诗来。

题解

诗题《寻诗径》，载《清高宗御制诗集》三集卷七十，乾隆戊子年（乾隆三十三年，1768年）作。

谐趣园"寻诗径"周边山石刻字之三

诡石丛间有路通，寻幽得句不期工。

司空廿四品如较，只在清奇委曲中。

题解

诗题《寻诗径》，载《清高宗御制诗集》四集卷二，乾隆壬辰年（乾隆三十七年，1772年）作。

谐趣园"寻诗径"周边山石刻字之四

窈而深更繚而曲，步步神传七字真。

若谓寻诗于此合，可知诗亦解寻人。

题解

诗题《寻诗径》，载《清高宗御制诗集》四集卷三十八，乾隆丙申年（乾隆四十一年，1776年）作。

谐趣园"寻诗径"周边山石刻字之五

四字为文指南诀，曰惟雅正与清真。

设如絜矩别裁者，我亦俞乎效此人。

题解

诗题《寻诗径》，载《清高宗御制诗集》四集卷八十二，乾隆辛丑年（乾隆四十六年，1781年）作。

谐趣园"寻诗径"周边山石刻字之六

散步行来曲栈斜，傑池林出石嵯岈。

设云此即寻诗径，不在陇西在浣花。

题解

诗题《寻诗径》，载《清高宗御制诗集》五集卷十二，乾隆乙巳年（乾隆五十年，1785年）作。

谐趣园涵光洞山石刻字

叙录

涵光洞为清漪园惠山园八景之一，与寻诗径、玉琴峡山洞联属为山石景观区。

涵光洞位于其中，外实内虚，林岩围合之下留出一轮天窗。乾隆还特意选用松花石刻写"涵光洞"三字，亲自指点安装。建成后来游，他常在洞中小憩，吟诗题壁。《清朝通志·金石略》记载，至乾隆丙午年（乾隆五十一年，1786年）已刻诗7首。嘉庆时期改惠山园为谐趣园，涵光洞无存，刻字山石去向不明。今据《清高宗御制诗集》著录，以待日后发现。

涵光洞山石刻字之一

岩围牝洞豁中央，不尽虚涵不尽光。

试看珠含将玉蕴，大都能显在能藏。

题解

诗题《涵光洞》，载《清高宗御制诗集》三集卷二十八，乾隆癸未年（乾隆二十八年，1763年）作。

涵光洞山石刻字之二

豁庨幽洞翠岩围，虚则生光义旨微。

半日春游诗廿首，恐妨勤政得言归。

题解

诗题《涵光洞》，载《清高宗御制诗集》三集卷五十四，乾隆丙戌年（乾隆三十一年，1766年）作。

涵光洞山石刻字之三

幽洞能生虚白光，坐斯神谧意无忙。

更因会得南华旨，止止之中有吉祥。

题解

诗题《涵光洞》，载《清高宗御制诗集》三集卷七十，乾隆戊子年（乾隆三十三年，1768 年）作。

涵光洞山石刻字之四

窗开玉女朗青天，牝洞中含光皎然。

近似楼西灯未上，一轮升月正团圆。

题解

诗题《涵光洞》，载《清高宗御制诗集》四集卷二，乾隆壬辰年（乾隆三十七年，1772 年）作。

涵光洞山石刻字之五

石林苍逻复青围，空洞如含静者机。

那更入来讶生白，南华早已示其微。

题解

诗题《涵光洞》，载《清高宗御制诗集》四集卷三十八，乾隆丙申年（乾隆四十一年，1776 年）作。

涵光洞山石刻字之六

洞似真人塞其内，光如夫子入于机。

曰涵犹觉有能所，合唤神明领至微。

题解

诗题《涵光洞》，载《清高宗御制诗集》四集卷八十二，乾隆辛丑年（乾隆四十六年，1781 年）作。

涵光洞山石刻字之七

光生动也涵生静，岩洞空空无不宜。

漫拟汉宫三十六，命名历岁却如之。

斯园于甲戌年落成，至今岁庚戌已三十六年。

题解

诗题《涵光洞》，载《清高宗御制诗集》五集卷十二，乾隆乙巳年（乾隆五十年，1785年）作。

谐趣园湛清轩石屏风刻字

叙录

湛清轩内石屏风一座，为惠山园墨妙轩旧物，屏风两面刻有乾隆诗文，著录于《清朝通志·金石略》。

墨妙轩为惠山园八景之一，轩壁间镶嵌《墨妙轩法帖》，是为《三希堂法帖》续编，又名《续刻三希堂法帖》四卷。由蒋溥、汪由敦、稽璜等奉敕编次，焦国泰镌刻。壁间还刻有乾隆小字正书《妙法莲华经》。

墨妙轩因法帖而得名，是乾隆时期书法建设成就的4个珍藏点之一。当时4个珍藏点分别是北海阅古楼、清漪园惠山园墨妙轩、圆明园淳化轩和圆明园坐石临流之兰亭八柱，它们也是清代金石书法文化的一大展示地。原石刻法帖现无存。

湛清轩石屏风南侧刻字

碧溪一带锁欽崟，径入文轩翰墨林。
四壁苔华阅今古，三希倒薤借追寻。
烟云舒卷为同异，情性刚柔在酌斟。
数典更欣过庭论，悬针竟尔度金针。

（款识）**甲申暮春之初。御题。**

（钤印）**信天主人、乾隆宸翰。**

题解

清高宗行书，录于《清朝通志·金石略》。诗题《题墨妙轩》，载《清高宗御制诗集》三集卷三十八，乾隆甲申年（乾隆二十九年，1764年）作。

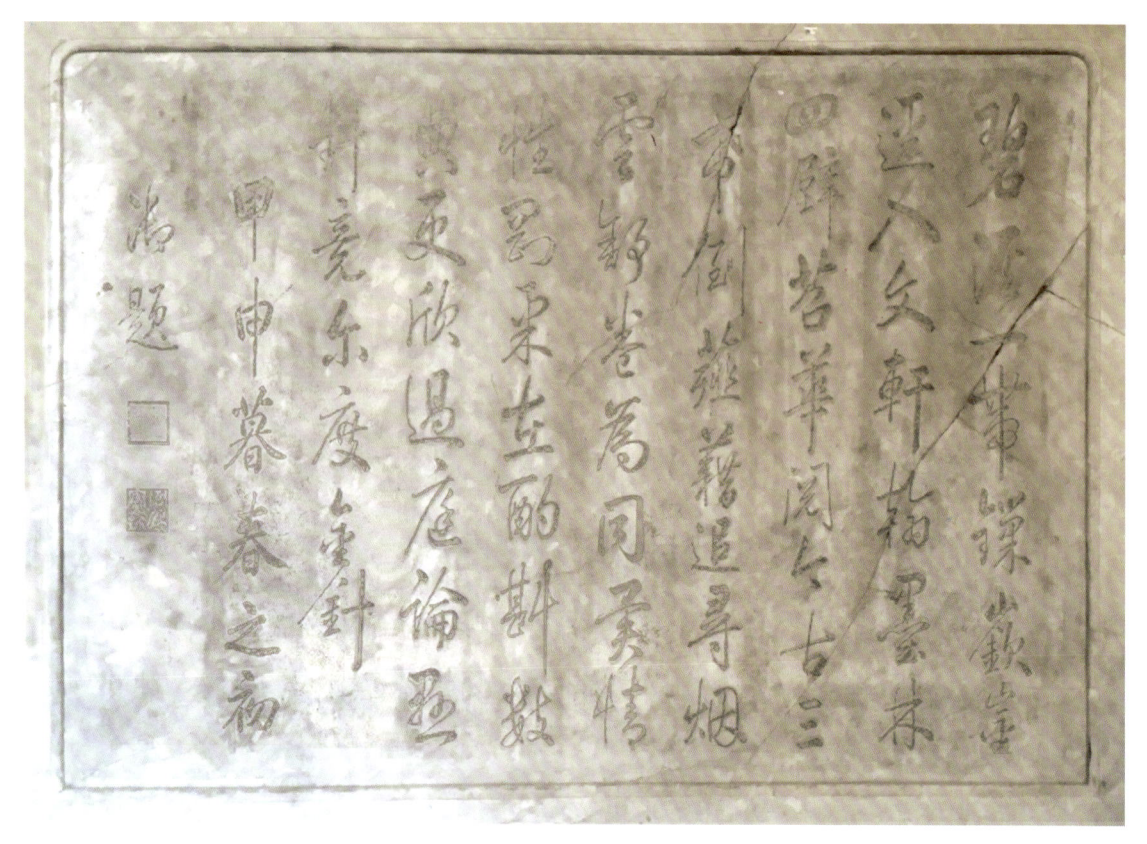

湛清轩石屏风南侧局部

原诗有注:"孙虔礼《书谱》摹入《三希堂法帖》,其所书《景福殿赋》及《千字文》并刻石此轩。"

信天主人

乾隆宸翰

湛清轩石屏风北侧刻字

游八刻余诗廿首,羽林苑外候将劳。
暇云遣则归应可,兴所适当戒在豪。
来以轻舆返以舟,为欣顺水送乘浮。
界湖回望高楼远,笑我当前缺句留。
两行绿树布阴齐,不见黄莺听巧啼。
曰色曰声镜光里,弗留而过几湾堤。
堤外鳞塍插秧遍,方方白水浸青苗。
农功较比常年早,夏长秋收候正遥。

渔村蟹舍遥相望，罾社菱丝夫岂殊。
柔橹数声苇渚拂，却看漠漠起飞凫。
机声轧轧听来近，早识舟经耕织图。
别舍蚕功刚炙箔，总关民计总廑吾。
玉带桥过出玉河，昆明湖阔静微波。
行来画舫舣石舫，路取山阴近几多。
山阴佳景颇堪寻，得句多哉弗重吟。
便返御园问章奏，遥遥军务正关心。

湛清轩石屏风

（款识）**壬辰孟夏月中浣。自玉河放舟由昆明湖归御园即景杂咏得八绝句。御笔。**

（钤印）**所宝惟贤、乾隆御笔。**

所宝惟贤
（所寶惟賢）

乾隆御笔
（乾隆御筆）

题解

清高宗行书。诗题《自玉河放舟由昆明湖归御园即景杂咏》，载《清高宗御制诗集》四集卷五，乾隆壬辰年（乾隆三十七年，1772年）作。

御制墨妙轩诗乾隆二十年七言绝

佳处敞轩名墨妙，导之泉注顿山安。
苕华两壁千秋粹，即境神诠欲契难。

题解

清高宗行书，录于《清朝通志·金石略》，诗刻位置不详。诗题《墨妙轩》，载《清高宗御制诗集》二集卷五十四，乾隆乙亥年（乾隆二十年，1755年）作。由诗可知，墨妙轩旁设有人工泉水，石刻应在附近。

附录一

御笔《墨妙轩法帖》序

朕听政之暇，翰墨自娱。内府所藏书家真迹无虑数十百种，展阅之余，手自摹写，品评题识，至于再三。丁卯岁，有《三希堂》之刻已骈罗其中，艺林墨宝略为大备。近复披遗《石渠》，得唐贤褚遂良以下若而人凡三十余则，汇为四卷，颜曰"墨妙"。镌之贞石，用广流传。

古泽发于行间，新香流于字里。不独使前人遗墨，矩度长昭；亦以畀后学临池，津梁可逮。以是为《三希》之续，固非与《淳化》《大观》争多角胜也。

（款识）**乾隆甲戌。御题。**

（钤印）**即事多所欣、乾隆宸翰、契理在寸心。**

题解

清高宗御制，行书。文载《钦定石渠宝笈续编》卷十六，刻字石版去向不明。

即事多所欣

乾隆宸翰

契理在寸心

《墨妙轩法帖》清乾隆皇帝序

附录二

《御刻墨妙轩法帖》恭跋

裘曰修

乾隆岁次庚午，上以内府所藏晋唐以来诸墨迹，亲加甄录。命臣等排比次第，勾摹勒石，为《三希堂帖》，建阅古楼储之。越五载，复构墨妙轩于万寿山之惠山园，再出前人书自唐褚遂良以下若而人，汇行草各体，刻石于两壁间。凡梨为四册，合之《三希堂帖》，于是灿然称大备矣。

昔宋太宗刻《淳化帖》，今所传秘阁官本已不多见，然议者谓标识多误，淳熙修内司本，则秘阁续帖也。或又讥其粗硬少风韵，良由鉴别未真，故决择无当，非尽摹勒之不善也。

我皇上万几之余，无他嗜好，惟书史是娱。拂楮抒豪，乃至帐殿、毡庐未尝稍辍。精能之至，直造二王龙跳虎卧之奇、凤翥鸾翔之妙。云生纸上，玉蕴行间。以天纵之多能，宏艺林之盛轨。范围八法，陶铸百家。曩代所聚讼纷、挈真赝莫定者，咸予以折衷，加之题品。

今兹所拓，视《太清》《大观》不啻倍屣过之。凡昔贤零缣断素，其光耀郁而未著者，发其精英，俾得附宸赏以流传不朽。即操觚握管之士，未得仰窥册府珍藏，获观拓本亦足以溯渊源于墨海、撷华藻于文苑。倘由是而更求之柳公权"心正笔正"之说，推之程颐"即此是学"之旨，以无负我皇上嘉会天下后世之至意，则器也而进于道矣。

臣等叨与编摩，快夫先睹，庆幸之至，弥觉惕焉加勉。乾隆二十年乙亥春三月恭跋。

题解

文载《裘文达公文集》卷四，清嘉庆刻本。

谐趣园慈禧摩崖刻字

叙录

谐趣园水池北部山岩叠石间，有三组摩崖刻字，作于光绪年间，分别位于玉琴峡、涵远堂北、知春堂北。

玉琴峡摩崖刻字

玉琴峡摩崖刻字之一

玉琴峡

（额章）慈禧皇太后御笔之宝

慈禧皇太后御笔之宝（慈禧皇太后御筆之寶）

注释

【玉琴】古琴转弦部件称"轸"，以玉制作称"玉轸"，琴也因此称为"玉琴"。此处石峡中水流清越如琴，故名。

译文

峡水声如玉琴。

解读

玉琴峡及寻诗径，都是仿寄畅园"八音涧"而作。我国自春秋即有伯牙弹琴来表达山水之音，后世造园家常以此为题再现于园林之中。承德避暑山庄"玉琴轩"、圆明园"夹镜鸣琴"、杭州"水乐洞"都属于这一题材。

玉琴峡建造颇具匠心，水溪本是惠山园的引水渠，后溪河由此入园。造园家巧借地势，造渠如自然山涧，宛自天开，乾隆在水乐亭（后称饮绿亭）诗中曾反复吟诵。山涧也成为寻诗径、涵光洞二景点的听觉借景。当年惠山园景点众多，加之北有清琴峡，此处并未有题辞石刻。颐和园重建后，谐趣园建筑量增加，自然景物减少，引水山涧所蕴含的自然之趣凸显出来，而这组摩崖题辞恰当地将其中韵味点明提亮，邀人注目品味。这也是颐和园时期不多的创意亮点之一。

玉琴峡摩崖刻字之二

松风

（额章）**慈禧皇太后御笔之宝**

注释

【松风】古琴曲《风入松》的别称。

"盘白石兮坐素月，琴《松风》兮寂万壑。"（唐·李白《鸣皋歌送岑征君》）

"白鹤归来见曾玄，《陇头》《松风》入朱弦。"（宋·苏轼《十二琴铭·鹤归》）

又指松林之风。

"松风遵路急，山烟冒垄生。"（南朝宋·颜延之《拜陵庙作》）

"特爱松风，庭院皆植松，每闻其响，欣然为乐。"（《南史·隐逸传下·陶弘景》）

乾隆曾将上述寓意合而为一，用来形容惠山园的音色之美，他作诗《再题惠山园二首》云："秀木乔笼屋，清流曲抱阶。风松入操古，春鸟和音谐。"园中既有乔木松音，也有溪流琴韵，加之春鸟和鸣，一派祥和。

解读

玉琴峡以溪水取胜，其南侧隔游廊种植大片竹林，北侧古松山石群立，围合成幽静的小空间，使人精神聚焦于溪流上，将水声凸显出来。岸石刻写的"松风""萝月"都有意加强水声的意象，强化诗意氛围。

慈禧皇太后御笔之宝（慈禧皇太后御筆之寶）

玉琴峡摩崖刻字之三

萝月

（额章）**慈禧皇太后御笔之宝**

注释

【萝月】藤萝间的明月。萝，指松萝，又名女萝，蔓生植物。

"仿佛萝月光，缤纷篁雾阴。"（南朝宋·鲍照、王延秀等《月下登楼连句》）

"萝月挂朝镜，松风鸣夜弦。"（唐·李白《赠嵩山焦炼师》）

慈禧皇太后御笔之宝（慈禧皇太后御筆之寶）

解读

　　"松风水月"是中国传统诗、画、园林经常表达的意境。康熙曾于避暑山庄清舒山馆题"萝月松风"。乾隆曾在圆明园望瀛洲题"溪月松风";在茹古含今题:"鸟语花香生静悟;松风水月得佳朋。"

玉琴峡摩崖刻字之四

仙岛

(额章)**慈禧皇太后御笔之宝**

慈禧皇太后御笔之宝(慈禧皇太后御筆之寶)

注释

　　【仙岛】此处用典"仙岛学琴",又称"蓬莱移情"。古代琴师伯牙最初跟随成连学琴,三年不成。于是成连对伯牙说:"我带你去见见我的老师,或许有助于你。"成连带伯牙划船来到蓬莱仙岛,让伯牙稍候,自己去迎请老师。此一去多日不返,伯牙孤身一人在山海间闲逛,只见海浪阵涌,山林静谧,水鸟悲鸣。伯牙猛然醒悟:大自然其实就是音乐最美妙的范本!他感慨道:"先生移情于我。"乃弹琴放歌,奏《水仙》一曲。从此琴技出神入化,成为天下妙音。(详见《乐府古题要解》)

解读

　　此处围绕水声、玉琴而题,虽作于颐和园时期,却是皇家园林中一贯的造景主题,乾隆皇帝就有诸多诗作,如《玉琴轩》诗:"揣称号文琴,酌声拟哀玉。造物自成连,移情在澄穆。"《弹琴峡》诗:"弹琴峡口听弹琴,清韵悠扬入听深。漫数成连工奏曲,不须钟子始知音。"都与玉琴峡"仙岛"同一出处。

玉琴峡摩崖刻字之五

泉流不息

(额章)**慈禧皇太后御笔之宝**

慈禧皇太后御笔之宝(慈禧皇太后御筆之寶)

注释

　　辞意源自"孔子观水"。《孔子家语》记载:"孔子观于东流之水,子贡问曰：'君子所见大水必观焉，何也？'孔子曰：'以其不息且遍与诸生而不为也。'"孔子意为从不息流水中感悟世间哲理。后世园林流水景观，常用此典故点题，如乾隆《观敖汉瀑布水》诗："逝者如斯来不舍，长怀尼父在川情。"

解读

玉琴峡本是一条引水渠，经过造园家的艺术加工，隐溪水于竹丛，配山石以松萝，刻辞藻偕书法，使平常之景变得形象生动，意蕴丰富。

谐趣园涵远堂北摩崖刻字

涵远堂北摩崖刻字

堆云积翠

（额章）慈禧皇太后御笔之宝

注释

【堆云】若堆砌之云。云：指山石，古人认为云触石而生，所以山石被称为"云根"。把人工堆叠的山石形容为"堆云"。

"云触石而出，肤寸而合。"（《公羊传·僖公三十一年》）

"过桥分野色，移石动云根。"（唐·贾岛《题李凝幽居》）

【积翠】碧绿之水。

"积翠含微月，遥泉韵细风。"（唐·马戴《宿翠微寺》）

解读

北海石桥牌坊两侧各题"堆云""积翠"。紫禁城御花园假山乾隆题"云根"。

慈禧皇太后御笔之宝（慈禧皇太后御筆之寶）

谐趣园知春堂北摩崖刻字

知春堂北摩崖刻字

云窦

慈禧皇太后御笔之宝（慈禧皇太后御筆之寶）

（额章）**慈禧皇太后御笔之宝**

注释

【云窦】云气出没的山洞。常形容景色迷幻的山景或仙境。窦，孔，洞。

"杳杳云窦深，渊渊石溜浅。"（齐·谢朓《游山诗》）

"石门斜月入，云窦暗泉生。"（唐·马戴《山行偶作》）

解读

"云窦"叠山向西一带，原为惠山园八景之一的"涵光洞"。当时这一区仿自寄畅园"八音洞"，营建为山石景观。

嘉庆改建谐趣园时以涵远堂取代了寻诗径、涵光洞等石景，现状"云窦"叠石是慈禧时代的遗物，石上刻字钤盖慈禧印玺。在此之前，乾隆于中南海崇雅殿静谷、紫禁城翠鬟亭假山也留有"云窦"题辞。

含新亭周边山石摩崖刻字

含新亭南山石摩崖

乾隆宸翰

犹日孜孜
（猶日孜孜）

含新亭南山石摩崖之一

春来物物总含新，大造无私泽被均。

结习未能全化者，对兹却忆旧时人。

（款识）**含新亭口号一首。壬寅新正御笔。**

（钤印）**乾隆宸翰、犹日孜孜。**

题解

清高宗行书。诗题《含新亭口号》，载《清高宗御制诗集》四集卷八十六，乾隆壬寅年（乾隆四十七年，1782年）作。

含新亭南山石摩崖之二

柳渐舒黄芜渐青，含新且漫放薰馨。

惜阴意即近道语，孰谓逢之于是亭。

（款识）乙巳新正。御题。

题解

清高宗行书。诗题《含新亭》，载《清高宗御制诗集》五集卷二十，乾隆乙巳年（乾隆五十年，1785年）作。

含新亭南山石摩崖之三

问学由来贵日新，然而含养贵存神。

试看色色形形者，造物鸿功物被均。

（款识）含新亭有会。戊申□□。御笔。

题解

清高宗行书。诗题《含新亭有会》，载《清高宗御制诗集》五集卷二十，乾隆戊申年（乾隆五十三年，1788年）作。

含新亭南山石摩崖之四

春来无物不含新，十翼中标辞系真。

仁者见仁知者知，其间岂借语言频。

（款识）壬子新正。御题。

（钤印）乾隆宸翰、会心不远。

题解

清高宗行书。诗题《含新亭口号》，载《清高宗御制诗集》五集卷二十，乾隆壬子年（乾隆五十七年，1792年）作。

乾隆宸翰

会心不远
（會心不遠）

含新亭北山石摩崖

慈禧皇太后御笔之宝（慈禧皇太后御筆之寶）

含新亭北山石摩崖之一

翠岫

（额章）慈禧皇太后御笔之宝

含新亭北山石摩崖之二

小有趣

福荫轩西摩崖刻字

叙录

位于万寿山东南、福荫轩西侧山石上，清高宗行书，刻于乾隆十五年（1750年）。

乾隆御笔之宝（乾隆御筆之寶）

福荫轩西摩崖

燕台大观

（额章）乾隆御笔之宝

注释

【燕台】为战国时期燕昭王所筑的黄金台，又名幽州台、蓟北楼，后常用作北京区域的代称，如记录北京掌故的史籍《燕台文选》《燕台再游录》等。

"燕台一望客心惊，笳鼓喧喧汉将营。"（唐·祖咏《望蓟门》）

【大观】壮观之景。

"此则岳阳楼之大观也。"（宋·范仲淹《岳阳楼记》）

译意

尽观燕京壮丽之美。

解读

"大观"题名应是受泰山"天下大观"石刻的启示。泰山岱顶的"天下大观"巨型摩崖石刻,位于唐玄宗《纪泰山铭》之上,其所处岩峰也因此称作"大观峰"。乾隆十三年(1748年),乾隆第一次登岳,便被泰山气势所震撼,赋诗多首,并在大观峰西侧云峰石壁刻下《夜宿岱顶作》二首。两年后清漪园开始兴建,乾隆登上瓮山(万寿山),引起登岳的回忆联想,不仅在铜亭牌坊刻写了当年的登岳诗句"众皱峰如能变化,太空云与作沉浮",还在此写下"燕台大观"题辞。

乾隆刻石之际,清漪园刚刚动工(乾隆十五年,1750年),当时万寿山还是一座草木稀疏的"童山",然而乾隆皇帝成竹在胸,已经预见到此处山水的壮丽前景。

重翠亭西摩崖刻字

叙录

位于万寿山东南、重翠亭西侧山石上。款识钤印漫漶无痕。民国资料记载为光绪时期所刻。从词意推测更像乾隆时期。

重翠亭西摩崖刻字之一

栖霞

注释

【栖霞】落霞停留之处。或栖于云霞之中,栖霞客、隐遁。

乾隆南巡多次驻跸江宁府栖霞寺行宫,那里环境清幽,山林葱郁,乾隆极为喜爱,与尹继善、沈德潜、钱陈群等文臣歌咏唱和,先后留下数十首"栖霞"诗篇,还遍题周边景观,其中有"日夕佳"一题,点出该寺观赏落日栖霞的妙趣。后又在玉泉山建"栖霞室";在避暑山庄将惠迪吉景观与之相比。还题诗于张宏、钱维城《栖霞山图》。

此处为万寿山山前的一曲山坳,环境清幽与上述景观颇似,夕阳树影迟迟,台阁轮廓闪闪,如落霞来归。题刻之意或在此。

"云深有精舍,荟蔚试披行。映日浑成绮,赓歌漫拟卿。几曾让荷浦,常自写松楹。适在山蹊下,惟疑望赤城。"(清·弘历《栖霞室》)

"建业路犹西,栖霞适可栖。声名冠白下,树木见萧齐。一宿诚多费,诸峰率入题。山房春雨足,颇望霁光霓。面势延清瞩,林峦景未藏。流银响琴瑟,依绿抚琳琅。藻缋信何有,茅茨觉倍强。漫重举僧绍,傲志恐无当。"(清·弘历《驻跸栖霞行宫作》)

重翠亭西摩崖刻字之二

流云

注释

【流云】天空流动的云彩。也形容山间林中快速变化的云雾。题刻附近还有景点"意迟云在",是赏天景意象,二者或有着思绪上的联系。

"雨洗天光碧,日射霞彩烂。驾鹅飞意闲,蛙蚓鸣声乱。西山入绮疏,流云时聚散。静观物我皆如如,龙团细试供清玩。"(清·弘历《日暮》)

"忆昔初发龙潭邮,栖霞一坞藏清幽。流云度竹见僧寺,晴雪压芦来渔舟。"(清·吴清鹏《闻友人述金陵之游》)

赅春园清可轩摩崖诗刻群

题解

赅春园清可轩以山岩为壁,极富岩栖情趣,深受乾隆喜爱,是乾隆皇帝最为欣赏的园中园之一,先后题诗46首,居清漪园各景诗咏之首,几乎全部刻于岩壁,约为36首,其中《清朝通志·金石略》记录有31首。

此外还有摩崖题辞。现状石刻残缺不全，字迹漫漶。据《清高宗御制诗集》著录。

清可轩摩崖题刻

清可轩摩崖题刻之一

清可轩

题解

　　清高宗行书，刻于乾隆壬申年（乾隆十七年，1752年）。"清可轩"三字曾在乾隆丁卯年（乾隆十二年，1747年）六月，题于长春园景观建筑，后挪题于此。

注释

　　【清】清淑，清新。

　　【可】可意，合意。清新可意之轩。

清可轩摩崖题刻之二

诗态

题解

　　清高宗行书，刻于乾隆壬申年（乾隆十七年，1752年）。

注释

　　【诗态】如诗之景；诗一样的境界。

　　　　"客情投异县，诗态忆吾曹。"（唐·杜甫《赴青城县出成都，寄陶、王二少尹》）

清可轩摩崖题刻之三

烟霞润色

题解

　　清高宗行书，刻于乾隆壬申年（乾隆十七年，1752年）。

注释

【润色】使增加光彩。

"夫天命初定，万事草创，及臻六合同风，九州共贯，必待明圣润色，祖业传于无穷。"（汉·班固《汉书·终军传》）

"夫子云寂寞，叔夜高张。烟霞润色，荃蕙结芳。斯则幽人之风也。"（南朝齐·谢朓《拟风赋》）

清可轩摩崖题刻之四

方外游

题解

清高宗行书，刻于乾隆壬申年（乾隆十七年，1752年）。

注释

【方外游】方外，世外。指仙境或僧道的生活环境。方外游，指世外之游，脱离俗尘之游。

"孔子曰：彼，游方之外者也；而丘，游方之内者也。"（《庄子》）

"览方外之荒忽兮，沛罔象而自浮。"（《楚辞·远游》）

"欲结方外游，倘佯访云水。闻君亦有意，不恋五斗米。"（宋·孔平仲《诗赠王从善》）

清可轩摩崖题刻之五

苍崖半入云涛堆

题解

清高宗行书，刻于乾隆壬申年（乾隆十七年，1752年）。

注释

语出宋苏轼诗《武昌西山》，其中诗句有："中原北望在何许，但见落日低黄埃。归来解剑亭前路，苍崖半入云涛堆。"

清可轩摩崖题刻之六

集翠

题解

清高宗行书，刻于乾隆壬申年（乾隆十七年，1752年）。

注释

【集翠】林木郁郁葱葱。

"彼榛楛之勿剪，亦蒙荣于集翠。"（晋·陆机《文赋》）

清可轩摩崖题刻之七

寒碧

（额章）乾隆御笔

乾隆御笔
（乾隆御筆）

题解

清高宗行书，刻于乾隆壬申年（乾隆十七年，1752年）。位于清可轩西北、味闲斋后。

注释

【寒碧】给人以清冷感的碧色。指浓密的绿荫。

"插竹编篱谨护持，养成寒碧映沧漪。"（宋·陆游《东湖新竹》）

"大成殿前多古柏，树树参天堕寒碧。"（明·胡其毅《孔庙柏歌》）

解读

在传统园林中，以常绿乔木为特色的景观或庭园，常以"寒碧"命名。如苏轼诗中的"寿星院寒碧轩"以竹丛为主景；苏州的"寒碧山庄"以高大白皮松为主景；紫禁城倦勤斋旁竹丛，乾隆题名为"竹香馆""映寒碧"等。所以根据"寒碧"摩崖刻字，可推知清可轩、味闲斋附近有高大的松柏树林。

清可轩摩崖诗刻

清可轩摩崖诗刻之一

金山屋包山，焦山山包屋。包屋未免俭，包山未免俗。

昆明湖映带，万寿山阴麓。恰当建三楹，石壁在其腹。

山包屋亦包，丰啬适兼足。颜曰清可轩，可意饶清淑。

璆琳匪所宜，鼎彝或堪蓄。挂琴拟号陶，安铫聊仿陆。

人尽返淳风，岂非天下福。

（款识）**壬申三月。御题。**

题解

清高宗行书。诗题《清可轩》，载《清高宗御制诗集》二集卷三十三，乾隆壬申年（乾隆十七年，1752年）作。

注释

【金山】金山位于镇江西北长江中，因有金山寺而闻名。整座寺庙依山就势，楼台层层叠叠，仿佛将山体"包裹"起来，即所谓的"屋包山"。

【焦山】焦山位于镇江东北长江中，与金山遥遥相望，焦山上有定慧寺，建于山坳中，被山林所遮掩，即所谓的"山包屋"。

【璆琳（qiú lín）】泛指美玉。

【鼎彝（dǐng yí）】烹饪器具。

【挂琴拟号陶】陶，指陶渊明。因陶渊明不谙音律，但蓄无弦琴，每酒适之际则抚弄以寄意，故称"挂琴"。

【安铫聊仿陆】安铫（diào），安置饮茶器具。仿陆，效仿陆羽品茶。陆羽，唐代茶学家，精于茶道，著有《茶经》，被尊为"茶圣"。

清可轩摩崖诗刻之二

借谁谢赋与刘铭，可读儒书可阅经。

如如大士钵中物，一室芙蓉浩劫青。

（款识）**乾隆壬申。御笔再题。**

题解

清高宗行书。诗题《再题清可轩》，载《清高宗御制诗集》二集卷三十四，乾隆壬申年（乾隆十七年，1752年）作。

清《焦山胜境全图》石刻暨乾隆御题诗刻（民国拓本）

清《金山胜境全图》石刻暨乾隆御题诗刻（民国拓本）

注释

【谢赋】指南朝宋谢惠连《雪赋》。其中句有"炎风不兴""北户墐扉",而清可轩夏无炎热,门户北开。

【刘铭】指刘禹锡《陋室铭》,句有"可以调素琴,阅金经"。清可轩依岩而建,也是"陋室",所以"可读儒书可阅经"。

清可轩摩崖诗刻之三

倚壁构轩楹,壁乃在堂庑。望山恒于外,而斯在里许。

洼棱绘变态,浓淡无定所。初祖应驻锡,五丁漫运斧。

日月所不照,云霞难为补。奇草四时芳,今信非虚语。

(款识)**乾隆癸酉**□□。□□。

题解

清高宗行书。诗题《清可轩》,载《清高宗御制诗集》二集卷四十,乾隆壬申年(乾隆十七年,1752年)作。与石刻日期有差,似以后者为准。

注释

【洼棱】这里指山岩质地凹凸变化如画。洼,凹陷的地方。棱,物体上的条状突起。

【初祖】始祖。

【五丁】神话传说中的五个力士。

清可轩摩崖诗刻之四

倚岩诘曲构闲房,生色瑶屏满屋张。

竹秀石奇参道妙,水流云在示真常。

天花不碍一床落,仙草真成四季芳。

今日行春绝胜处,银塍罨䆉兆农祥。

(款识)**甲戌初春**。**御题**。

题解

　　清高宗行书。诗题《清可轩》，载《清高宗御制诗集》二集卷四十五，乾隆甲戌年（乾隆十九年，1754年）作。

清可轩摩崖诗刻之五

　　奇峰一屋翠如流，诗态当前引静搜。
　　却讶岩房非姓戴，山阴何事每停舟。

　　（款识）甲戌夏。御题。

题解

　　清高宗行书。诗题《清可轩》，载《清高宗御制诗集》二集卷四十八，乾隆甲戌年（乾隆十九年，1754年）作。原诗自注："轩在万寿山北，故云。"

清可轩摩崖诗刻之六

　　北山早识幽居有，南国遍游胜地无。
　　夏屋含凉幂岩壁，芳馨仙草翠纹铺。

　　（款识）壬午仲夏。御题。

题解

　　清高宗行书。诗题《清可轩》，载《清高宗御制诗集》二集卷四十，乾隆壬午年（乾隆二十七年，1762年）作。

清可轩摩崖诗刻之七

　　山阴最佳处，侧倚芙蓉朵。因迥复就深，位置殊帖妥。
　　虚从窗底凭，壁在屋中裹。绮缀例不施，爱此真清可。
　　盆梅未放荣，缘弗攻以火。

题解

　　清高宗行书。诗题《清可轩》，载《清高宗御制诗集》三集卷三十五，乾隆甲申年（乾隆二十九年，1764年）作。

清可轩摩崖诗刻之八

维舟命肩舆，夤缘山阴径。山阴何处佳，清可佳鲜并。

岩轩复不高，数武便造胜。夏屋覆峭壁，炎曦所弗竞。

室无白汗挥，窗有凉飔迎。坐久欲忘去，吁此非勤政。

（款识）**甲申秋七月上浣。御题。**

题解

清高宗行书。诗题《清可轩》，载《清高宗御制诗集》三集卷四十，乾隆甲申年（乾隆二十九年，1764年）作。

注释

【炎曦】炽烈的日光。

【凉飔（sī）】凉风。

清可轩摩崖诗刻之九

山阴趣更佳，空洞郁隆起。岩腰非迥高，而有凌云理。

一举足之劳，不游则矫矣。覆壁入夏屋，心目俱如水。

此清真是清，郑崇糟粕耳。

题解

清高宗行书。诗题《清可轩》，载《清高宗御制诗集》三集卷五十一，乾隆乙酉年（乾隆三十年，1765年）作。

清可轩摩崖诗刻之十

云廊聊蹑步，月宇依岩隈。穿隆如牝洞，虚窗向远开。

一尘所弗到，万理于斯该。可以契道管，讵惟延清陪。

石壁太古色，那知春去来。

题解

清高宗行书。诗题《清可轩》，载《清高宗御制诗集》三集卷五十四，乾隆丙戌年（乾隆三十一年，1766年）作。

注释

【蹑步】蹑手蹑脚。

清可轩摩崖诗刻之十一

山阴或不来，来必憩斯轩。四季皆致佳，九夏尤宜盘。
入户心目爽，据床衣袂寒。峭石为墙壁，青青滋兰荪。
钟气旱犹润，况甫雨倾盆。泐崖多擘窠，个个垂珠痕。

题解

清高宗行书。诗题《清可轩》，载《清高宗御制诗集》三集卷五十八，乾隆丙戌年（乾隆三十一年，1766年）作。

注释

【兰荪】即菖蒲。一种香草。

【泐（lè）崖】泐，铭刻，用刻刀书写。崖，山崖石壁。刻字的山崖石壁。

【擘窠（bò kē）】指大字。

"想见摩崖作擘窠，六丁下照火光赤。"（清·赵翼《岣嵝碑歌》）

清可轩摩崖诗刻之十二

窅洞所为异，夏凉冬乃温。炎嚣户外盛，入则凉风翻。
其或凛烈犍，内暖宜憩存。以此山北游，无不斯探源。
今日今春来，拾级登崖轩。石壁太古世，云窗初岁暾。
盅融气已佳，朴素情益敦。何当携索丘，静坐考其原。

（款识）**丁亥新正。御题。**

题解

清高宗行书。诗题《清可轩》，载《清高宗御制诗集》三集卷六十二，乾隆丁亥年（乾隆三十二年，1767年）作。

注释

【窅（yǎo）】深远貌。

【犍(jiàn)】捷。

清可轩摩崖诗刻之十三

疏轩倚半岩，山阴最佳处。入室衣袂寒，绣壁莓苔护。
含露多润意，摇风有生趣。九夏足延憩，况始清和遇。
掞毫促得句，笋舆便可去。

题解

清高宗行书。诗题《清可轩》，载《清高宗御制诗集》三集卷六十四，乾隆丁亥年（乾隆三十二年，1767年）作。

注释

【九夏】夏季，夏天。
【清和】天气清明和暖。
【掞(shàn)毫】这里指挥毫。掞，舒展，铺张。毫，毛笔。
【笋舆】舆，泛指马车。笋舆，就是指竹轿子。

清可轩摩崖诗刻之十四

山阴嵌壁居，今岁斯初到。幽境最可意，虚牖含清照。
积素霭寒林，玲珑复窈窕。遐观既云畅，近会亦契妙。
不教华灯缀，颇惬岩斋调。何当此久坐，诗书悦吾好。
而我非闲人，空贻顾名笑。

题解

清高宗行书。诗题《清可轩》，载《清高宗御制诗集》三集卷七十，乾隆戊子年（乾隆三十三年，1768年）作。

清可轩摩崖诗刻之十五

登阶原赤夏，入轩如金秋。山阴复崇岩，故致凉气浮。
开窗亦北向，满谷禾黍稠。斯实可予意，讵独清远眸。
此后雨旸时，庶得农望酬。

题解

　　清高宗行书。诗题《清可轩》，载《清高宗御制诗集》三集卷七十四，乾隆戊子年（乾隆三十三年，1768年）作。

清可轩摩崖诗刻之十六

　　倚岩栖迥轩，畅望俯平楚。烟村春始韶，沃壤雪犹聚。
　　省耕将及时，不足筹所补。清憩那怡神，切切虑民苦。
　　石壁付弗知，春秋阅万古。

题解

　　清高宗行书。诗题《清可轩》，载《清高宗御制诗集》三集卷七十八，乾隆己丑年（乾隆三十四年，1769年）作。

清可轩摩崖诗刻之十七

　　崖轩无不清，九夏清之最。炎暑所弗到，云霞恒映带。
　　药草绣岩壁，露珠缀蔚荟。怡神十笏间，结念三霄外。
　　游仙固非宜，寓意斯何害。

题解

　　清高宗行书。诗题《清可轩》，载《清高宗御制诗集》三集卷八十三，乾隆己丑年（乾隆三十四年，1769年）作。

清可轩摩崖诗刻之十八

　　山阳迤逦至山阴，幽夐岩轩所必到。
　　秀壁巍然镇藏屋，疑吐烟云出其窍。
　　绿苔错绣冬不枯，日月壶中有别照。
　　研山笔床已多事，只合忘言静观妙。
　　铕人循例缀彩繁，涂污斯哉粲一笑。

题解

　　清高宗行书。诗题《清可轩》，载《清高宗御制诗集》三集卷八十六,乾隆庚寅年(乾隆三十五年,1770年)作。

注释

【幽夐(xiòng)】幽深;深邃。

【锅(juān)人】同"涓人",古侍从之臣。

【檠(qíng)】灯架,烛台。

清可轩摩崖诗刻之十九

山阴孰最胜,文轩号清可。前临壑跌荡,背倚壁嵯峨。

灵气所孕育,奇卉绣婀娜。经旱如故然,久视自茂妥。

道人应此居,速证地仙果。然各有攸宜,斯实未宜我。

题解

清高宗行书。诗题《清可轩》,载《清高宗御制诗集》三集卷九十,乾隆庚寅年(乾隆三十五年,1770年)作。

注释

【跌荡(dié dàng)】空旷无际貌。

清可轩摩崖诗刻之二十

山阴有佳处,况是路恒经。望若栖岩壁,到原具户庭。

三春节先报,四季草常青。底事坐因久,欣于悦性灵。

题解

清高宗行书。诗题《清可轩》,载《清高宗御制诗集》三集卷九十四,乾隆辛卯年(乾隆三十六年,1771年)作。

清可轩摩崖诗刻之二十一

山阴偶弗过则已,过则清可所必憩。

依然绳榻木几间,别之又以数月计。

夏中一室只如冰,峭壁苔皱润生翠。

架上芸编随意翻,恰是《鹤林玉露》记。

日长山静斯信然，却思此故非我事。

题解

　　清高宗行书。诗题《清可轩》，载《清高宗御制诗集》三集卷九十八，乾隆辛卯年（乾隆三十六年，1771年）作。

清可轩摩崖诗刻之二十二

　　迤逦转山阴，岩轩耐可寻。屋中藏峭壁，阶下俯乔林。
　　且慢问芳意，雅宜摅静吟。泐成新旧句，孰是去来今。

题解

　　清高宗行书。诗题《清可轩》，载《清高宗御制诗集》四集卷二，乾隆壬辰年（乾隆三十七年，1772年）作。

清可轩摩崖诗刻之二十三

　　轩构山阴路必经，无妨顺便小延停。
　　壁苔不改四时绿，砌草全滋过雨青。
　　冬自常温夏偏冷，画难为色句奚形。
　　玉泉一例标神秀，回望宁须较尹、邢。

题解

　　清高宗行书。诗题《清可轩》，载《清高宗御制诗集》四集卷六，乾隆壬辰年（乾隆三十七年，1772年）作。

注释

　　【尹、邢】汉武帝宠妃尹夫人与邢夫人的并称。因同时被宠幸，汉武帝有诏二人不得相见。事见《史记·外戚世家》。后即以尹、邢之事作彼此不相谋面的典故。

清可轩摩崖诗刻之二十四

　　山轩倚峭壁，壁复轩中裹。望之若峻危，即之实平妥。
　　所以游山阴，无不小憩坐。是时春未邕，林叶秃非锁。

遐观彼全呈，静搜兹亦颇。即景信惟清，惬意欣诚可。

题解

清高宗行书。诗题《清可轩》，载《清高宗御制诗集》四集卷十，乾隆癸巳年（乾隆三十八年，1773年）作。

注释

【甿】音意同"畅"。

清可轩摩崖诗刻之二十五

归途循山阴，岩轩所必至。拾级弗劳步，凭几实畅意。

千林蔚傪池，无叶有花缀。画格在可中，诗品合清致。

屏息礼金仙，银世界游戏。

题解

清高宗行书。诗题《清可轩》，载《清高宗御制诗集》四集卷十八，乾隆甲午年（乾隆三十九年，1774年）作。

注释

【拾（shè）级】沿着台阶一级一级地登上。

【傪（cī）池】参差不齐貌。

【金仙】指佛。

"朗悟前后际，始知金仙妙。"（唐·李白《与元丹丘方城寺谈玄作》）

清可轩摩崖诗刻之二十六

有来必有咏，亦殊无复言。恰如饮与食，日岂辞频烦。

又如四时运，秋肃而春温。今春仍昔春，今番殊昔番。

但适暇清可，漫渴景秾繁。

题解

清高宗行书。诗题《清可轩》，载《清高宗御制诗集》四集卷二十五，乾隆乙未年（乾隆四十年，1775年）作。

清可轩摩崖诗刻之二十七

每历山阴无不至，一室之清可人意。

轩中石壁万古苍，壁上苔茵四时翠。

冬入则温夏入凉，惟有春来益和气。

示异而复示以同，合造化工纯且粹。

坐弗暖席便言去，于理宜然未深愧。

题解

清高宗行书。诗题《清可轩》，载《清高宗御制诗集》四集卷二十六，乾隆乙未年（乾隆四十年，1775 年）作。

清可轩摩崖诗刻之二十八

山阴一片石，覆以三间屋。屋不碍撑拄，石弗嫌局趣。

屋石两得宜，如水乳相笃。到此亦忘言，但觉清满目。

然思致此清，反增意惶恧。

题解

清高宗行书。诗题《清可轩》，载《清高宗御制诗集》四集卷三十四，乾隆丙申年（乾隆四十一年，1776 年）作。

注释

【局趣】拘牵；拘束。

【恧（nǜ）】惭愧。

清可轩摩崖诗刻之二十九

焦山山包屋，金山屋包山。兹虽庑含壁，而室才三间。

磊砢户外罗，仍似藏屏颜。金焦两美具，奢俭酌中看。

每因山阴游，坐憩宜澄观。所惭成句去，未兹久消闲。

题解

清高宗行书。诗题《清可轩》，载《清高宗御制诗集》四集卷四十二，乾隆丁酉年（乾隆四十二年，1777 年）作。

注释

【碪碍（ǎn è）】也作"嵁崿"。山高峻貌。

【屡颜】参差不齐貌。

清可轩摩崖诗刻之三十

逦迤来山阴，清可所必至。转瞬别五年，曾未留一字。
其故不忍言，其悲犹未置。然而岁云徂，渐远留无计。
泐壁识新题，掷笔怀旧意。

题解

清高宗行书。诗题《清可轩》，载《清高宗御制诗集》四集卷七十八，乾隆辛丑年（乾隆四十六年，1781年）作。

注释

【云徂（cú）】云飞行向前。

清可轩摩崖诗刻之三十一

石壁倚为斋，山阴此最佳。屋中开画障，几上布诗牌。
通气迎眸润，却炎无汗揩。忘言宜习静，何事惹吟怀。

题解

清高宗行书。诗题《清可轩》，载《清高宗御制诗集》四集卷八十二，乾隆辛丑年（乾隆四十六年，1781年）作。

清可轩摩崖诗刻之三十二

肩舆至山阴，山半有轩妥。耐可憩众人，遂倚轩窗坐。
北望烟村近，田蚕盛灯火。一日民之乐，禁乃与时左。
轩自弗悬灯，名允副清可。

题解

清高宗行书。诗题《清可轩》，载《清高宗御制诗集》四集卷八十六，乾隆壬寅年（乾隆四十七年，1782年）作。

清可轩摩崖诗刻之三十三

山阳迤逦至山阴，石洞空空清可心。
冬燠夏凉天地妙，屋包壁立画图深。
境惟是朴朴堪会，物以含华华可寻。
历岁泐题将遍矣，古稀仍未戒于吟。

题解

清高宗行书。诗题《清可轩》，载《清高宗御制诗集》五集卷十六，乾隆乙巳年（乾隆五十年，1785 年）作。原诗自注："凡石洞皆如是。"

注释

【燠（yù）】暖，热。

清可轩摩崖诗刻之三十四

倚峭岩轩架几楹，竹炉偶仿惠山烹。
中人早捧茶盘候，岂肯片时许可清。

题解

清高宗行书。诗题《戏题清可轩》，载《清高宗御制诗集》五集卷二十，乾隆丙午年（乾隆五十一年，1786 年）作。

清可轩摩崖诗刻之三十五

屋中有峰峦，清托高士志。心中具城府，可畏金人意。
高士近奚妨，金人吁可畏。严光高士俦，林甫金人辈。
去取有关哉，斯言岂儿戏。

（款识）**戏题清可轩。丁未□□□。御题。**

题解

清高宗行书。诗题《戏题清可轩》，载《清高宗御制诗集》五集卷三十六，乾隆戊申年（乾隆五十三年，1788 年）作。与石刻日期不同，待考。原诗自注："是轩倚石壁构之，峰峦宛包屋内。"

香岩室摩崖刻字

叙录

清可轩西有半人工石洞名香岩室。过香岩室，西为悬挑建筑留云阁，仿自南京永济寺。现无存。岩壁有乾隆摩崖刻辞、刻诗，以及释迦牟尼佛、十八罗汉造像（从略）。

香岩室摩崖题刻

香岩室摩崖题刻之一

香岩室

题解

清高宗行书。乾隆十七年（1752年）题刻。

注释

【香岩】即香岩，为佛家闭关静修的崖壁石室，也泛指佛寺等修行之所。岩，音意同"岩"，山洞之意。在建造清漪园之前，乾隆已为静宜园弘光寺的一座佛室题名"香岩室"。或许是为区别起见，乾隆在诗题中常将此处写作"香岩室"。

香岩室摩崖题刻之二

留云

（额章）乾隆御笔

乾隆御笔
（乾隆御筆）

香岩室摩崖诗刻

香岩室摩崖诗刻之一

牝洞依翠岩，月廊接虚室。窈窕深且明，偃息静而一。
拂招清风来，荟蔚白云出。观书志足娱，体道神自谧。

拟以永日托，夫岂所无逸。

（款识）**壬申初夏。御题。**

题解

清高宗行书。诗题《香嵓室》，载《清高宗御制诗集》二集卷三十三，作于乾隆壬申年（乾隆十七年，1752年）。

香嵓室摩崖诗刻之二

岩栖聊趁片时闲，妙得环中中更环。

弃日雅宜小年景，构庐恰借嵌空山。

蝉如佛偈谈非口，香散天花笑破颜。

未免踟蹰动清恋，白云不共客人还。

（款识）**癸酉夏六月。御题。**

题解

清高宗行书。诗题《香嵓室》，载《清高宗御制诗集》二集卷四十一，作于乾隆癸酉年（乾隆十八年，1753年）。

香嵓室摩崖诗刻之三

林壑入奇观，烟云足佳致。嵌岩拟陶穴，峭茜饶清闷。

栋宇既不藉，藻缋安容试。门惟一洞幽，席可十筵置。

俯仰托遥会，栖迟得近憩。堪躅五盖累，以受万物备。

纵匪木石居，时复有此意。

（款识）**乾隆丁丑春月。御题。**

题解

清高宗行书。诗题《嵌岩室》，载《清高宗御制诗集》二集卷六十三，作于乾隆丙子年（乾隆二十一年，1756年）。本诗刻出现两个记载错误：第一，嵌岩室为北海琼华岛北的岩壁建筑，因此这首诗同时被记录在《日下旧闻考》北海建筑条目下，时间同为丙子年。但从内容来看，无疑描写的是清可轩香嵒室，问题可能出现在"嵌岩"与"香岩"一字之差的记录。第二，石刻日期比文载晚一年，原因待考。

香嵒室摩崖诗刻之四

  山阴多石壁，倚壁可结庐，英英出缝罅，写楣任卷舒。
  眠则高谢徐，撰宁远学苏。止既不知有，去亦弗觉无。
  是日留而已，今来偶伴吾。

题解

  清高宗行书。诗题《留云室作》，载《清高宗御制诗集》二集卷八十七，作于乾隆己卯年（乾隆二十四年，1759年）。

香嵒室摩崖诗刻之五

  山阴多嵌岩，崦岈复屶剕。倚石构静室，宁费穿凿力。
  野草与秋花，非空亦非色。我却忧劳人，个中讵居得。
  居以水月相，原即薝卜域。不可拟咨议，是道非语默。

题解

  清高宗行书。诗题《香嵒室》，载《清高宗御制诗集》三集卷七，作于乾隆庚辰年（乾隆二十五年，1760年）。

香嵒室摩崖诗刻之六

  依岩得古洞，倚壁构飞廊。入匪重门限，坐生虚室光。
  尘祛滋意蕊，闻复发心香。大士非空色，端居如是常。

题解

  清高宗行书。诗题《香嵒室》，载《清高宗御制诗集》三集卷十四，作于乾隆辛巳年（乾隆二十六年，1761年）。原诗自注："读如来复之复。"

香嵒室摩崖诗刻之七

  香嵒石室幽，清可轩之左。轩固偶一经，室更弗恒坐。
  前已轩中憩，兹游室实可。洞户窄益狭，盘陀平不颇。

天花霏其芬，禅枝樛以锁。龙象底须守，瓶钵惟静妥。
如如供大士，跏趺青莲朵。那罗延窟是，无示中示我。

（款识）**辛卯夏六月中浣。御题。**

题解

清高宗行书。诗题《香嵒室》，载《清高宗御制诗集》三集卷九十九，作于乾隆辛卯（乾隆三十六年，1771年）。

香嵒室摩崖诗刻之八

我昔游金陵，悦彼山阴景。倚壁复临江，厥有招提境。
归来写其状，喜此亦横岭。虽非俯绿波，构筑颇相等。
宛转步回廊，牝洞栖岩迥。大士坐如如，异同一以屏。
何当恒于兹，清供澄心领。忽思此言失，无逸亦宜省。

题解

清高宗行书。诗题《香嵒室》，载《清高宗御制诗集》四集卷八十二，作于乾隆辛丑年（乾隆四十六年，1781年）。原诗自注："金陵观音山永济寺悬阁临江飞廊缘壁，因于万寿山仿作，有'依岩得古洞，倚壁构飞廊'之句。"

香嵒室摩崖诗刻之九

清可轩依岩作壁，香嵒室竟洞为庐。
所期归政七年后，静坐其中阅梵书。

（款识）**口号一首。戊申新正。御题。**

题解

清高宗行书。诗题《香嵒室口号》，载《清高宗御制诗集》五集卷三十六，作于乾隆戊申年（乾隆五十三年，1788年）。

延清赏楼山坡摩崖题刻

延清赏楼后山石摩崖

画峰

（额章）**乾隆御笔**

乾隆御笔
（乾隆御筆）

注释

峰岩如画。清高宗御笔正书。乾隆还曾于北海镜清斋西山池上筑室，题名"画峰室"。

斜门殿后山石摩崖

碧鲜

（额章）**乾隆御笔**

注释

【碧鲜】青翠鲜润的颜色，此处指周边的山林环境的碧绿鲜翠。乾隆为题北海韵琴斋外厦亭名为"碧鲜"。

"碧鲜俱照箸，香饭兼苞芦。"（唐·杜甫《槐叶冷淘》）

"白石岩扉碧藓滋，上清沦谪得归迟。"（唐·李商隐《重过圣女》

解读

万寿山西部土层浅薄，□□历年间山岩即已裸露，《山行杂记》载由青龙桥望，"见瓮山磊磊诸石，□□□□"。然而，随着清漪园的建设，植树造林，绿意盎然，呈现出"碧鲜"景象。□□□□明美景所在，也记录了生态变化。

昆明湖东堤铜牛铭文

铜牛铭文

夏禹治河，铁牛传颂。义重安澜，后人景从。
制寓刚戊，象取厚坤。蛟龙远避，讵数鼋鼍。
潆此昆明，潴流万顷。金写神牛，用镇悠永。
巴邱淮水，共贯同条。人称汉武，我慕唐尧。
瑞应之符，逮于西海。敬兹降祥，乾隆乙亥。

（款识）**御制**。

（钤印）**乾、隆**。

乾

隆

题解

清高宗御笔篆书。题为《金牛铭》，载《清高宗御制诗集》初集卷二十七。乾隆乙亥年（乾隆二十年，1755 年）作。铭文共 20 句 80 字。铭，为文体的一种，古代常刻写在金石等物上，具有称颂、警诫等性质，多用韵语，传统铁牛背上大都刻有铭文。东堤铜牛以青铜制作，卧于石刻波浪之上，回首望向昆明湖万寿山。

夏禹治河，铁牛传颂。义重安澜，后人景从。

注释

【河】古代对黄河的专称。远古传说大禹治理了黄河。

"岛夷皮服，夹右碣石入于河。"（《尚书·禹贡》）

【义】意义；道理。

"故《诗》有六义焉：一曰风，二曰赋，三曰比，四曰兴，五曰雅，六曰颂。"（《诗大序》）

【传颂】传扬歌颂。

"（英宗）自践东朝，渊默恭慎，无所言议施为，而天下传的中国版图。

【敬兹降祥，乾隆乙亥】感谢上苍的眷顾，时间在乾隆乙亥年（乾隆二十年，1755年）。乾隆皇帝在同期所写的《平定准噶尔告成太学碑文》中，特别引申了两个历史"乙亥"的祥瑞：一个是周宣王乙亥年，讨伐荆蛮而演军振旅，使周王朝呈现出四夷咸服、"王国庶定"的中兴局面；另一个是康熙乙亥年（康熙三十四年，1695年），康熙皇帝在南苑大阅备战，随后分兵三路亲征噶尔丹，取得胜利，奠定了康乾盛世的基础。

译意

于今同样的祥瑞景象又降临在同名的昆明湖以及辽阔的西域土地。感谢上苍的眷顾，时在乾隆乙亥年（乾隆二十年，1755年）。

附录一

陕州铁牛颂 并序

唐贾至

乾象元，地势坤，稽谋惟观察。孰见元善利物、纯阴骛而不仁。坤顺为牛，或刚克以殊用。彼见于陕郛者，其阴骛欤？其刚克欤？寓精坚强，壮趾慎固；内习坎淡，外形端倪；居于道周，敦兮若朴。谓为首，匪如山之状；谓用角，匪如栗之象。

曾览古史罔其由，深不可识、孰知其故。吾将本自然、归神功，岂谋人力役鬼佣哉？东临周畿，西尽虢略，载厚地而莫耸、拒长河而不崩。向使非神或微凭子之力，则城复隍矣、人其鱼乎？

乃询耆耋，听舆诵，佥曰：此之镇其日固久，人由是怙恃，物由是生资。尝欲掘地及源，以观其微，庞徒执用，大臻于兹。横縻林梗，四进云锸；寻下体之极，达纯阴之精。至于退诸泉而入于穴，俾围木靡拉，悬綑绝缒，既致乃阱其见如初。五丁力拔而不及，方舟锁曳而奚可？虎无所措其爪，猛焉能噬；兵无所容其刃，投岂皆虚？镳镳行人，无住苻下。当函关之路，望若随仙；

俯桃林之墟，时得归兽。若以匹敌，必于其伦，则长蛇绕阆风而周，巨鳌负蓬莱而抃，可明征矣。且察内以外，观远以近，在端恢末，固未可量也。亦何知不磅礴数州之间，日用有迷其力矣。

夫能利于物，帝之念；择善而为，臣之忠。是以我国家咸秩无文，发天使以祀；我明牧谋始有作，招墨客以颂。颂者，诵也，容也。诵令德，昭厥异，穆如清风。敢刊之贞石，颂曰：

杳冥精兮混茫气，凝为伏牛载厚地。巨灵西掌屹巇员，长河东流泙沸渭。

坚立不动神之至，层城固护人大庇。德合无疆其可既，昔人无述今是志。

题解

陕州今属三门峡市，北临黄河，曾是大禹治水的地方，岸边留下镇水铁牛遗迹，留有大量诗文歌赋，其中唐代诗人贾至的颂文，讲述了铁牛镇水的五行原理，影响深远，乾隆《金牛铭》写作思路即有其痕迹。辑自宋姚铉纂《唐文粹》。

附录二

洪泽湖大堤铁牛铭

维金克木蛟龙藏，维土制水龟蛇降。铸犀作镇奠淮扬，永除昏垫报吾皇。

大清康熙辛巳（康熙四十年，1701年）岁次辛巳，五月端阳日开铸，九月重阳日告成，监铸官王国用镌石，十六牛铸文同。

位置如下：

夏家桥第一牛辛巳丙申戊戌丙辰

安东县第二牛辛巳丙申戊戌己未

高堰坝第三牛辛巳丙申丙午甲午

马家港第四牛辛巳丙申丙午丁酉

茅家圩第五牛辛巳丙申丁未庚子
高良涧第六牛辛巳丁酉辛未戊子
龙门坝第七牛辛巳丁酉辛未辛卯
清江浦第八牛辛巳丁酉癸酉壬戌
清水塘第九牛辛巳丁酉甲戌乙丑
中河第十牛辛巳丁酉戊寅丁巳
谈家庄第十一牛辛巳丁酉戊寅庚申
戚子堡第十二牛辛巳丁酉壬午乙巳
清水潭第十三牛辛巳丁酉壬午戊申
郭家嘴第十四牛辛巳戊戌癸巳丁巳
清口第十五牛辛巳戊戌癸巳乙未
邵伯更楼第十六牛辛巳九月重阳日戌时

题解

洪泽湖大堤铁牛铸于康熙辛巳年（康熙四十年，1701年），共计16尊，分布沿堤各处。牛背统一刻有铭文。辑自清谢启昆《树经堂诗初集》卷七《补梅轩草上》。

附录三

乾隆"荆江铸铁牛"谕旨

谕军机大臣等：湖北荆州被水，现经修筑堤工，加高培厚，并改建城垣，永资巩固。因思向来江河险要之区，多有铸造铁牛安镇水滨。盖因蛟龙畏铁，又牛属土，土能制水，是以铸铁肖形，用示镇制。此次荆州被灾甚重，闻亦系蛟水为患，现在该处新筑堤工，着传谕毕沅，于荆州万城堤，及沙市等处形势扼要处所，相度紧要顶冲，酌量铸置铁牛，以镇堤埂。亦豫弭水患之一法。

题解

辑自《清高宗实录》乾隆五十三年（1788年）十一月丁卯条。

附录四

江陵万城堤铁牛铭 并序

乾隆五十三年六月江陵水溢，皇帝命大学士诚谋英勇公阿桂、湖广总督毕沅大筑万城堤，以为之防，且铸铁牛九以镇之。即成，铭曰：

巨防盘盘，既筑既楗。有牛冯焉，嶷然大件。

西峡委波，云奔山动。帝制五材，以神其用。

相尔欣豰，实秉金精。奉天明威，以肃百灵。

罔象阳侯，盱睢却顾。雷渊九回，安流东注。

夏后道江，云梦既陂。铸鼎知奸，百物是宜。

穆穆我皇，明德同美。缵禹成功，南国之纪。

题解

辑自清汪中《述学》补遗。

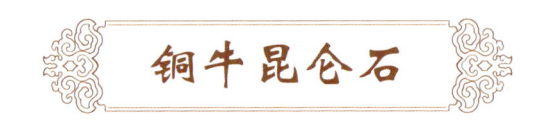

铜牛昆仑石

叙录

刻石位于东堤，距铜牛最近。通高 1.85 米，宽 0.93 米，厚 0.58 米。四壁各刻诗一题，东、南侧字迹清晰，西、北壁字迹漫漶不清。

铜牛昆仑石东侧刻字

铜牛昆仑石东侧刻字

西堤此日是东堤，名象何曾定可稽。

展拓湖光千顷碧，卫临墙影一痕齐。

刺波生意出新芷，踏浪忘机起野鹥。

堤与墙间惜弃地，引流种稻看连畦。

（款识）西堤作。甲申仲春月御笔。

（钤印）信天主人、乾隆宸翰。

信天主人

乾隆宸翰

题解

清高宗御笔行书。诗题《西堤》，载《清高宗御制诗集》三集卷三十七，乾隆甲申年（乾隆二十九年，1764年）作。原诗注："西堤在畅春园西墙外，向以卫园而设。今昆明湖乃在堤外，其西更置堤，则此为东矣。"

注释

【西堤】颐和园自文昌阁至绣漪桥的道路，实际是条大堤，如果没有园墙，很易感知。清漪园建成前，为防西湖（西海）泛滥，冲击堤东畅春园而建，因位于畅春园之西，故称"西堤"。在拓展昆明湖后，对此堤进行了加固，因湖西新筑西堤六桥，故此堤改称"东堤"。

【名象】名称与物象。

【可稽】相合；相同。本句是说，名称与景象何曾会永远一致？

"道者，万物之所然也，万理之所稽也。"（《韩非子·解老》）

【卫临】守卫。因畅春园园墙与东堤之间为水田，所以仅说是"墙影"。此二句是说，堤上西望是拓展的千顷湖光，东望则为畅春园齐直的护园墙影。

【刺波生意出新芷】探出水面的芷兰生机勃勃。芷，香草名。这里泛指岸边水草繁盛，生机盎然。

"岸芷汀兰，郁郁青青。"（宋·范仲淹《岳阳楼记》）

【踏浪】浮跃水面。

【忘机】消除机巧之心。这里指自由自在、随心所欲。引申为甘于淡泊，与世无争。

"我醉君亦乐，陶然共忘机。"（唐·李白《下终南山过斛斯山人宿置酒》）

【鹥（yī）】鸥的别名。一名水鸮。

"凫鹥在泾。"（《诗经·大雅·凫鹥》）

铜牛昆仑石西侧刻字

铜牛昆仑石西侧刻字

快霁朝来殊畅心,几余湖上试追寻。

东堤石啮腰含涨,西岭云归顶尚阴。

风细波轻全拂暑,沾优旸若恰宜今。

六桥那畔鳞塍接,骋望新秋喜不禁。

(款识)**昆明湖上作。甲申季夏中浣御笔。**

(钤印)**信天主人、乾隆宸翰**。

信天主人

乾隆宸翰

题解

清高宗御笔行书。诗题《昆明湖上作》,载《清高宗御制诗集》三集卷四十,乾隆甲申年(乾隆二十九年,1764年)作。

注释

【快霁】稍雨即晴。霁,雨停天晴。

【几余】政事之余。几,机要政事。

【石啮】巨石咬合。东堤堤心由黄土、石灰、糯米浆及碎石混合夯筑,侧临水面则用巨石砌筑。巨石间凿以石槽,石间以铁锭嵌扣,相互咬合,坚固异常。啮,咬合之意。本句是说,东堤石壁间已有水位上涨的迹象。

【沾优旸若】即雨旸时若。晴雨适时,四时和顺。沾优,雨水充沛。旸(yáng),晴天。若,等同,相当。

"臣闻圣明在上,刑政叶中,则天地气和,风雨时若。"(唐·白居易《为宰相贺雨表》)

【六桥】指昆明湖西堤六桥,柳桥、豳风桥、玉带桥、镜桥、练桥、界湖桥。

【鳞塍】鱼鳞般的稻田。塍(chéng),田埂,畦田,泛指稻田。西堤之西建有水乡景区耕织图,水田连绵一直延展到玉泉山下。

【中浣】中旬。唐代定制,官吏十天一次休息(休沐),每月分为上浣、中浣、下浣,后用作上旬、中旬、下旬的别称。

解读

诗中展现了没有围墙时的清漪园景象，龙舟上可以望到西堤外的大片稻田。

铜牛昆仑石北侧刻字

铜牛昆仑石北侧刻字之一

静明一水达昆明，桂棹乘流画舫轻。
几曲柳塘偏致远，熏黄丝挽淡烟横。

题解

清高宗御笔行书。诗题《玉河泛舟三首》，载《清高宗御制诗集》三集卷六十三，乾隆丁亥年（乾隆三十二年，1767 年）作。

注释

【静明】指玉泉山静明园。玉泉山与昆明湖之间由玉河相连，成为水上观光线。
【桂棹】桂木制的划船工具。
　　"桂棹兮兰枻，斲冰兮积雪。"（《楚辞·九歌·湘君》）
【熏黄丝】春天初生的嫩黄柳条。

铜牛昆仑石北侧刻字之二

溶溶春水冻全消，饮练忽过玉带桥。
数日山居切问寝，那更逐景恣逍遥。

注释

【玉带桥】玉带桥是玉河进入昆明湖的西门户，俗称"水津门"。
【数日山居】二句：乾隆皇帝夏季常在玉泉山、香山小居数日，回来后都是先去东堤东侧的畅春园，向皇太后请安。问寝，问安。

铜牛昆仑石北侧刻字之三

翦湖片刻到东堤，卫士轻舆候已齐。

回首玉泉烟树渺，只看塔影蘸玻璃。

（款识）玉河泛舟三首。乾隆丁亥御笔。

（钤印）□□。

注释

【翦湖】划过湖面。翦，用剪刀铰。

"蘸华浓，翠山浅，一寸秋波如翦。"（宋·晏殊《更漏子》）

【轻舆】轻便的轿子。

【塔影】指玉泉山顶的定光塔。这两句的意思是：回首玉泉山烟树缥缈，定光塔倒映在玻璃般的湖面上。蘸，将物体浸入水中。

【玉河】清代"玉河"与明代不同，专指玉泉山至玉带桥段。

铜牛昆仑石南侧刻字

铜牛昆仑石南侧刻字之一

敕政抡材还有暇，昆明咫尺试临渚。

依然水木清华处，不到忽过两月余。

题解

清高宗御笔行书。诗题《昆明湖上作》，载《清高宗御制诗集》三集卷九十，乾隆庚寅年（乾隆三十五年，1770年）作。

注释

【敕政】皇帝的政务。

【抡材】选拔人才。抡（lún），选择；选拔。清帝定期召见县级以上官员，这是清代宫廷规矩。新官员面试常常安排在苑囿中，清漪园勤政殿、玉澜堂、鉴远堂都曾作为面试场所。

【昆明咫尺试临渚】这两句的意思是：趁理政选才之后的闲暇，姑且到近处的昆明湖走一遭。

铜牛昆仑石南侧刻字之二

> 旰宵望雨深忧切，雨足散怀临碧湖。
> 豆町稻塍苏绿意，思量忧实未予孤。

注释

【旰宵】即"旰衣宵食"，天已晚才吃饭，天不亮就穿衣起来，常形容勤政。此处意为时时刻刻。旰，夜晚。

"勤民听政，旰食宵衣。"（陈·徐陵《陈文帝哀策文》）

【苏绿意】绿意复苏。苏，复活，恢复。

铜牛昆仑石南侧刻字之三

> 辟湖蓄水图灌溉，水志亏来二尺过。
> 不误耕畴徐长足，吾宁惟是赏烟波。

铜牛昆仑石南侧刻字之四

> 堤西水阙将断港，未可沙棠径进航。
> 灌输稻田逭旱候，便迟游兴正何妨。

（款识）**昆明湖上作。庚寅夏闰月上浣御笔。**

（钤印）**所宝惟贤、乾隆御笔。**

所宝惟贤
（所寶惟賢）

乾隆御笔
（乾隆御筆）

注释

【水阙】水门。昆明湖有两个通船水门，即玉带桥、绣漪桥，俗称"水津门"。

【断港】断流。港，与湖泊相通的小河。这里指玉带桥西的玉河近于断流，无法通航。乾隆庚寅年（乾隆三十五年，1770年）北京大旱，在此诗中得到形象的记录。

【沙棠】树木名，木材可造船。这里代指舟船。

"安得沙棠，制为龙舟，泛彼沧海，眇然遐游。"（晋·郭璞《沙棠》）

【径】径直，直接。

【逭（huàn）】免除。

绣漪桥昆仑石

叙录

刻石位于东堤绣漪桥稍北。通高 1.95 米，宽 0.93 米，厚 0.64 米。四壁各刻诗 1 首，东、南侧字迹清晰，西、北壁字迹漫漶不清。

绣漪桥昆仑石东侧刻字

绣漪桥昆仑石东侧刻字之一

迩日炎歊特异常，放舟川路取延凉。
几湾过雨菰蒲重，夹岸含风禾黍香。

题解

清高宗御笔行书。诗题《高梁桥放舟至昆明湖沿途即景杂咏》，载《清高宗御制诗集》三集卷四十，乾隆甲申年（乾隆二十九年，1764 年）作。

注释

【迩日】近日；近来。迩，近。
【炎歊】酷热。歊（xiāo），炽热。
【延凉】乘凉。
【菰蒲重】经过雨打，河边水生植物低垂沉重的样子。菰（gū），茭白；蒲，香蒲。泛指水边植物。

绣漪桥昆仑石东侧刻字之二

何必嫌迟上水船，溪风襟袖正泠然。
岸旁行骑活于画，树里鸣蝉清胜弦。

注释

【上水船】逆水船。从城里向昆明湖航行为逆水。
【泠然】清爽状。

绣漪桥昆仑石东侧刻字之三

乘凉缆急进舟轻，堤柳浓阴覆水清。

乐善园将万寿寺，今朝权付不留行。

注释

【权付】暂且，姑且。

【留行】停止行进。

"秦发兵不留行，而韩之社稷忧矣。"（《韩非子·存韩》）

绣漪桥昆仑石东侧刻字之四

绣漪桥过即昆湖，万顷空明意与俱。

已到清凉无暑处，不妨胜处憩斯须。

（款识）**高梁桥放舟至昆明湖沿途即景杂咏得四绝句。甲申夏六月下浣御笔。**

（钤印）**所宝惟贤、乾隆御笔。**

所宝惟贤
（所寶惟賢）

乾隆御笔
（乾隆御筆）

注释

【斯须】须臾；片刻。

"礼乐不可斯须去身。"（《礼记·祭义》）

"不敢长语临交衢，且为王孙立斯须。"（唐·杜甫《哀王孙》）

绣漪桥昆仑石西侧刻字

绣漪桥昆仑石西侧刻字之一

片刻徘徊乐善园，进舟仍复溯长源。

麦刚茁陇新膏润，稻未栽塍宿水存。

题解

清高宗御笔行书。诗题《舟过万寿寺未入，遂由绣漪桥至昆明湖，沿水路揽景杂咏得诗六首》，载《清高宗御制诗集》三集卷三十八，乾隆甲申年（乾隆二十九年，1764年）作。原诗自注："洪泽天然五坝，此不过略仿其意。然自前岁南巡，定清口之制，连年水并未过五坝，下河受益，实有明效。"

注释

【乐善园】位于今北京动物园一带，北临长河，原为明代皇庄，清初赐给康亲王杰书。乾隆丁卯年（乾隆十二年，1747年）重修，更名为乐善园，成为去往昆明湖的中途休息点。光绪末年改建为农事试验场，建有畅观楼、鬯春堂、豳风堂等观景建筑。

【溯长源】长源即长河。长河自京城西北的清漪园流向东南下游的西直门，与城里去清漪园方向相逆，所以说"溯"。

【新膏】春雨。

绣漪桥昆仑石西侧刻字之二

广源闸隔水高低，易舫之间屡步堤。
万寿寺才离半里，扬帆姑且置招提。

注释

【广源闸】长河上的水闸名。位于紫竹院西北，始建于元代。因昆明湖地势高于城里，所以设闸以保持上游水深，使御舟北上。这样就形成闸板两侧水位不同的情况，皇帝要在此过闸换船。

【屡步】慢行。

【万寿寺】位于广源闸西、长河北岸，始建于唐。明万历重修，改为万寿寺。清乾隆辛未年（乾隆十六年，1751年）与清漪园同期动工大修，以祝皇太后六十大寿。其后乾隆辛巳年（乾隆二十六年，1761年），乾隆皇帝又在寺西修建苏州街，再祝母亲七十大寿。光绪年间，慈禧太后复建颐和园的同时，再次修缮万寿寺，其成为慈禧六十大寿的庆祝场所之一。万寿寺是通往清漪园水路的重要一站，也是河上观览的景物。

【置】舍弃；搁置；放下。

【招提】梵语，为四方之意。因此有称四方云游之僧为招提僧，四方僧人住处为招提僧坊。此处为寺院之意。

绣漪桥昆仑石西侧刻字之三

麦庄桥过接长春，两岸轻烟疏柳新。

石坝金河泄余水，天然洪泽那堪伦。

注释

【麦庄桥】位于万寿寺以西的长河岸边。桥侧立有石碑，刻写乾隆皇帝撰写的《麦庄桥记》，详述北京玉泉山水系始末，是了解西山、清漪园以及北京护城河水系的重要史料。现仅存地名，音转名为"麦钟桥"。

【长春】指长春桥，在麦庄桥之北。

【石坝】位于金河入长河口处，为滚水坝，仿洪泽湖五坝而筑。平时储蓄河水以供灌溉，山洪来临时多余的水经石坝滚入长河。详见乾隆《金河》诗及诗注。

【金河】源自玉泉山高水湖五孔闸，流经昆明湖南北坞村，最后汇入长河。乾隆年间治理疏通，始可通舟，但主要作为灌溉及泄洪之用，乾隆写有《金河》诗，立碑于入长河口处。

【洪泽】指洪泽湖五坝。清康熙年间，为应对黄河回灌洪泽湖及洪涝问题，曾筑有"仁、智、礼、义、信"五坝。乾隆皇帝第二次南巡时，对这一水利工程进行了视察并定下清口之制。因为长河水源充足、水量大，金河口石坝可以避免长河水回灌金河，这就是乾隆诗注所说的"略仿其意"。

绣漪桥昆仑石西侧刻字之四

坝外湖心亭好在，乍因缀景忆西湖。

曾经一到常空过，似此何须构筑乎。

注释

【坝外湖心亭】金河在流入长河的石坝前，汇成小湖面，建有点景亭子。因作者是在长河船上观览，所以说是"坝外"。

【缀景忆西湖】杭州西湖湖心亭，为江南著名景点，乾隆南巡曾屡屡登临，留下诗作。此时在舟中望见金河水中亭，勾起了南巡回忆。缀，点缀。

【曾经一到】乾隆皇帝曾于乾隆二十年（1755年）船游金河，写下《金河》一诗。

绣漪桥昆仑石西侧刻字之五

绣漪月漾忽当头,绿柳桃红四面稠。
寒食明朝兼上巳,岂能分日作遨游。

注释

【月漾】看见水中荡漾圆月,才猛然发觉那是头上绣漪桥圆拱的投影。

【寒食】寒食节,在清明节前一两天,一般在三月初,春分之后谷雨之前。旧俗当天有扫墓、踏青、插柳等春游活动。

【上巳】上巳节,节日名。古代以三月上旬巳日为上巳,有在流水边洗濯祓除、去除灾病的习俗,后固定为阴历三月三日。乾隆此次游览之时,恰好两节重叠在一天。

【分日】分开日子。本来有两个节日可以春游,可今年撞到一起了,怎么能分开呢?这里反用唐王维《寒食城东即事》诗意:"少年分日作遨游,不用清明兼上巳。"

所宝惟贤
(所寶惟賢)

乾隆御笔
(乾隆御筆)

绣漪桥昆仑石西侧刻字之六

陆纤入湖易水纤,湖光上下漾天光。
小船轧轧鸣榔处,不辨吴村与越乡。

(款识)**舟过万寿寺未入遂由绣漪桥至昆明湖沿水路揽景杂咏得诗六首。甲申暮春之初御笔。**

(钤印)**所宝惟贤、乾隆御笔**。

注释

【陆纤】长河行船逆流而上,需纤夫在岸上拉纤。

【水纤】昆明湖中御舟由拖船牵引。

【鸣榔】叩舷而歌。

"惜别耐取醉,鸣榔且长谣。"(唐·李白《送殷淑三首》)

【吴村与越乡】清漪园耕织图一带水田连片,港汊纵横,渔船往来,颇有江南风貌。吴、越,代指江苏、浙江一带。

绣漪桥昆仑石南侧刻字

绣漪桥昆仑石南侧刻字之一

  长河雨后波增涨，趁爽平明好进船。

  柳岸忽闻嫩簧响，始知复育化成蝉。

注释

  【复育】蝉的幼虫。

绣漪桥昆仑石南侧刻字之二

  依水园存乐善名，兰堤几转面前迎。

  径过自是慵游览，不为忙乘风利行。

绣漪桥昆仑石南侧刻字之三

  广源闸限水高下，登岸因之又换舟。

  悟得盈科成利济，前人经理足佳谋。

注释

  【盈科】水充满坑坎。

    "原泉混混，不舍昼夜，盈科而后进，放乎四海。"（《孟子·离娄下》）

    "盈，满；科，坎。"（《孟子》赵岐注）

绣漪桥昆仑石南侧刻字之四

  沿堤垂柳复高榆，浓绿阴中牵缆纤。

  才过绣漪桥侧畔，波光迎面顿清殊。

 （款识）**乙酉仲夏初二日自高梁桥进舟由长河至昆明湖得四绝句。御笔。**

 （钤印）**所宝惟贤、乾隆御笔。**

所宝惟贤
（所寶惟賢）

乾隆御笔
（乾隆御笔）

题解

清高宗御笔行书。诗题《自高梁桥进舟由长河至昆明湖》，载《清高宗御制诗集》三集卷五十一，乾隆乙酉年（乾隆三十年，1765年）作。

绣漪桥昆仑石北侧刻字

绣漪桥昆仑石北侧刻字之一

倚虹堂畔进烟舟，一泛长河溯逆流。

已爽人炎宁不廑，知他纤路柳荫稠。

题解

清高宗御笔行书。诗题《自长河进舟至昆明湖川路即目得诗六首》，载《清高宗御制诗集》三集卷五十七，乾隆丙戌年（乾隆三十一年，1766年）作。

注释

【倚虹堂】位于高梁桥西北、长河北岸，东临御道，南为临水码头，隔河辟有船坞，与清漪园同期建设。清帝船游昆明湖皆由此上下船。

【宁不廑】能不关注吗？廑（qín），殷勤，廑念。

绣漪桥昆仑石北侧刻字之二

舟移岸转几循回，乐善名园近水隈。

属我盼霖游兴懒，籞门徒望竟空开。

注释

【隈】水或山之弯曲处。

【籞门】宫禁之门。指乐善园园门，正门三楹北临长河。籞（yù），帝王的禁苑。

绣漪桥昆仑石北侧刻字之三

沿堤陆陇复溪塍，一例菁葱象已凭。

再得时霖收可卜，为兹渴泽念弥增。

注释

【时霖】时雨。

"昔属时霖滞,今逢腊雪多。"（唐·贾岛《积雪》）

【渴泽】干涸的水泽。此处"渴"音意同"竭",干涸之意。乾隆丙戌年（乾隆三十一年,1766年）春旱,清高宗曾两赴黑龙潭祈雨。

绣漪桥昆仑石北侧刻字之四

广源闸限水高低,登陆易舟复进西。
川路何妨较常浅,节宣原为灌鳞畦。

注释

【节宣】节制宣泄。

"余以为三江既浚,建闸为急,何也？盖水利之盈虚,全在乎节宣。"（清·钱泳《履园丛话·建闸》）

绣漪桥昆仑石北侧刻字之五

岸傍万寿古祇园,禅衲红衣跪侯门。
写出都官诗里意,不须到点向重论。

注释

【都官诗】晚唐诗人郑谷,官至都官郎中,人称郑都官,其名句有"爱僧不爱紫衣僧"。紫衣僧即被朝廷赐予紫色袈裟的僧人,后成为追逐名利的象征,为士人所鄙夷。原诗《寄献狄右丞》："逐胜偷闲向杜陵,爱僧不爱紫衣僧。身为醉客思吟客,官自中丞拜右丞。残月露垂朝阙盖,落花风动宿斋灯。孤单小谏渔舟在,心恋清潭去未能。"

【到点】到即不点,点即不到。禅林用语。僧众集会时,缺席者其名上即被记以一点,称"点即不到"；到席者之名上则不作记号,称"到即不点"。详见《五灯会元》《法苑珠林》《从容录》。

信天主人

乾隆宸翰

绣漪桥昆仑石北侧刻字之六

溪路曾无廿里遥,鸣榔径渡绣漪桥。
谁言拙速六章就,也觉其间半刻消。

（款识）丙戌浴佛日自长河进舟至昆明湖川路即目得诗六首。御笔。

（钤印）信天主人、乾隆宸翰。

注释

【鸣榔】敲击船舷使作声。用以惊鱼入网，或为歌声之节。这里指划船声。

【拙速】原意用兵宁拙于机智而贵在神速。出典于《孙子兵法·作战篇》："兵闻拙速，未睹巧之久也。"此处是说，写出的诗虽然欠佳但是胜在快。隐用"巧迟不如拙速"成语。

【半刻消】不远的路上只一会儿就写诗六首，虽说很快，其实也花费了些功夫来推敲。

耕织图昆仑石

乾隆御笔
（乾隆御筆）

叙录

刻石位于耕织图玉河西北岸，通高 1.94 米，宽 1 米。座长 2.54 米，宽 1.1 米。石南侧刻大字，底部刻小字诗 5 首，漫漶不清，其中 3 首只有个别字形可识。其余三侧各刻诗 1 首。

耕织图昆仑石南侧刻字

耕织图昆仑石南侧刻字之一

（榜书）耕织图

（额章）乾隆御笔

耕织图昆仑石南侧刻字之二

稻田蚕屋带河滨，正值课耕问织辰。
漫拟汉家沿故事，一般深意在勤民。
稻苗欲雨蚕宜霁，万事从来艰两全。
造化且艰副民欲，临民者合惧瞠然。

（款识）**己酉仲夏月上浣。御题。**

（钤印）□□。

题解

　　清高宗御笔小字行书。诗题《耕织图二首》，载《清高宗御制诗集》五集卷四十八，乾隆己酉年（乾隆五十四年，1789年）作。原诗注云："按汉书昆明池有石人二，以象牵牛、织女。今之昆明湖玉带桥西有耕织图处，左右廊壁嵌有耕织图石刻，湖东有铜牛一，亦隐寓汉书之意耳。"

注释

　　【稻田蚕屋】清漪园时期的耕织图景区包括稻田与玉河北支脉沿河蚕房，颐和园重建时将景区划出园外。耕织图昆仑石碑则记录了清漪园时期的景象。

　　【课耕】督促耕作。

　　【辰】日子；时光。

　　【造化】大自然，上苍。

　　【临民】治民。

　　　　"善于临民，在雍部政绩尤着，蛮夷前后叛戾不受化者，并
　　　　皆顺服。"（梁·沈约《宋书·刘道彦传》）

　　【合惧瞠然】应该谨慎警醒。合，应该，应当。瞠然，惊视貌。

耕织图昆仑石南侧刻字之三

玉带桥西耕织图，织云耕雨学东吴。
水天气象略如彼，衣食根源每廑吾。

题解

清高宗御笔小字行书。诗题《耕织图口占》，载《清高宗御制诗集》二集卷五十六，乾隆乙亥年（乾隆二十年，1755年）作。

耕织图昆仑石南侧刻字之四

岂不诗题图以识，欲看活画得真情。

三眠欣暖一耘润，庆慰中饶敬惕生。

（款识）辛亥仲夏月上浣。御题。

（钤印）□□。

题解

清高宗御笔小字行书。诗题《耕织图题句》，载《清高宗御制诗集》五集卷六十六，乾隆辛亥年（乾隆五十六年，1791年）作。原诗注："界湖桥之西为延赏斋，其前为玉河斋，左右廊壁嵌耕织图石刻。因于河北立石，镌'耕织图'三字。是处向多题咏，而以图名者即景可得画意，且小民耕织之劳如在目前，欲不勤民事可乎？蚕事宜晴暖，而农田则利沾润，事每艰于两全。今岁晴雨得宜，固深庆慰，惟气象太顺虑不克，当益增敬惕。"

注释

【三眠】蚕初生至成蛹，蜕皮三四次。蜕皮时不食不动，呈睡眠状态。第三次蜕皮谓之"三眠"，"晴暖"天气则有利于成蛹。而今年恰逢良时。

【一耘】稻谷成熟需要经过"三耘"，一耘是秧苗刚刚插种之后，需要及时灌水与除稗，最宜湿润天气。本来湿与晴难以兼得，而今年都赶上了。

【敬惕】警惕。

耕织图昆仑石南侧刻字之五

玉河五里玉泉接，每以寻源便溯流。

伊轧橹声知近远，菜花黄里度红舟。

题解

清高宗御笔小字行书。诗题《玉河》，载《清高宗御制诗集》二集卷五十六，乾隆乙亥年（乾隆二十年，1755年）作。

耕织图昆仑石南侧刻字之六

五里玉河达玉泉,溶溶新水可乘船。

静明沿揽迟他日,午漏声过漫久延。

题解

清高宗御笔小字行书。诗题《新春万寿山即景》六首之五,载《清高宗御制诗集》二集卷七十六,乾隆戊寅年(乾隆二十三年,1758 年)作。

注释

【沿揽】沿途观赏。揽,通"览"。

【迟他日】比以往晚。他日,昔日;过去的某一天。

耕织图昆仑石北侧刻字

耕织图昆仑石北侧刻字

玉带桥边耕织图,织云耕雨肖东吴。

每过便尔留清问,为较寻常景趣殊。

(款识)**自玉河放舟至玉泉山。乾隆癸酉夏。御题。**

(钤印)**乾隆御笔、□□。**

乾隆御笔
(乾隆御筆)

题解

清高宗御笔小字行书。诗题《自玉河放舟至玉泉山》三首之二,载《清高宗御制诗集》二集卷四十,乾隆癸酉年(乾隆十八年,1753 年)作。

耕织图昆仑石东侧刻字

耕织图昆仑石东侧刻字

稻已分秧蚕吐丝,耕忙亦复织忙时。

汉家欲笑昆明上,牛女徒成点景为。

(款识)**丙戌清和。御题。**

(钤印)**所宝惟贤、乾隆御笔。**

所宝惟贤
(所寶惟賢)

乾隆御笔
(乾隆御筆)

所宝惟贤
（所寶惟賢）

乾隆御笔
（乾隆御筆）

题解

清高宗御笔小字行书。诗题《耕织图口号》，载《清高宗御制诗集》三集卷五十七，乾隆丙戌年（乾隆三十一年，1766年）作。

耕织图昆仑石西侧刻字

耕织图昆仑石西侧刻字

玉河舟去复舟回，泉弱水微露岸限。

一雨应教诸事美，越难片刻锁眉开。

（款识）**玉河一首。丙戌仲夏月。御笔**。

（钤印）**所宝惟贤、乾隆御笔**。

题解

清高宗御笔小字行书。诗题《玉河》，载《清高宗御制诗集》三集卷五十七，乾隆丙戌年（乾隆三十一年，1766年）作。

耕织图延赏斋廊壁石刻诗画《耕织图》

叙录

现状耕织图景区延赏斋廊壁镶嵌有石刻诗画《耕织图》，共计48方，其中《耕图》21方，《织图》24方，乾隆、赵子俊、姚式题跋3方。每方石画长0.53米，高0.34米。这些是2000年后对乾隆时期石刻的复制成果，于2004年竣工开放。

耕织图景区建于乾隆十五年（1750年），最初区内并无《耕织图》石刻，直到乾隆三十四年（1769年），元代程棨摹写楼璹的《耕作图》《蚕织图》相继进献内廷，乾隆详加考辨，订正为《耕作图》21幅、《蚕织图》24幅，加御题识跋共48幅，合为《耕织图》，装订成册，收藏于圆明园多稼轩之贵织山堂，同时又将图文双钩阴刻上石，历3年而成，镶嵌于耕织图景区延赏斋廊壁，从而使景区名实相符。

《耕织图》画面构图简括，石刻线条明细遒劲，艺术地展现了男耕女织的各个环节场景，乾隆逐一配诗，题为《题耕作蚕织二图即用程棨书楼璹诗韵有序》，诗文载《清高宗御制诗集》三集卷七十八，作于乾隆己丑年（乾隆三十四年，1769年）。乾隆御题《程棨摹楼璹耕作图》《程棨摹楼璹耕作图》二图册载《石渠宝笈续编》卷八十，现藏美国赛克勒美术馆。

耕织图延赏斋廊壁石刻诗画《耕织图》

耕织图延赏斋廊壁石刻诗画《耕织图》

题耕作蚕织二图即用程棨书楼璹诗韵 有序

向蒋溥进此图刘松年《蚕织图》，自序卷首，其迹已入《石渠宝笈》矣。兹得松年《耕作图》，观其笔法与《蚕织图》相类。因以二卷参较之，则纸幅长短、画篆体格，悉无弗合。《耕图》卷后姚式跋云："《耕织图》二卷，文简程公曾孙棨仪甫绘而篆之。"《织图》卷后，赵子俊跋亦云："每节小篆，皆随斋手题。"今两卷押缝，皆有"仪甫""随斋"二印，其为程棨摹楼璹图本并书其诗无疑。

细观图内"松年笔"三字，腕力既弱，复无印记，盖后人妄以松年有曾进《耕织图》之事，从而附会之而未加深考，致以讹传讹耳。至《耕图》"绍兴"小玺，则又作伪者不知棨为元时人，误添蛇足矣。又考两卷题跋，姚式而外诸人皆每卷分题，则二卷在当时本相属附，后乃分佚单行，故《耕图》有"项元汴收藏"诸印记，而《织图》则无，可以验其离合之由矣。

今既为延津之合，因命同箧袭弆置诸御园。多稼轩之北为贵织山堂，皆皇考御额，所以重农桑而示后世也。昔皇祖题《耕织图》泐板行世。今得此佳迹合并，且有关重民衣食之本，亦将勒之贞石，以示家法于有永。因考其原委，并识两卷中，兼用璹韵题图隙。至原书及伪款识，仍存其旧，盖所重在订正核实前此之误，固不必为之文饰，亦瑕瑜不掩之道也。

乾

隆

几暇临池
（幾暇臨池）

几暇怡情
（幾暇怡情）

得佳趣

乾隆宸翰

乾　　隆

菑畲经训
（菑畲經訓）

澄观（澂观）

乐天（樂天）

（款识）己丑上元后五日。御笔。

（钤印）乾、隆、几暇临池。

御识

前辨定《耕作》《蚕织》二图，为程棨摹自楼璹，第考之卷后姚式诸跋，而知璹原本固未见也。兹以校辑《永乐大典》载有楼璹《耕织图》幅数，以及景若诗与程卷无弗合，盖足为考资征信。因识之。

（款识）癸巳春闰上浣。御笔。

（钤印）几暇怡情、得佳趣、乾隆宸翰。

浸种

谷种如人心，其中含生生。韶月开初律，向阳草欲萌。
三之日于耜，东作农将兴。筠筐浸春水，次第宛列成。

（钤印）乾、隆。

耕

四之日举趾，吾民始事耕。驱犍更扶犁，劳哉拟鱼赪。
水寒犹冻足，不辞来往行。讵作图画观，真廑宵旰情。

（钤印）菑畲经训。

耙

皮衣岂农有，布褐聊御寒。翻泥仍欲平，驱耙漾细澜。
率因人力惫，亦知牛股酸。寄语玉食者，莫忘稼穑难。

（钤印）澄观。

耖

覆耕不厌勤，塍头更畛尾。齿长入地深，土细漉成滓。
旋旋泥复沉，澄澄波欲起。耖功乃告竣，方罫铺清水。

（钤印）乐天。

碌碡

南木北以石，水陆殊命匠。圜转借牛牵，牛蹄踏泥浪。
蹄伤领亦穿，乃得田如掌。惟应尽此劳，遑敢恃有相。

（钤印）**秀色入窗虚**、**万有同春**。

布秧

浸谷出诸笼，欲拆甲始肥。左腕挟竹筐，撒种右手挥。
一亩率三升，均匀布浅漪。新秧虽未形，苗秀从此期。

（钤印）**研露**。

淤荫

既备播农人，有相赖田祖。灰草治疾药，粪壤益肥乳。
攻补两致勤，仍望以时雨。逮其颖栗成，辛苦费久许。

（钤印）**丛云**。

拔秧

新秧五六寸，刺水绿欲齐。轻拔虞伤根，亚旅共挈携。
担篗归于舍，以水洗其泥。不越宿即插，取东移置西。

（钤印）**取益在广求**。

插秧

芒种时已届，蚕暖麦欲凉。未离水土气，趁候插稚秧。
却步复伸手，整直分科行。不独箕裘然，服畴敢或忘。

（钤印）**写心**。

一耘

耕勤种以时，庭硕苗抽新。撮疏锨后生，稂秕务除根。
塍边更戽水，溉田漾轻纹。胖胓正尔长，劼劬始一耘。

（钤印）**静中观造化**。

前辦定耕作蠶織二圖為程棨摹自樓璹者考之卷後
璹式諸跋而知璹原本固未見也荄心校輯永樂大典義有
樓璹耕織圖幅數及景差詩與程卷畧合益足為考資
徵信因識之 癸巳春閏上澣御筆

璹頌題圖際玉原書及偽欽仍存至舊蓋所
重在訂證寰寶前此之誤固不必為之文飾亦
瑕瑜不揜之道也
乙丑上元後五日御筆

乾隆題跋《耕織圖》

向蔣溥進劉松年蠶織圖自序卷首其蹟已入石
渠寶笈矣茲得松年耕作圖觀其筆法與蠶織
圖相頡頑因以二卷參校之則紙幅長短畫篆體格
生姜蔣合耕圖卷後紙幅長短畫篆體格
跋並云每帝小篆皆隨齋手題今兩卷押縫皆
程公曾孫桀儀甫繪兩篆之織圖卷後趙子俊
有像甫隨富二印其為程桀摹搨本耳書
其詩無疑細觀圖內松年筆三字脆力既弱復等
印記蓋後人安以松年曾進耕織圖之事涇而
傳會之而來加深考致以訛傳訛耳玉耕圖紹興
小璽則又作偽者不知桀為元時人誤添蛇足矣
又考兩卷題跋姓式而無詩皆每卷分題則二
卷在當時本不層附後乃分佚單行故耕圖有項
元汴收藏諸印記而織圖卽無可以驗其離合之
由矣今既為延津之合因命圖籙龍眠壽置諸淥
皇考御軒之北為貴織山堂皆
皇祖題耕織圖泐板行世今得此佳蹟合并且有

二耘

徐进行以膝，熟视俯其首。平垄有程度，丛底毋留莠。
箪食与壶浆，肩挑忙弱妇。家中更无人，携儿遑虑幼。

（钤印）**会心不远**。

三耘

三耘谚曰壅，加细复有籽。沤泥培苗根，嘉苗勃生蘖。
老农念力作，瓦壶挈凉水。苦热畅一饮，毕功戒半委。

（钤印）**墨云**。

灌溉

决水复溉水，农候悉用庄。桔槔取诸井，翻车取诸塘。
胥当尽人力，曝背那乘凉。粒食如是艰，字饼嗤何郎。

（钤印）**中和**。

收刈

我谷亦已熟，我工犹未卒。敢学陶渊明，五斗羞腰折。
男妇艾田间，秋风侵布褐。秋风尚可当，最畏冬三月。

（钤印）**几席有余香**。

登场

九月筑场圃，捆积颇庆优。束稞满新架，糠穗遗旧畴。
周雅咏如坻，奄观黄云秋。回顾溪町间，白水空浮浮。

（钤印）**得佳趣、几暇怡情**。

持穗

取粒欲离稿，轮枷敲使脱。平场密布穗，挥霍声互发。
即此幸心慰，宁复厌耳聒。须臾看遗糠，突然如树柮。

（钤印）**齐物**。

簸扬

禾穗虽已击，糠秕杂陈前。临风扬去之，乃余净谷圆。
怜彼农功细，嘉此农心专。所以九重上，惕息虔祈年。

（钤印）**落花满地皆文章**。

砻

有竹亦有木，胥当排钉齿。其下承以石，磨砻成粒子。
转轴如风鸣，植架拟山峙。不孤三时劳，幸逢一旦此。

（钤印）**古香、朗润**。

舂碓

溪田无滞穗，秋林有落叶。农夫那得闲，相杵声互答。
一石舂九斗，精凿期珠滑。复有水碓法，转轮代足踏。

（钤印）**含辉**。

筛

织竹为圆筐，疏密殊用簁。疏用砻以前，细用舂已过。
筥三弗厌精，登仓近堪贺。力作那偷闲，谁肯茅檐卧。

（钤印）**聊以观生意**。

入仓

村舍亦有仓，用备供天庾。艰食惜狼戾，盖覆借屋庑。
背负复肩挑，入廒忙日午。输赋不稍迟，恐防租吏怒。

（款识）**己丑新正。御题**。

（钤印）**乾隆宸翰**。

浴蚕

浴蚕同浸种，温水炊轻烟。农桑事齐兴，衣食均民天。
纸种收隔岁，润洒百花泉。比户恐失时，力作各争先。

（钤印）**乾隆宸翰**。

下蚕

昊天气渐暖，铺纸种渐高。破壳成蚁形，绿色细似毛。
轻刮下诸纸，鹅羽挥如刀。女伴绝往来，俶载蚕妇劳。

（钤印）**写生**。

写生（寫生）

喂蚕

猗猗陌上桑，吐叶刚少许。摘来饲乌儿，筠筐食共聚。
气候物尽知，林外仓庚语。设无蚕绩功，衮职其谁补。

（钤印）**比德、朗润**。

比德　朗润（朗潤）

一眠

蚕饱初欲眠，蚕忙事正长。少妇独偷闲，深闺理新妆。
中妇抱幼子，趁暇哺向阳。大妇缝裳衣，明朝着采桑。

（钤印）**中心止水静**。

中心止水静（中心止水靜）

二眠

初眠蛾蜕皮，村屋低垂幕。七日变如故，首喙壮不恶。
于候当二眠，上架依前若。弗食复弗动，圆筐贴细箔。

（钤印）**丛云**。

丛云（叢雲）

三眠

再起蚕渐长，桑叶可食半。是时叶亦繁，陌头阴欲暗。
篝灯视女郎，昼长夜骎短。三眠拟三耘，农桑功不乱。

（钤印）**聊以观生意**。

聊以观生意（聊以觀生意）

分箔

眠起有定程，不缓亦不促。逮三蚕大长，分箔陈盈屋。
薙疏要及时，蠕蠕色泽绿。移东复置西，吴娘工作熟。

（钤印）**几暇怡情、得佳趣**。

几暇怡情（幾暇怡情）　得佳趣

采桑

柔桑采春初，远扬采春深。饲之别早迟，时序毋相侵。
蚕老需叶多，升树劳搜寻。雨则风诸阳，燥又润诸阴。

（钤印）**齐物**。

大起

木架庋筠箔，室中避风雨。蠕首食全叶，须臾尽寸许。
喜温不耐热，引凉向日午。酌剂适物性，嗟哉彼贫女。

（钤印）**古香、太璞**。

捉绩

家家闭外户，知是为蚕忙。夙夜视箔间，弊衣复短裳。
绿形将变白，丝肠渐含光。拣择戒迟疾，齐栋堆如冈。

（钤印）**会心不远、德充符**。

上蔟

束草置箔间，不长亦不短。蚕足缘之上，肖翘力犹软。
喉明欲茧候，清和律已暖。谁谓村舍中，苍山忽满眼。

（钤印）**思无邪**。

炙箔

蚕性究畏寒，终朝不卷幕。仍期成茧速，火攻用炙箔。
丝虫将结网，银光铺错落。兽炭拣良材，率欲无烟觉。

（钤印）**澄观**。

下蔟

红蚕既作茧，堆蔟如雪山。取下即盛筐，秤视倚屋闲。
蚕一茧获十，丰熟妇女欢。回忆昔蹙眉，幸博今开颜。

（钤印）**含辉**。

择茧

宜绵夸八蚕，宜丝贵独蛹。一家聚择之，分品各殊用。
丝待人之买，绵御已之冻。劳而弗享报，女红可勿重。

（钤印）**中和**。

中和

窨茧

蛾若破茧出，丝断如败叶。斯有瓮窨法，封泥固周浃。
深埋取寒气，掘地挥锄锸。何必诩高昌，草实称白氎。

（钤印）**清玩**。

清玩

缫丝

茧终丝之始，犹未闲女娘。灶下扬轻烟，釜中沸热汤。
度戒过不及，乃得丝美长。转轴仔细看，梧月已上墙。

（钤印）**席上珍**。

席上珍

蚕蛾

视茧圆与尖，雌雄别较然。择美待化蛾，啮茧出其圜。
成偶经昼夜，布子密且绵。纸种敬以收，默祝富来年。

（钤印）**取益在广求**。

取益在广求
（取益在廣求）

祀谢

丝成合报谢，东吴复西蜀。人以神虔心，神以人寓目。
盈几银镂陈，蚕功佑蒙辱。虽酬已往恩，仍祷方来福。

（钤印）**垂露**。

垂露

络丝

缫丝甫报毕，络丝应及节。工作有次序，此风盛吴越。
粗细卒未分，要使无断脱。转簜对篝灯，明河影欲灭。

（钤印）**三希堂**。

三希堂

经

既络丝纳筘，置轴两端排。引以为直缕，理繁徐往来。
条贯期毕就，比弦无曲回。设拟悖如绋，敢曰经有才。

（钤印）**随安室**。

纬

浸纬非细工，付之小女丫。谁知素丝中，乃具种种华。
精次于是别，转轮引绪斜。由分渐成合，小大殊轴车。

（钤印）**云霞思**。

织

阔室置机架，有轴亦有栏。往还抛玉梭，那辞素手寒。
错综乃成功，万丝得一端。织女若是劳，布衣已原单。

（钤印）**落花满地皆文章**。

攀花

椎轮生大辂，踵事何太勤。素帛增攀花，丝缕益纠纷。
既成黼黻章，亦焕河洛文。为者自不知，如山出五云。

（钤印）**静中观造化**。

剪帛

精粗不中数，广狭不中尺。王制弗鬻市，要义寓剪帛。
辛苦岂易成，欲裁心自惜。耕劳蚕亦劳，视此吟篇着。

（款识）**己丑新正**。御题。

（钤印）**乾、隆**。

赵子俊题跋

人知求美衣甘食之奉，而不知衣食之源，其艰难如此。是图有补于世教为不小。

（款识）**赵子俊题**。

（钤印）**赵氏子俊**。

姚式题跋

　　右《耕织图》二卷，《耕》凡二十一事，《织》凡二十四事，事为之图，系以五言诗一章，章八句四韵，楼璹当宋高宗时、令临安于潜所进本也。与《豳风·七月》相表里，其孙洪深等尝以诗刊诸石。其从子钥，嘉定间累知政事，为之书丹且叙其所以。此图亦有木本流传于世，文简程公曾孙棨仪甫，博雅君子也。绘而篆之以为家藏，可谓知本览者毋轻视之。

（款识）**吴兴姚式书**。

（钤印）**姚氏子敬、筠庵**。

仇远题跋

　　寒耕暑耘农务急，秋收冬藏农事毕。
　　医疮剜肉伤田家，终岁辛勤尚无食。
　　城市富豪饱鲜肥，安知艰难在稼穑。
　　但愿年丰如此图，老作识字耕田夫。

（款识）**山村老民。仇远**。

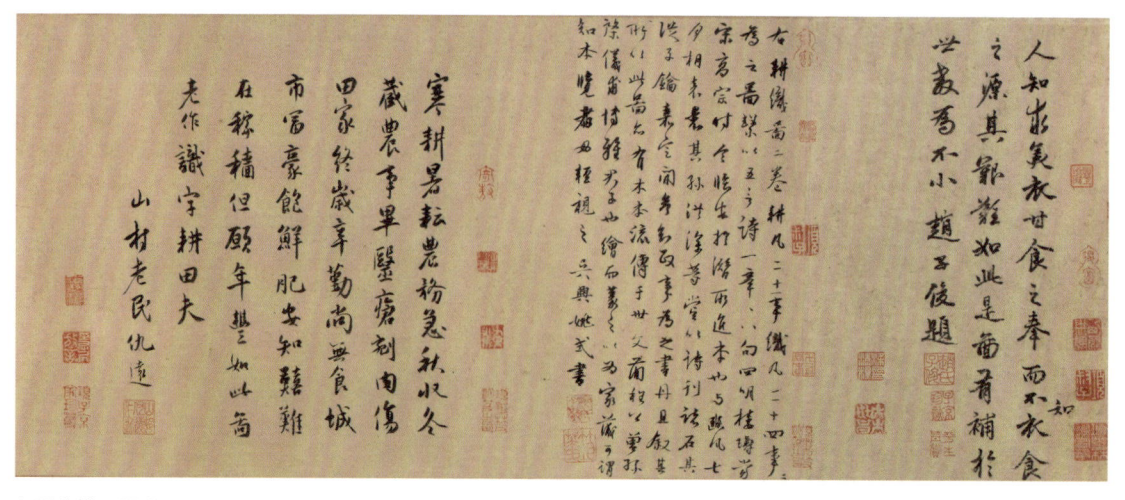

赵子俊姚氏题跋

（钤印）山村仇远仁近。

耕织图程棨原诗篆书刻字

《耕作图》二十一首

（一）浸种

溪头夜雨足，门外春水生。筠蓝浸浅碧，嘉谷抽新萌。
西畴将有事，耒耜随晨兴。只鸡祭勾芒，再拜祈秋成。

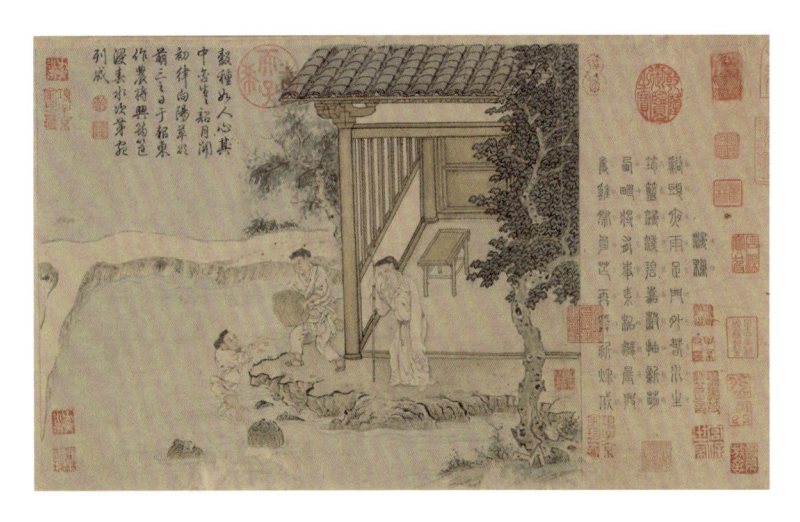

《耕作图·浸种》

（二）耕

东皋一犁雨，布谷初催耕。绿野暗春晓，乌犍苦肩赪。
我衔劝农字，杖策东郊行。永怀历山下，法事关圣情。

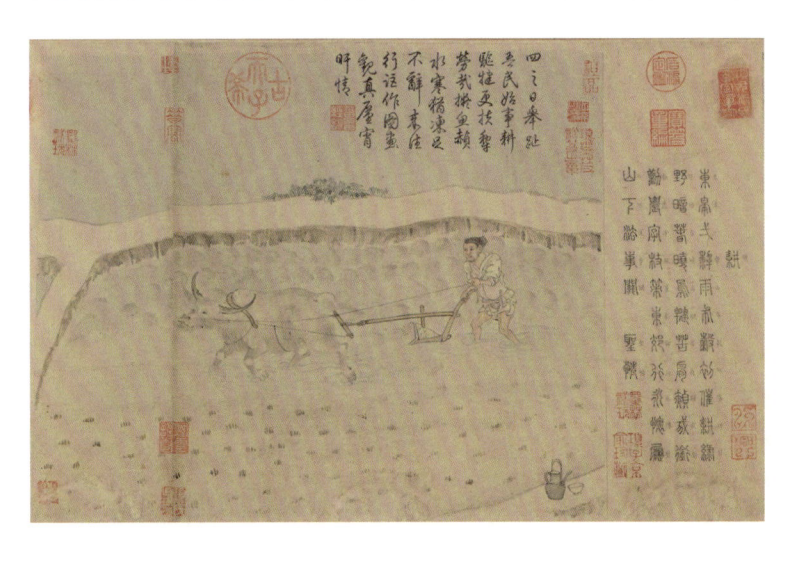

《耕作图·耕》

（三）耙

雨笠冒宿雾，风蓑拥春寒。破块得甘澍，啮膝浸微澜。
泥深四蹄重，日莫两股酸。谓彼牛后人，着鞭无作难。

（四）耖

脱绔下田中，盎浆着塍尾。巡行遍畦畛，扶耖均泥滓。
迟迟春日斜，稍稍樵歌起。薄莫佩牛归，共浴前溪水。

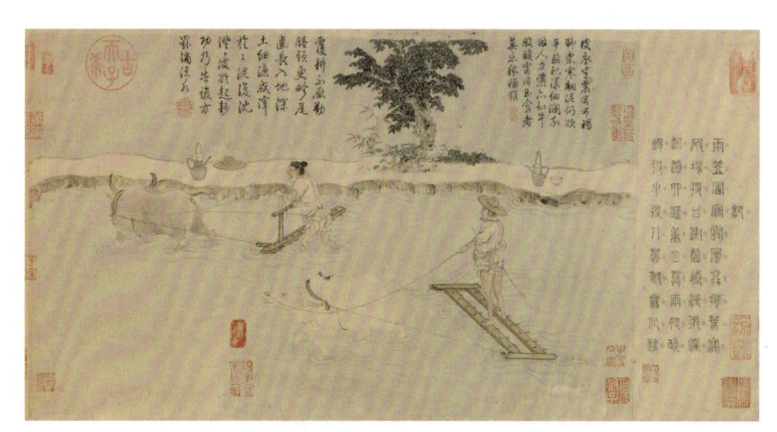

《耕作图·耙耖》

（五）碌碡

力田巧机事，利器由心匠。翩翩转圜枢，衮衮鸣翠浪。
三春欲尽头，万顷平如掌。渐暄牛已喘，长怀丙丞相。

《耕作图·碌碡》

（六）布秧

旧谷发新颖，梅黄雨生肥。下田初播殖，却行手奋挥。
明朝望平畴，绿针刺风漪。审此一寸根，行作合穗期。

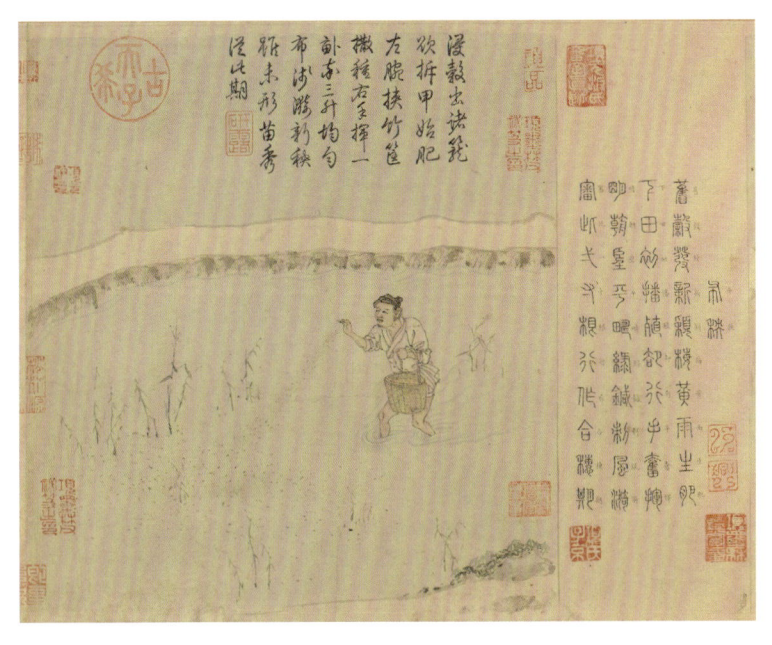

（七）淤荫

杀草闻吴儿，洒灰传自祖。田田皆沃壤，泫泫流膏乳。
塍头乌啄泥，谷口鸠唤雨。敢望稼如云，工夫盖如许。

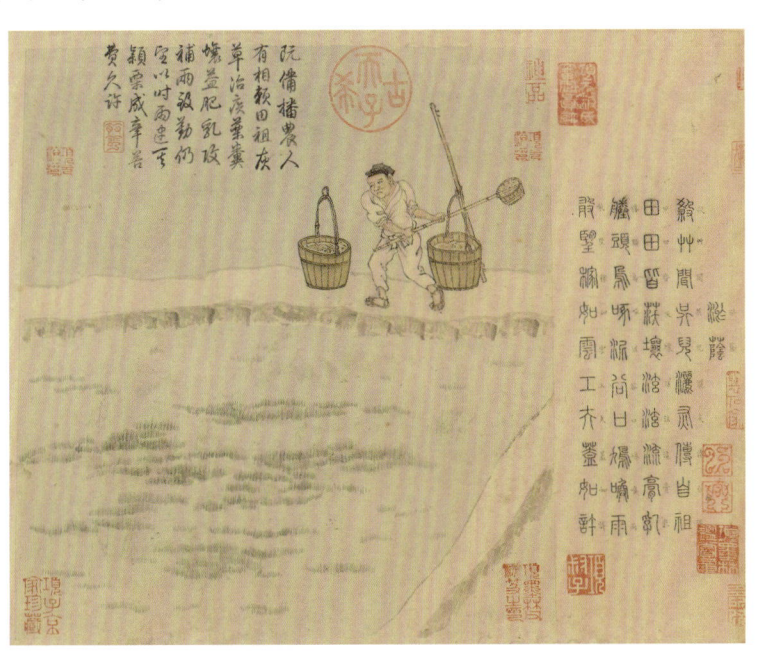

（八）拔秧

新秧初出水，渺渺翠琰齐。清晨且拔擢，父子争提携。
既沐青满握，再柟根无泥。及时趁芒种，散著畦东西。

《耕作图·拔秧》

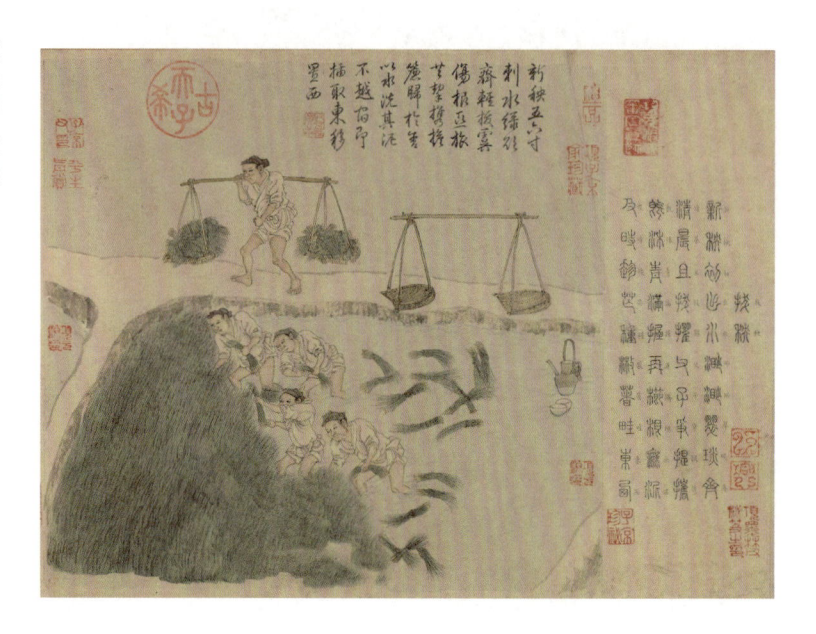

（九）插秧

晨雨麦秋润，午风槐夏凉。溪南与溪北，啸歌插新秧。
抛掷不停手，左右无乱行。我将教秧马，代劳民莫忘。

《耕作图·插秧》

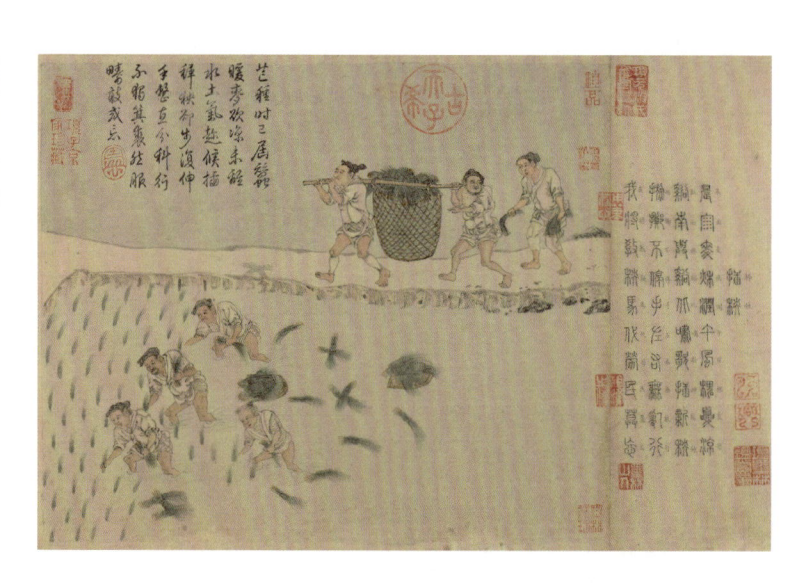

（十）一耘

时雨既已降，良苗日怀新。去草如去恶，务令尽陈根。泥蟠任犊鼻。膝行生浪纹。眷惟圣天子，党亦思鸟耘。

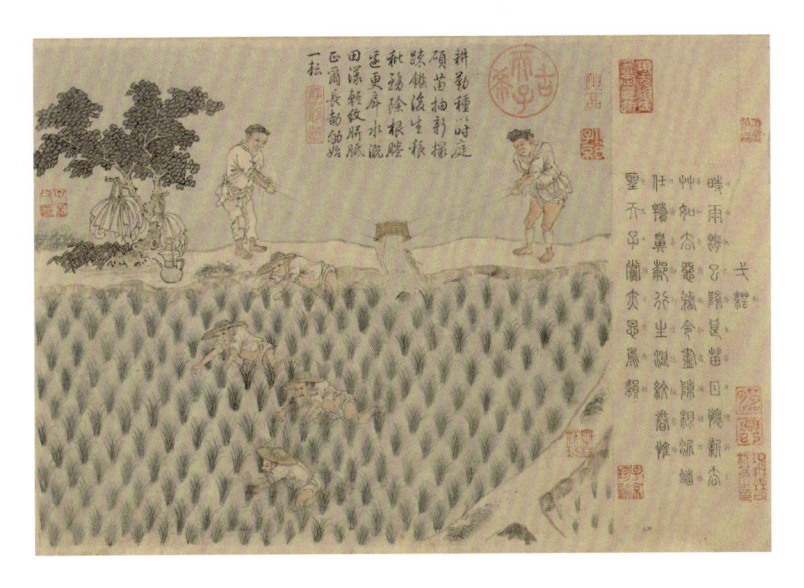

《耕作图·一耘》

（十一）二耘

解衣日炙背，戴笠汗濡首。敢辞冒炎蒸，但欲去莨莠。壶浆与箪食，亭午来饷妇。要儿知稼穑，岂曰事携幼。

《耕作图·二耘》

（十二）三耘

农田亦甚劬，三复事耘耔。经年苦艰食，喜见苗薿薿。
老农念一饱，对此出馋水。愿天均雨旸，满野如云委。

《耕作图·三耘》

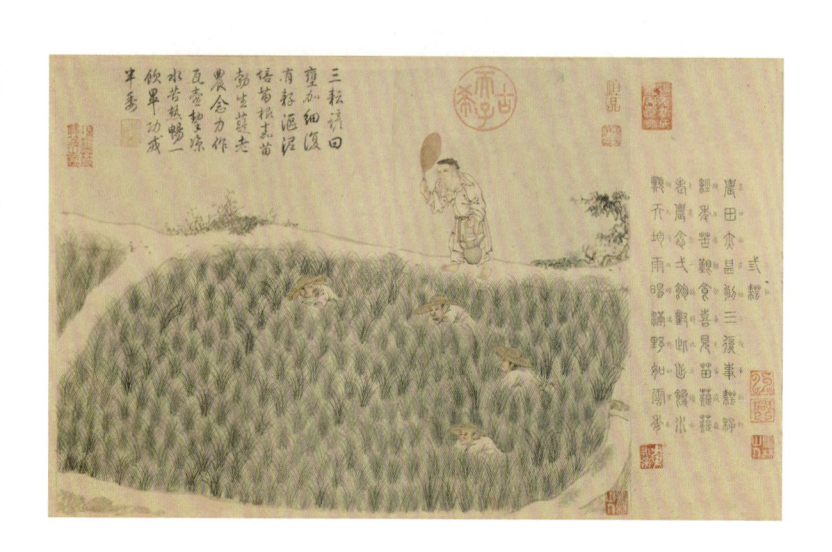

（十三）灌溉

揠苗鄙宋人，抱瓮惭蒙庄。何如衔尾鸦，倒流竭池塘。
穧穛舞翠浪，蘧蒢生昼凉。斜阳耿衰柳，笑歌闲女郎。

《耕作图·灌溉》

（十四）收刈

田家刈获时，腰镰竞仓卒。霜浓手龟坼，日永息磬折。
儿童行拾穗，风色凌短褐。欢呼荷檐归，望望屋山月。

《耕作图·收刈》

（十五）登场

禾黍已登场，稍觉农事优。黄云满高架，白水空西畴。
用此可卒岁，愿言免防秋。太平本无象，村舍炊烟浮。

《耕作图·登场》

（十六）持穗

霜时天气佳，风劲木叶脱。持穗及此时，连枷声乱发。
黄鸡啄遗粒，乌鸟喜聒聒。归家抖尘埃，夜屋烧榾柮。

《耕作图·持穗》

（十七）簸扬

临风细扬簸，糠秕零风前。倾泻雨声碎，把玩玉粒圆。
短裙箕帚妇，收拾亦已专。岂图较斗升，未敢忘凶年。

《耕作图·簸扬》

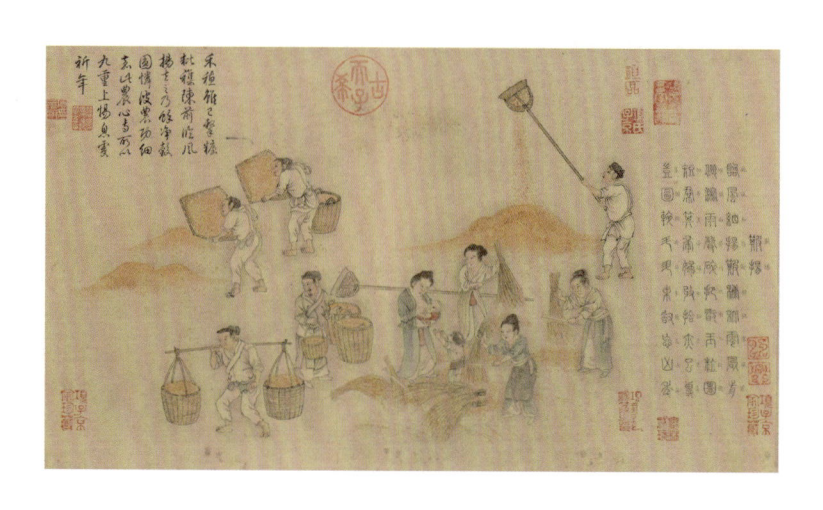

（十八）砻

推挽人摩肩，辗转石砺齿。殷床作春雷，旋风落云子。
有如布山川，部娄势相峙。前持斗量珠，满眼俄有此。

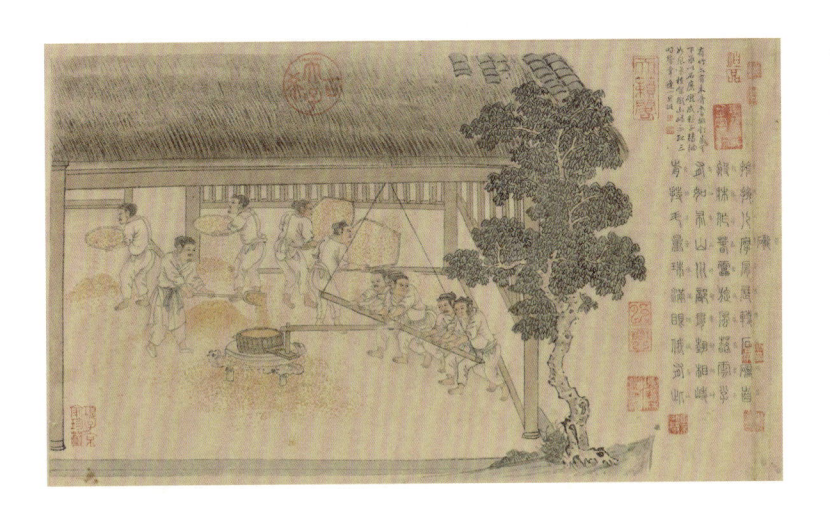

《耕作图·砻》

（十九）舂碓

娟娟月过墙，簌簌风吹叶。田家当此时，村舂响相答。
行闻炊玉香，会见流匙滑。更须水转轮，地碓劳蹴蹋。

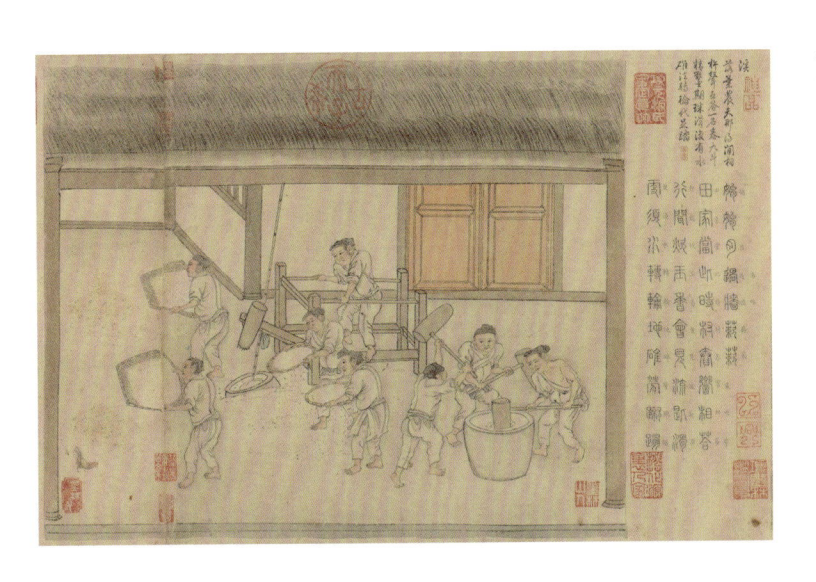

《耕作图·舂碓》

（二十）筛

茅檐闲杵臼，竹屋细筛簁。照人珠琲光，奋臂风雨过。
计功初不浅，饱食良自贺。西邻华屋儿，醉饱正高卧。

《耕作图·筛》

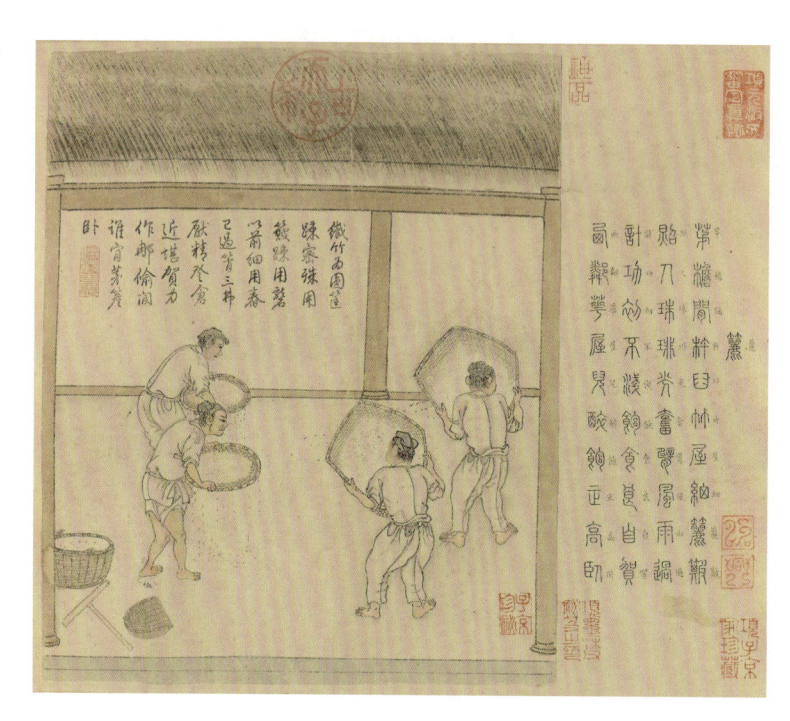

（二十一）入仓

天寒牛在牢，岁暮粟入庾。田父有余乐，炙背卧檐庑。
却愁催赋租，胥吏来旁午。输官王事了，索饭儿叫怒。

《耕作图·入仓》

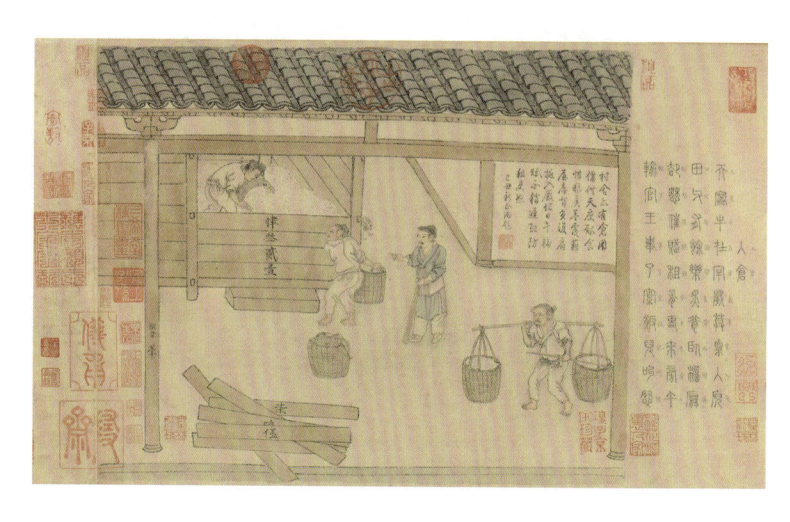

《蚕织图》二十四首

（一）浴蚕

农桑将有事，时节过禁烟。轻风归燕日，小雨浴蚕天。春衫卷缟袂，盆池弄清泉。深宫想斋戒，躬桑率民先。

《蚕织图·浴蚕》

（二）下蚕

谷雨无几日，溪山暖风高。华蚕初破壳，落纸细于毛。柔桑摘蝉翼，籁籁才容刀。茅檐纸窗明，未觉眼力劳。

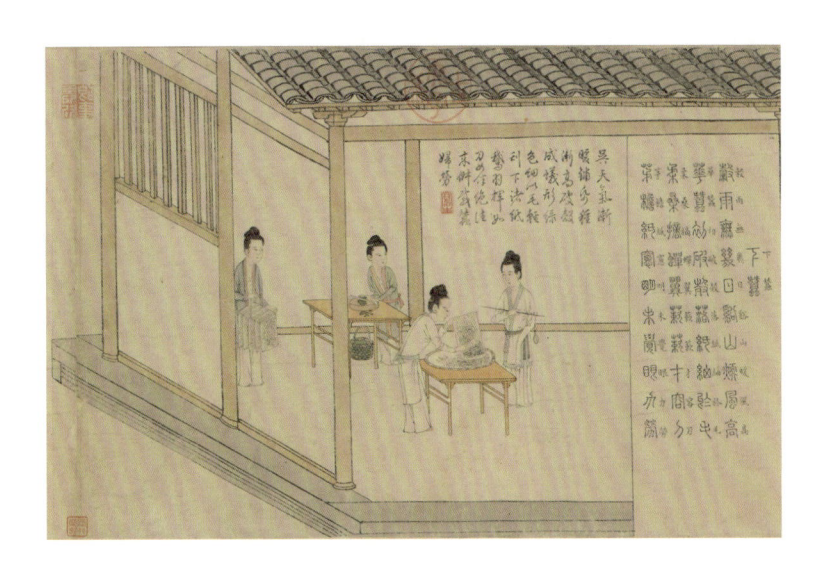

《蚕织图·下蚕》

（三）喂蚕

蚕儿初饭时，桑叶如钱许。攀条摘鹅黄，借纸观蚁聚。
屋头草木长，窗下儿女语。日长人颇闲，针线随缉补。

《蚕织图·喂蚕》

（四）一眠

蚕眠白日静，鸟语青春长。抱胫聊假寐，孰能事梳妆。
水边多丽人，罗衣蹋春阳。春阳无限思，岂知问农桑。

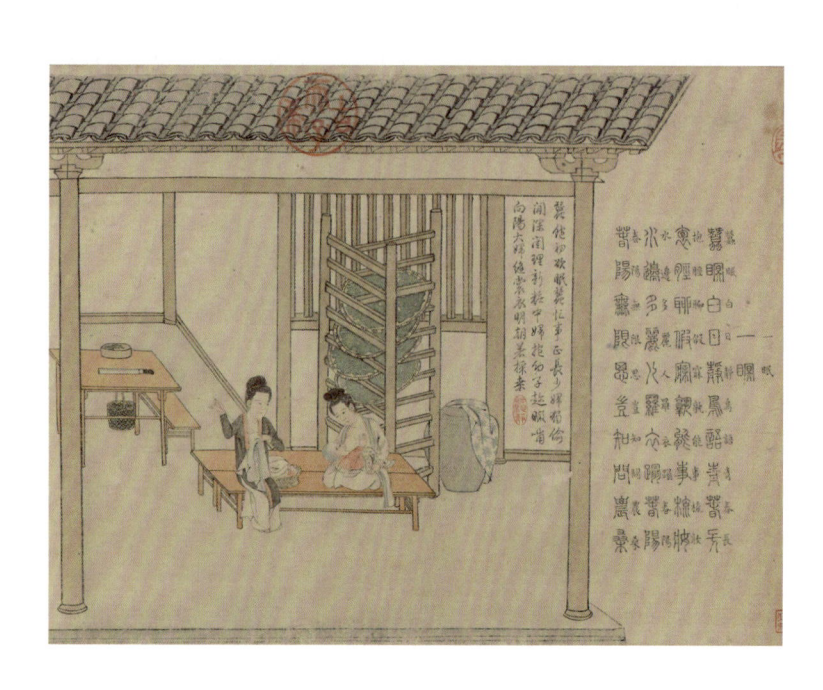

《蚕织图·一眠》

（五）二眠

吴蚕一再眠，竹屋下帘幕。拍手弄婴儿，一笑姑不恶。
风来麦秀寒，雨过桑沃若。日高蚕未起，谷鸟鸣百箔。

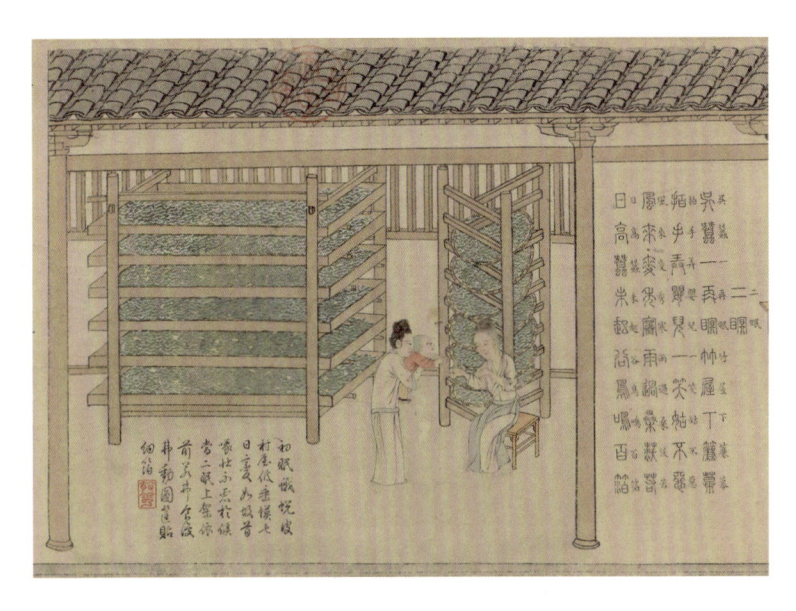

《蚕织图·二眠》

（六）三眠

屋里蚕三眠，门前春过半。桑麻绿阴合，风雨长檠暗。
叶底虫丝繁，卧作字画短。偷闲一枕肱，梦与杨花乱。

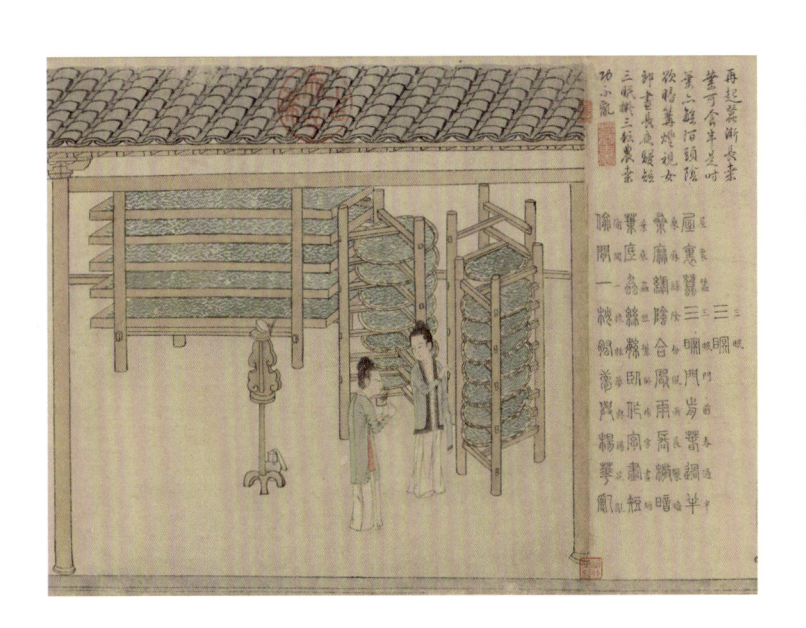

《蚕织图·三眠》

（七）分箔

三眠三起余，饱叶蚕局促。众多旋分箔，蚤晚堆满屋。郊原过新雨，桑柘沾浓绿，竹间快活吟，惭愧麦饱孰。

《蚕织图·分箔》

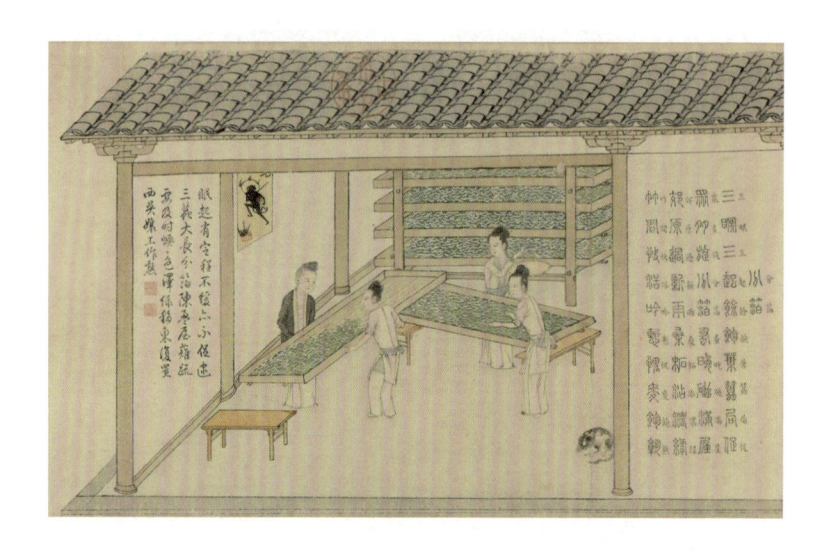

（八）采桑

吴儿歌采桑，桑下青春深。邻里讲欢好，逊畔无欺侵。筠篮各自携，筠梯高倍寻。黄鹂饱紫葚，哑咤鸣绿阴。

《蚕织图·采桑》

（九）大起

盈箱大起时，食叶声似雨。春风老不知，蚕妇忙如许。
呼儿刈青麦，朝饭已过午。妖歌得绫罗，不易青裙女。

《蚕织图·大起》

（十）捉绩

麦黄雨初足，蚕老人愈忙。辛勤减眠食，颠倒着衣裳。
丝肠映绿叶，练练金色光。松明照夜屋，杜宇啼东冈。

《蚕织图·捉绩》

（十一）上蔟

采采绿叶空，剪剪白茅短。散蔟轻放手，蚕老丝肠娖。
山市浮晴岚，风日作妍暖。会看茧如瓮，累累光眩眼。

《蚕织图·上蔟》

（十二）炙箔

峨峨爇薪炭，重重下帘幕。初出虫结网，遽若雪满箔。
老翁不胜勤，候火珠汗落。得闲儿女子，困卧呼不觉。

《蚕织图·炙箔》

（十三）下蔟

晴明开雪屋，门巷排银山。一年蚕事办，下蔟春向阑。
邻里两相贺，翁媪一笑欢。后妃应献茧，喜色开天颜。

（十四）择茧

大茧至八蚕，小茧止独蛹。茧衣绕指柔，收拾拟何用。
冬来作縹绕，与儿御寒冻。衣帛非不能，债多租税重。

（十五）窖茧

盘中水晶盐，井上梧桐叶。陶器固封泥，窖茧过旬浃。
门前春水生，布谷催畚锸。明朝蹋缫车，车轮缠白氎。

《蚕织图·窖茧》

（十六）缫丝

连村煮茧香，解事谁家娘。盈盈意媚灶，拍拍手探汤。
上盆颜色好，转轴头绪长。晚来得少休，女伴语隔墙。

《蚕织图·缫丝》

（十七）蚕蛾

蛾初脱缠缚，如蝶栩栩然。得偶粉翅光，散子金粟圜。
岁月判悠悠，种嗣期绵绵。送蛾临远水，蚕归属明年。

《蚕织图·蚕蛾》

（十八）祀谢

春前作蚕市，盛事传西蜀。此邦享先蚕，再拜丝满目。
马革裹玉肌，能神不为辱。虽云事渺茫，解与民为福。

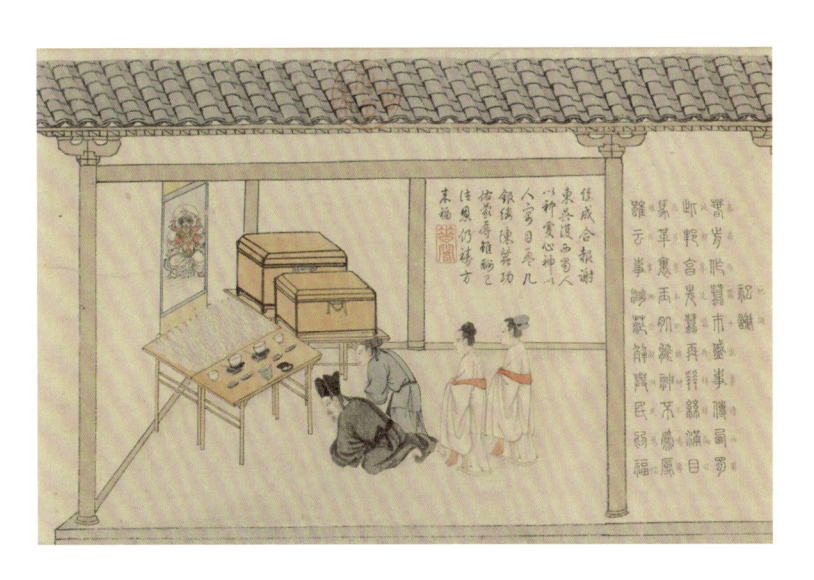

《蚕织图·祀谢》

（十九）络丝

儿夫督机丝，输官趁时节。向来催租瘢，正为坐逾越。
朝来掉篗勤，宁复辞腕脱。辛勤夜未眠，败屋灯明灭。

《蚕织图·络丝》

（二十）经

素丝头绪多，羡君好安排。青鞋不动尘，缓步交去来。
脉脉意欲乱，眷眷首重回。王言正如丝，亦付经纶才。

《蚕织图·经》

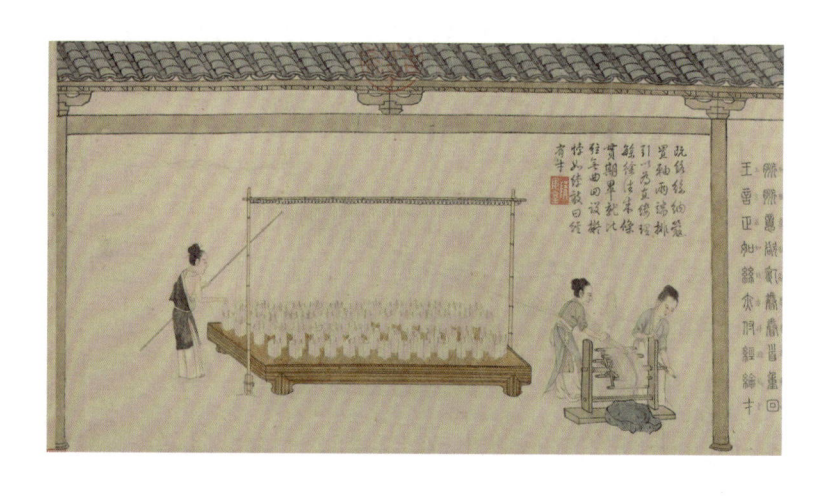

（二十一）纬

浸纬供织作，寒女两髻丫。缱绻一缕丝，成就百种花。
弄水春笋寒，卷轮蟾景斜。人闲小阿香，晴空转雷车。

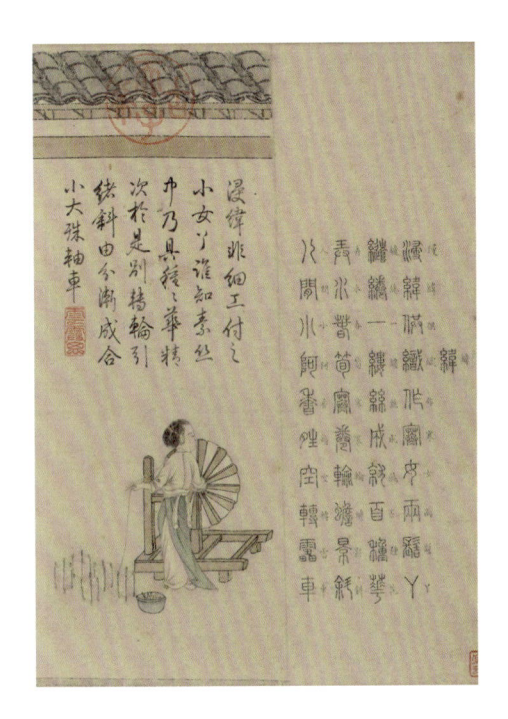

《蚕织图·纬》

（二十二）织

青镫映帏幕，络纬鸣井栏。轧轧挥素手，风露凄已寒。
辛勤度几梭，始复成一端。寄言罗绮伴，当念麻苎单。

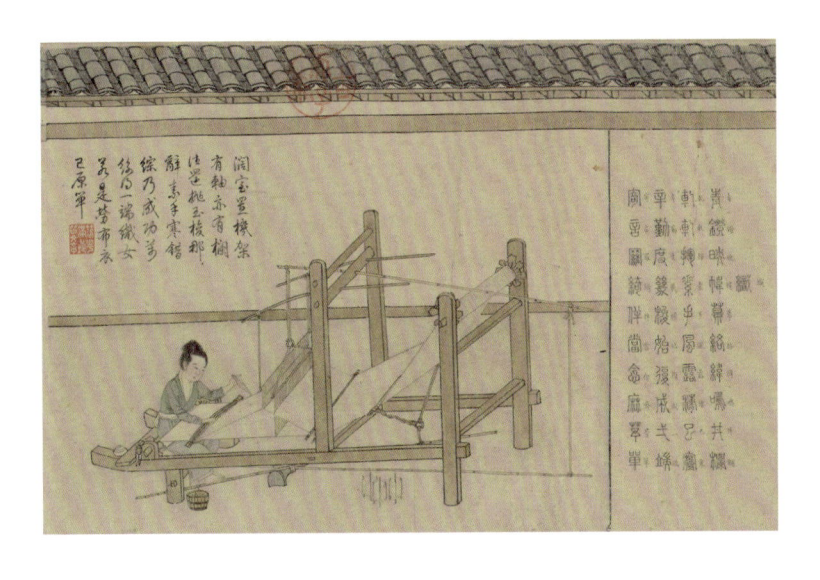

《蚕织图·织》

（二十三）攀花

时态尚新巧，女工慕精勤。心手暗相应，照眼花纷纭。
殷勤挑锦字，曲折读回文。更将无限思，织作雁背云。

《蚕织图·攀花》

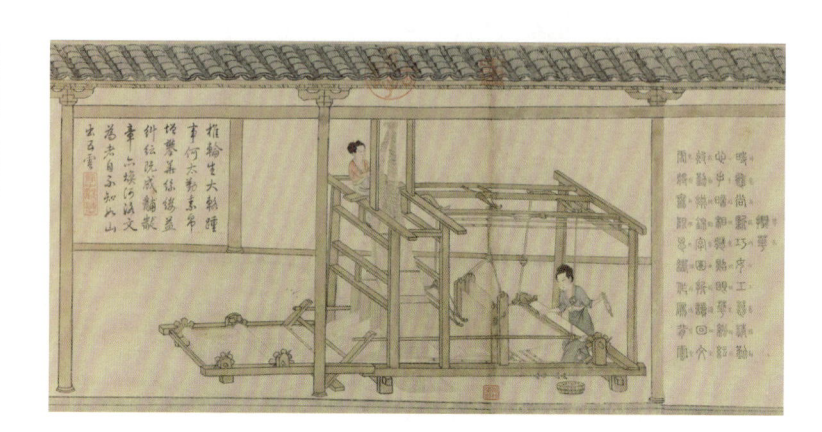

（二十四）剪帛

低眉事机杼，细意把刀尺，盈盈彼美人，剪剪其束帛。
输官给边用，辛苦何足惜。大胜汉缭绫，粉涴不再着。

《蚕织图·剪帛》

玉带桥刻石

叙录

《清朝通志·金石略》记载，清漪园尚有两方乾隆玉带桥诗刻石，皆为行书。具体位置不详。推测刻于玉带桥附近，著录于此，以待发现。

御制《沿湖岸过玉带桥》七言绝二首

湖口长桥锁玉河，常时桥下漾舟过。
肩舆偶欲循西岸，绿意回苏阅菜坡。

往来画舫每从河，今日初从桥上过。
写影一围真玉带，几曾印老赚东坡。

题解

诗题《沿湖岸过玉带桥》，载《清高宗御制诗集》三集卷六十三，乾隆丁亥年（乾隆三十二年，1767年）作。

御制《玉带桥》七言绝一首

长堤虽不姓髯苏，玉带依然桥样摹。
荡桨过来忽失笑，笑斯着相学西湖。

题解

诗题《玉带桥》，载《清高宗御制诗集》三集卷九十，乾隆庚寅年（乾隆三十五年，1770年）作。

振衣千仞之岡者跛足者婆娑大樹之下若鉤
膝者若深目者若癢耳者若哆口者獨立詭石
之側若方面者侶武羊腸之運若踈眉者曲
磥磈者若彈指者若碧眼者緋個豁谷之幽若
挺髀者若台背者若拳寧手者跏蹲碧岫之傍
若隆鼻者結伴峭蒨之叢若剖胸者若露肘者
若露齒者若宣舌者是皆得於金田及陁羅峯
之間凡十八金田者布金之田而陁羅者即所
云能持集種~善法云

颐和园内佛经与纪事石刻碑碣

万寿山经幢之一：《佛顶尊胜陀罗尼经》经幢

叙录

  万寿山两座经幢，原位于清漪园时期万寿山南、大报恩延寿寺中轴线两侧。幢身各刻《佛顶尊胜陀罗尼经》与《金刚清净经》，这是始自唐代的寺庙规制。石经幢各通高 7.43 米，八面各宽 0.46 米。幢座高 1.32 米，每面宽 0.59 米。

  两座经幢幸免于英法战火。光绪重建颐和园时，将两经幢移至万寿山北，须弥灵境基址中轴线两侧。东为《金刚清净经》幢，西为《佛顶尊胜陀罗尼经》幢。石面损坏严重，字迹漫漶不清。

万寿山经幢

佛顶尊胜陀罗尼经

［唐］罽宾沙门佛陀波利奉诏译

  如是我闻：一时薄伽梵在室罗筏，住誓多林给孤独园，与大苾刍众千二百五十人俱。又与诸大菩萨僧万二千人俱。尔时，三十三天于善法堂会。有一天子名曰善住，与诸大天游于园观。又与大天受胜尊贵，与诸天女前后围绕，欢喜游戏，种种音乐，共相娱乐，受诸快乐。

  尔时，善住天子即于夜分闻有声言："善住天子却后七日，命将欲尽。命终之后生赡部洲，受'七返畜生身'，即受地狱苦。从地狱出，希得人身，生于贫贱，处于母胎，即无两目。"

  尔时，善住天子闻此声已，即大惊怖，身毛皆竖，愁忧不乐。速疾往诣天帝释所，悲啼号哭，惶怖无计。顶礼帝释二足尊已。白帝释言："听我所说。我与诸天女，共相围绕，受诸快乐。闻有声言：'善住天子，却后七日，命将欲尽。命终之后，生赡部洲，七返受畜生身，受七身已，即堕诸地狱。从地狱出，希得人身，生贫贱家，而无两目。'天帝云何，令我得免斯苦？"

尔时，帝释闻善住天子语已，甚大惊愕。即自思惟："此善住天子，受何七返恶道之身？尔时，帝释须臾静住，入定谛观。即见善住，当受七返恶道之身。所谓'猪、狗、野干、猕猴、蟒蛇、乌鹫'等身，食诸秽恶不净之物。尔时，帝释观见善住天子当堕'七返恶道之身'。极助苦恼，痛割于心，谛思无计，何所归依？唯有如来、应、正等觉，令其善住，得免斯苦。"

尔时，帝释即于此日，初夜分时，以种种花鬘、涂香、末香。以妙天衣，庄严执持，往诣誓多林园，于世尊所。到已，顶礼佛足，右绕七匝。即于佛前，广大供养。佛前胡跪，而白佛言："世尊。善住天子，云何当受'七返畜生恶道之身'？"具如上说。

尔时，如来顶上，放种种光，遍满十方一切世界已。其光还来，绕佛三匝，从佛口入。佛便微笑，告帝释言：

"天帝。有陀罗尼，名为'如来佛顶尊胜'，能净一切恶道，能净除一切生死苦恼，又能净除诸地狱、阎罗王界、畜生之苦，又破一切地狱，能回向善道。

"天帝。此'佛顶尊胜陀罗尼'，若有人闻，一经于耳，先世所造一切地狱恶业，悉皆消灭，当得清净之身。随所生处，忆持不忘。从一佛刹至一佛刹，从一天界至一天界，遍历三十三天，所生之处，忆持不忘。

"天帝。若人命欲将终，须臾忆念此陀罗尼，还得增寿，得身口意净，身无苦痛，随其福利，随处安隐。一切如来之所观视，一切天神恒常侍卫，为人所敬，恶障消灭，一切菩萨，同心覆护。

"天帝。若人能须臾读诵此陀罗尼者，此人所有一切地狱、畜生、阎罗王界、饿鬼之苦，破坏消灭，无有遗余。诸佛刹土及诸天宫，一切菩萨所住之门，无有障碍，随意趣入。"

尔时，帝释白佛言："世尊。唯愿如来，为众生说'增益寿命'之法。"

尔时，世尊知帝释意心之所念，乐闻佛说是陀罗尼法，即说咒曰（咒语数十句，从略）。

佛告帝释言："此咒名《净除一切恶道、佛顶尊胜陀罗尼》，能除一切罪业等障，能破一切秽恶道苦。天帝，此大陀罗尼，八十八殑伽沙俱胝百千诸佛，同共宣说，随喜受持。大日如来，智印印之。

"为破一切众生秽恶道苦故，为一切地狱、畜生、阎罗王界众生，得解脱故。临急苦难、堕生死海中众生，得解脱故。短命薄福、无救护众生、乐造杂染恶业众生得饶益故。又此陀罗尼，于赡部洲住持力故，能令地狱恶道众生，种种流转生死薄福众生，不信善恶业、失正道众生等，得解脱义故。"

佛告天帝："我说此陀罗尼，付嘱于汝。汝当授与善住天子。复当受持读诵，思惟爱乐，忆念供养。于赡部洲，与一切众生，广为宣说此陀罗尼印。亦为一切诸天子，故说此陀罗尼印，付嘱于汝。天帝。汝当善持守护，勿令忘失。

"天帝。若人须臾得闻此陀罗尼，千劫已来积造恶业重障，应受种种流转生死，地狱、饿鬼、畜生、阎罗王界、阿修罗身、夜叉、罗刹、鬼神、布单那、羯咤布单那、阿波娑摩啰、蚊、虻、龟、狗、蟒蛇、一切诸鸟，及诸猛兽，一切蠢动含灵，乃至蚁子之身，更不重受。即得转生'诸佛如来一生补处菩萨'同会处生；或得大姓婆罗门家生；或得大刹利种家生；或得豪贵最胜家生。"

"天帝。此人得如上贵处生者，皆由闻此陀罗尼故。转所生处，皆得清净。

"天帝。乃至得到菩提道场，最胜之处，皆由赞美此陀罗尼功德。

"如是，天帝。此陀罗尼，名为'吉祥能净一切恶道'。此'佛顶尊胜陀罗尼'，犹如日藏摩尼之宝，净无瑕秽，净等虚空，光焰照彻，无不周遍。若诸众生，持此陀罗尼，亦复如是。亦如阎浮檀金，明净柔软，令人喜见，不为秽恶之所染着。"

"天帝，若有众生，持此陀罗尼，亦复如是，乘斯善净，得生善道。

"天帝，此陀罗尼所在之处，若能书写流通，受持读诵，听闻供养，能如是者，一切恶道，皆得清净，一切地狱苦恼，悉皆消灭。"

佛告天帝："若人能书写此陀罗尼，安高幢上，或安高山，或安楼上，乃至安置窣堵波中。天帝，若有苾刍、苾刍尼、优婆塞、优婆夷，族姓男、族姓女，于幢等上或见，或与相近，其影映身，或风吹陀罗尼等，幢上轻尘落在身上。天帝，彼诸众生，所有罪业，应堕恶道，地狱、畜生、阎罗王界、饿鬼界、阿修罗身，恶道之苦，皆悉不受，亦不为罪垢染污。

"天帝，此等众生，为一切诸佛之所授记，皆得不退转于阿耨多罗三藐三菩提。"

"天帝。何况更以多诸供具，华鬘、涂香、末香、幢幡盖等、衣服、璎珞，作诸庄严，于四衢道，造窣堵波，安置陀罗尼。合掌恭敬，旋绕行道，归依礼拜。

"天帝。彼人能如是供养者，名'摩诃萨埵'，真是佛子，持法栋梁，又是如来'全身舍利窣堵波塔'。"

尔时，阎摩罗法王，于时夜分，来诣佛所。到已，以种种天衣、妙华、涂香庄严，供养佛已。绕佛七匝，顶礼佛足，而作是言："我闻如来演说，赞持大力陀罗尼，故来修学。若有受持读诵是陀罗尼者，我常随逐守护。不令持者，堕于地狱。以彼随顺如来言教，而护念之。"

尔时，护世四天大王，绕佛三匝，白佛言："世尊。唯愿如来，为我广说'持陀罗尼法'。"

尔时，佛告四天王："汝今谛听，我当为汝，宣说'受持此陀罗尼法'。亦为短命诸众生说。当先洗浴，着新净衣。白月圆满十五日时，持斋，诵此陀罗尼，满其千遍，令短命众生，还得增寿。永离病苦，一切业障，悉皆消灭。一切地狱诸苦，亦得解脱。诸飞鸟、畜生，含灵之类，闻此陀罗尼，一经于耳，尽此一身，更不复受。"

佛言："若人遇大恶病，闻此陀罗尼，即得永离一切诸病，亦得消灭。应堕恶道，亦得除断。即得往生寂静世界，从此身已后，更不受胞胎之身。所生之处，莲华化生。一切生处，忆持不忘，常识宿命。"

佛言："若人先造一切极重恶业，遂即命终，乘斯恶业，应堕地狱，或堕畜生、阎罗王界，或堕饿鬼，乃至堕大阿鼻地狱，或生水中，或生禽兽异类之身。取其亡者随身分骨，以土一把，诵此陀罗尼二十一遍，散亡者骨上，即得生天。"

佛言："若人能日日诵此陀罗尼二十一遍，应消一切世间广大供养，舍身往生极乐世界。若常诵念，得大涅槃。复增寿命，受胜快乐。舍此身已，即得往生种种微妙诸佛刹土，常与诸佛俱会一处。一切如来，恒为演说微妙之义。一切世尊，即受其记，身光照曜一切刹土。"

佛言："若诵此陀罗尼法，于其佛前，先取净土作坛，随其大小，方四角作。以种种草华散于坛上。烧众名香。右膝着地胡跪。心常念佛。作'慕陀罗尼印'。屈其头指，以大母指押，合掌，当其心上。诵此陀罗尼，一百八遍讫。于其坛中，如云王雨华。能遍供养八十八俱胝殑伽萨那庾多百千诸佛。彼佛世尊，咸共赞言：'善哉。希有。真是佛子。'即得'无障碍智三昧'。得'大菩提心庄严三昧'。持此陀罗尼法，应如是。"

佛告天帝："我以此方便，一切众生应堕地狱道，令得解脱。

一切恶道，亦得清净。复令持者，增益寿命。天帝。汝去将我此陀罗尼，授与善住天子，满其七日，汝与善住，俱来见我。"

尔时，天帝于世尊所，受此陀罗尼法，奉持还于本天，授与善住天子。

尔时，善住天子受此陀罗尼已，满六日六夜，依法受持，一切愿满。应受一切恶道等苦，即得解脱，住菩提道。增寿无量，甚大欢喜。高声叹言："希有如来！希有妙法！希有明验！甚为难得，令我解脱。"

尔时帝释，至第七日，与善住天子，将诸天众，严持华鬘、涂香、末香、宝幢、幡盖、天衣、璎珞，微妙庄严，往诣佛所，设大供养。以妙天衣，及诸璎珞，供养世尊，绕百千匝，于佛前立，踊跃欢喜，坐而听法。

尔时世尊，舒金色臂，摩善住天子顶，而为说法，授菩提记。

佛言："此经名《净除一切恶道佛顶尊胜陀罗尼》，汝当受持。"

尔时，大众闻法欢喜，信受奉行。

题解

该经简称《尊胜陀罗尼经》《尊胜陀罗尼》《尊胜经》，译于唐高宗时期。经文缘起印度僧人佛陀波利赴五台山朝拜，途遇文殊菩萨化老人指引取经的故事。经中讲述：只要将经文刻写在石幢上，或置于山上，或楼上，不仅造幢者可以获益，就连路人经过看见，或是靠近，或是影映，或幢上微尘落其身上，都会获得护佑加持。

因此《尊胜陀罗尼经》在全国风靡一时，各寺院争相建造经幢，开各类经文刻幢之先河。经幢位置也常常靠近路旁。明成祖朱棣曾为《佛顶尊胜陀罗尼经》撰写序文，赞扬其无量功德。本经幢原安置于万寿山山南的中心位置，有着普度众生，消灾延寿之意。据《乾隆大藏经·大乘五大部外重译经》第 0345 部著录。

万寿山经幢之二：《佛说金刚三昧本性清净不坏不灭经》经幢

万寿山经幢

佛说金刚三昧本性清净不坏不灭经

失译经人名

如是我闻：一时，佛在毗耶离国大林精舍重阁讲堂，与大比丘众五千人俱。尊者摩诃迦叶、尊者舍利弗、尊者大目揵连、尊者摩诃迦旃延等众所知识。菩萨摩诃萨万八千人俱。其名曰：文殊师利菩萨、梵德菩萨、光德菩萨、星德菩萨、师子王菩萨、师子藏菩萨、妙音声菩萨、白香象菩萨、金刚幢菩萨、解脱月菩萨、须弥相菩萨、弥勒菩萨摩诃萨，皆如是等上首者也。他方复有慧德菩萨、星德菩萨、常庄严菩萨、普光菩萨、普贤菩萨、满月菩萨、观世音菩萨、大势至菩萨、妙音菩萨、虚空藏菩萨、净音声菩萨，如是等菩萨摩诃萨万八千人俱。梵、释、护世天王、无数天子俱。难陀龙王、跋难陀龙王，与四大龙王及其眷属百千诸龙，各持如意珠王，以供养佛。乾闼婆王、阿修罗王、迦楼罗王、摩睺罗伽王、大力鬼王，各与眷属其数无量，持坚黑沉水及海此岸栴檀杂香，供养于佛。他方梵王名曰广目，与思益网明十千梵俱，持天曼陀罗华、摩诃曼陀罗华，以散佛上及诸大众。诸梵所散微妙天华，柔软鲜明，甚可爱乐，当于佛上化成华帐，显发光饰重阁讲堂，犹如净国七宝庄严。

尔时，世尊从精舍出，往诣法座，自敷尼师坛，结跏趺坐，入灭意三昧，身心不动；从灭意三昧起，入师子吼意三昧；从师子吼意三昧起，入师子奋迅王三昧；从师子奋迅王三昧起，入大光明王三昧；从大光明王三昧起，入大悲王相三昧；从大悲王相三昧起，入无缘慈想三昧；从无缘慈想三昧起，入胜意慈三昧；从胜意慈三昧起，入大空三昧；从大空三昧起，入如相三昧；从如相三昧起，入解脱相三昧；从解脱相三昧起，入不坏不灭王三昧；从不坏不灭王三昧起，入金刚三昧；从金刚三昧起，入大空涅槃相三昧。

尔时，世尊从诸三昧起，遍身放光。其光如云，入佛面门，从佛顶出，如金刚幢住于虚空，普照大会及毗耶离城重阁讲堂，犹白宝色。一切大众睹此相时，弥勒即从坐起，偏袒右肩，绕佛七匝，顶礼佛足，右膝着地，而白佛言："世尊，如来大仙，今日何故入胜三昧，光明益显昔所未有？必当为诸法王子说法王位、法王地行！云何菩萨摩诃萨住首楞严三昧？以何庄严，以何方便，修何智慧得住金刚三昧，即得成就阿耨多罗三藐三菩提？"

是时，大众闻弥勒菩萨问佛此义，皆大欢喜，异口同音，赞弥勒菩萨："善哉！善哉！法王子，乃能问佛如是大义。"

尔时，世尊告弥勒菩萨："谛听！谛听！善思念之，今当为汝分别解说，菩萨所行功德地法。初地菩萨，犹如初月光明未显，然其明相皆悉具足；二地菩萨如五日月；三地菩萨如八日月；四地菩萨如九日月；五地菩萨如十日月；六地菩萨如十一日月；七地菩萨如十二日月；八地菩萨如十三日月；九地菩萨如十四日月；十地菩萨如十五日月，圆满可观明相具足，其心淡泊安住不动，不没不退住首楞严三昧。菩萨住首楞严三昧已，如月天子十宝为宫，生十宝树，月精摩尼以为树果；此珠力故，月天子宫行阎浮提，普施清凉；菩萨摩诃萨住首楞严三昧亦复如是。"

"弥勒当知，菩萨摩诃萨住首楞严三昧已，修百三昧门，然后乃入金刚三昧。何等为百？一者性空王三昧，二者空海三昧，三者空界三昧，四者灭空意三昧，五者大空三昧，六者不住空相三昧，七者不见心相三昧，八者智印空相三昧，九者虚空不住相三昧，十者空王不坏灭相三昧，十一者大强勇猛力王三昧，十二者华严三昧，十三者普现色身光明王三昧，十四者日光三昧，十五者日藏三昧，十六者日光赫奕三昧，十七者普日三昧，十八者集音声三昧，十九者默然光三昧，二十者灭境界相三昧，二十一者动相三昧，二十二者大动相三昧，二十三者遍动相三昧，二十四者普遍动相三昧，二十五者普踊三昧，二十六者普吼三昧，二十七者普庄严三昧，二十八者师子相三昧，二十九者师子力王三昧，三十者师子吼力王三昧，三十一者日耀三昧，三十二者慧炬三昧，三十三者普门三昧，三十四者莲华藏三昧，三十五者不坏净三昧，三十六者灭度意三昧，三十七者宝印三昧，三十八者动魔相三昧，三十九者坚住诸空相三昧，四十者普灭意三昧，四十一者起静意三昧，四十二者庄严相好三昧，四十三者法王位明三昧，四十四者法轮现三昧，四十五者金刚藏三昧，四十六者金刚幢三昧，四十七者金刚印三昧，四十八者金刚聚三昧，四十九者大慈王三昧，五十者无行慈三昧，五十一者大悲胜意三昧，五十二者不住悲相三昧，五十三者日轮光明三昧，五十四者灭众相降伏众魔三昧，五十五者胜意慈三昧，五十六者琉璃光照三昧，五十七者七宝果光三昧，五十八者佛集藏三昧，五十九者功德满胜三昧，六十者方便慧三昧，六十一者无慧相三昧，六十二者大海光三昧，六十三者佛海满三昧，六十四者普海三昧，六十五者海智三昧，六十六者不动慧三昧，六十七者过去佛印三昧，六十八者集陀罗尼三昧，六十九者陀罗尼印绶三昧，七十者八辩才三昧，七十一者具梵音三昧，七十二者白毫海三昧，七十三者智慧光三昧，七十四者黠慧三昧，七十五者诸佛印文三昧，七十六者白光踊出光明王三昧，七十七者方便慧净首楞严三昧，七十八者须弥顶三昧，七十九者梵顶三昧，八十者众通光三昧，八十一者通慧光三昧，八十二者甘露胜三昧，八十三者净五眼三昧，八十四者天眼印三昧，八十五者慧眼印三昧，八十六者法意珠三昧，八十七者虚空色三昧，八十八者心不着三昧，八十九者灭言说三昧，九十者无心意三昧，九十一者戒具慧三昧，九十二者顶胜士三昧，九十三者调御意三昧，九十四者不见慧三昧，九十五者断十二因缘三昧，九十六者金刚光慧三昧，九十七者摩尼焰三昧，九十八者金刚坐显现三昧，九十九者法轮王吼力三昧，一百者受法王印三昧。弥勒当知，此百三昧如摩尼珠光光相照，随入首楞严三昧海。菩萨摩诃萨住此百三昧已，所有智慧如空中日，诸烦恼海如微烟障。"

"弥勒当知，如阿耨大池出四大河，此四大河分为八河，及阎浮提一切众流皆归大海，以沃燋山故大海不增，以金刚轮故大海不减。此金刚轮随时转故，令大海水同一碱味，此百三昧亦复如是。弥勒当知，如转轮王，以十善力故，七宝来应。其金轮宝，威德特尊普伏一切；其神珠宝，适众生愿随意无碍；以千子故，威猛庄严。此转轮王若欲行时，足下生毛蹑虚而游，有十宝华以承王足。弥勒当知，此百三昧，从道种智十波罗蜜生，安隐不去，亦复不住，寂静无为，住尔焰地。此尔焰地不熏不修，自然当得八万四千诸三昧门。此诸三昧，如金刚山不可沮坏，毕竟住于大空边际，亦复游入无相法界，于诸法中不见来去及住灭相。其心寂然，即得超入金刚三昧。此金刚三昧，如梵王顶上因陀罗宝珠，不见色相而有光明，金刚三昧不见使海及使边际。"

"弥勒当知，如自在天所有火珠，无形无相，但有光明柔软可爱，能雨香华适诸天意；复能显发金色光明，映蔽一切诸天身光。弥勒当知，此火珠光无心无识，欲破于暗；以珠力故，暗自然灭，诸天身色明倍于常。金刚三昧亦复如是，不灭结使，使海自竭；不断生死，三毒自灭。弥勒当知，譬如力士额上明珠及肘后珠，常以咒术隐蔽此珠不令他见。金刚三昧大光隐寂，不见结使，使山自崩；不观烦恼，灭四大种，诸爱河竭，无常风断。弥勒当知，如师子王振威大吼，一切众兽自然摧伏。金刚三昧，从毗婆舍那出，入舍摩他中。如金刚剑，入金刚山不见其迹。是金刚三昧，不住不起，不灭不坏，不断不异，不脱不变，入慧明性举起甚深一合相智，不见身心法，然后成阿耨多罗三藐三菩提。此菩提智，不离不生，无有众相，不可沮坏，如金刚山无能倾动。金刚三昧，不退不没，入于毕竟大寂灭处，游戏自在三昧海中。诸佛如来以此三昧王、三昧力故，普至一切诸空法界，而能游戏圣解脱处。"

佛说此语时，弥勒菩萨应时即得百法明门。时会大众诸菩萨等，身心欢喜，有得首楞严三昧，有得百法明门者，其数无量。梵释护世诸天子，雨诸天华作众伎乐，以供养佛。大众异口同音赞叹弥勒菩萨："善哉！善哉！善男子，乃能问于如来如是无上大智慧义。我等因汝得服无上甘露法味，获大善利。唯愿尊者为我咨问，未来众生闻此法者，得几所福？"

佛告大众："谛听！谛听！善思念之，乃往过去九十一劫，有佛世尊名曰宝华，十号具足。时宝华佛为诸菩萨，广说如是百三昧门。彼时会中有千比丘，闻佛世尊说是三昧，身心随喜；以随喜善根因缘力故，超越五百万亿阿僧祇劫生死之罪。彼时千比丘，岂异人乎？于今贤劫，千佛是也。"

佛告大众："佛灭度后，若比丘、比丘尼、优婆塞、优婆夷，天龙八部及余一切，若得暂闻佛胜智慧，深心随喜，不起诽谤，于百千劫终不堕三恶道，生生之处恒得值遇诸佛菩萨以为眷属。若闻此法不起疑谤，命终之后必定得生兜率天上，属值弥勒闻说甚深不退转地法轮之行。若有受持读诵，解说书写，香华伎乐种种供养；此诸人等临命终时，若能至心念佛法身，应时即见九十亿佛俱来授手，随意往生诸佛净国，游戏自在诸三昧海。"

佛告弥勒，及敕阿难："汝好受持，慎勿忘失！乃至法灭，当广宣说！"

阿难白佛言："世尊，当何名此经？此法之要云何奉持？"

佛告阿难："此经名为《百三昧海不坏不灭》，亦名《金刚相寂灭不动》，亦名《金刚三昧本性清净不坏不灭经》，当奉持之。"

佛说此语时，舍利弗等诸大声闻，弥勒等诸大菩萨，天龙八部一切大众，皆大欢喜，礼佛而退。

题解

《佛说金刚三昧本性清净不坏不灭经》简称《金刚清净经》，据《乾隆大藏经·大乘单译经》第 0409 部著录。乾隆皇帝曾抄写《清净经》刻石于静宜园。至于本经幢抄写者，未见记录。

万寿山佛经图碑之一：《金刚经塔》

叙录

清漪园时期，延寿寺大雄宝殿左右前方立有两方佛经图碑，覆以碑亭。东碑刻《金刚经塔》，西碑刻《心镜图》，皆为乾隆御笔行书，作于乾隆庚辰年（乾隆二十五年，1760年）。同时还刻有两首乾隆诗篇，《大报恩延寿寺志过诗》《御制大报恩延寿寺瞻礼诗》，具体位置不详。经英法战火残存，后不知去向。

万寿山佛经图碑

（御书）《金刚经塔》

题解

《金刚经》为《金刚般若波罗蜜经》的简称。除读诵受持之外，书写经文亦为功德修行之法。将此经用小楷抄写，以句行为线条，最后组成宝塔图案，称作"金刚经塔"，常常刊刻于碑石、经书、条幅上。其形象可参见静宜园香山寺石屏风中间石刻，刻于乾隆十年（1745年）。

《金刚般若波罗蜜经》为大乘般若类经典，在梵语中，金刚意指"锐利、摧毁一切"。般若，则指"智慧"。此经乃是摧毁愚昧，得到智慧的典籍。

经文载《乾隆大藏经》第十六册第0010部，此处从略。

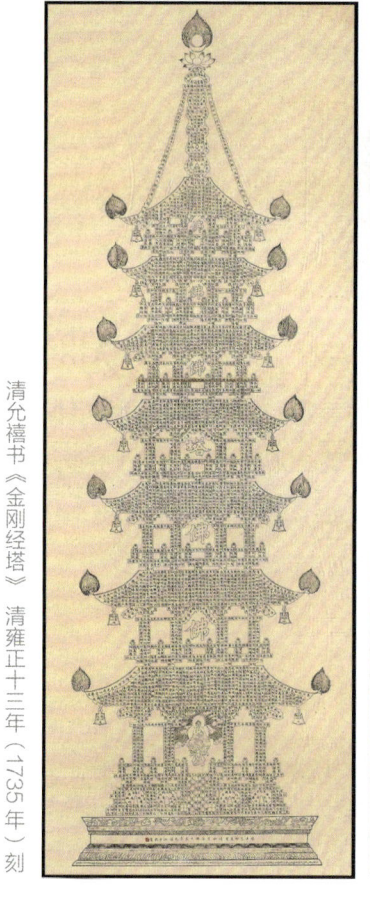

清允禧书《金刚经塔》 清雍正十三年（1735年）刻

香山寺石屏风　经塔刻石

香山寺石屏风　经塔刻石

清乾隆御制顾绣《金刚经塔》

香山寺石屏风 局部 乾隆御书《金刚经》塔 乾隆十一年（1746年）刻

万寿山佛经图碑之二：《心镜图》

万寿山佛经图碑

（御书）《心镜图》

题解

《心镜图》又称《华严心镜图》。将抄写的《华严经》字句组成圆形佛光图案，为《大华藏庄严世界海》多种图解形式之一。常刊刻于碑石、经书、条幅上。故宫博物院藏有《弘历楷书华严心镜图》拓片轴。

《华严经》全称为《大方广佛华严经》，也称《杂华经》，是佛教重要经典，也是华严宗的立宗之典。该经认为世界是毗卢遮那的显现，一微尘映世界，一瞬间含永远。万寿山佛寺布局也受其影响。经文载《乾隆大藏经·大乘华严部》第 0084 部，此处从略。

万寿山五百罗汉堂碑

叙录

立于清漪园五百罗汉堂东侧，躲过英法联军战火，现位于清华轩东院、歇山三楹敞轩内。碑长方形卧式，长边南北摆放。通高 2.09 米，长 2.21 米，厚 1 米。四面皆为乾隆御笔，西壁为《五百罗汉堂记》，南为《平定准噶尔勒铭伊犁之碑》，北为《平定准噶尔后勒铭伊犁之碑》，东为《西师诗》。

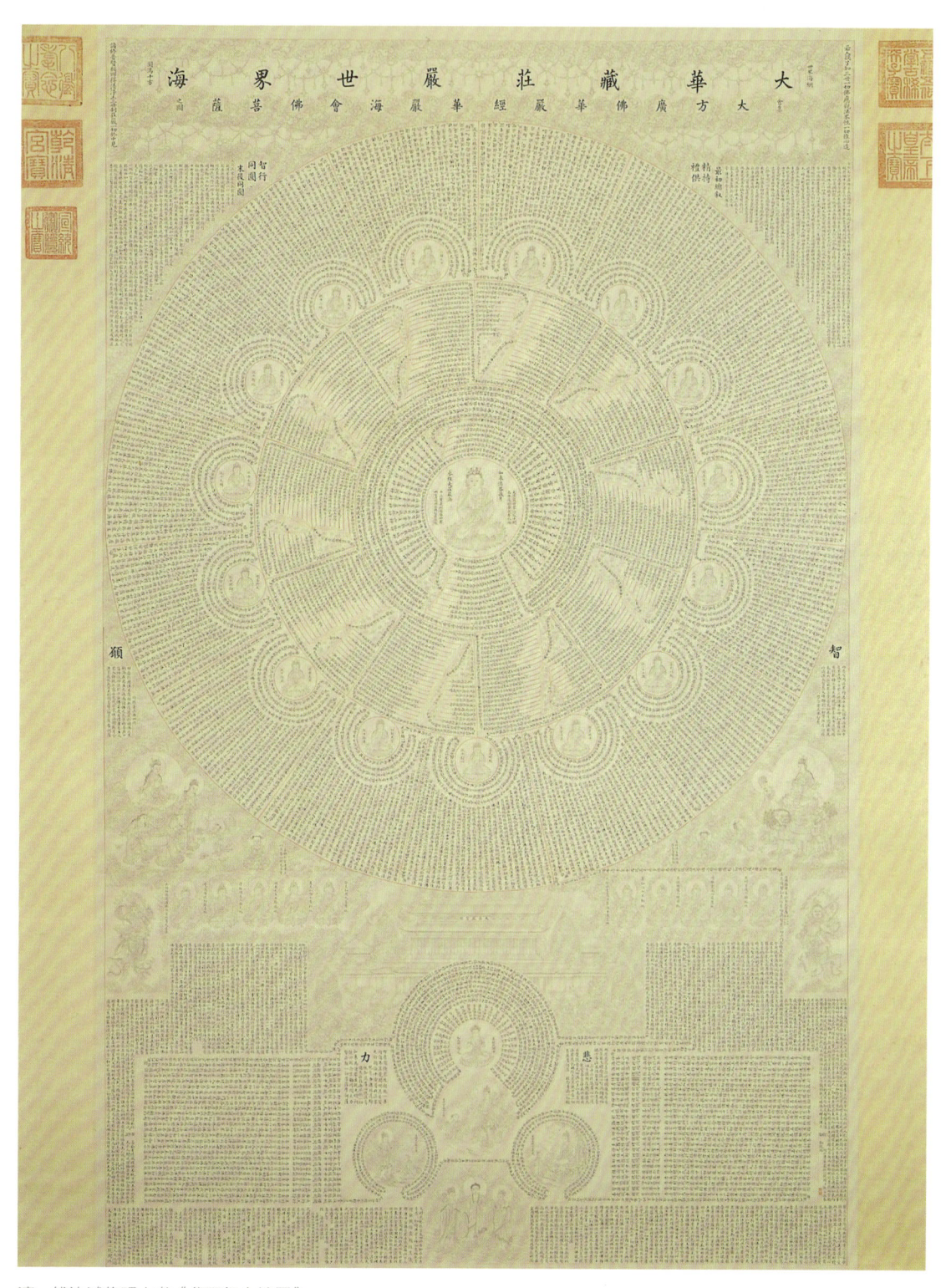

清·钱汝诚临明人书《华严经心镜图》

五百罗汉堂碑西侧刻字

万寿山五百罗汉堂记

调御丈夫作天人师，世出世间，示权变法以度众生。得其门而入其室者，自小乘进至四果，方得谓之罗汉。故《楞严经》富楼那言：我于佛前助佛转轮，因狮子吼，成阿罗汉十六应真之号。诸经皆有，而大论则云：五千罗汉，一其力最大。《金刚经》须菩提言：世尊，我若作是念，我得阿罗汉道。世尊则不说须菩提，是乐阿兰那行者。是知五千不为多，十六不为少。

五百罗汉堂记之作，抑亦概于是乎？昔苏东坡有《荐诚禅院五百罗汉记》，其言曰：僧应言将造五百罗汉于钱塘，而载以归。夫罗汉何处不可造，而必钱塘乎？及辛未南巡至浙若云林、若净慈，无不有五百罗汉之堂，乃知五百之名，始自钱塘其来久矣。归而万寿山之大报恩延寿寺适成，寺之西有隙地，因命筑堂以肖钱塘。第云林、净慈皆五百列坐，斯乃置山林溪涧宫殿，其中俾步以入者，后先左右与袈裟钵锡之侣相周旋，若夫行住坐卧，不

五百罗汉堂碑

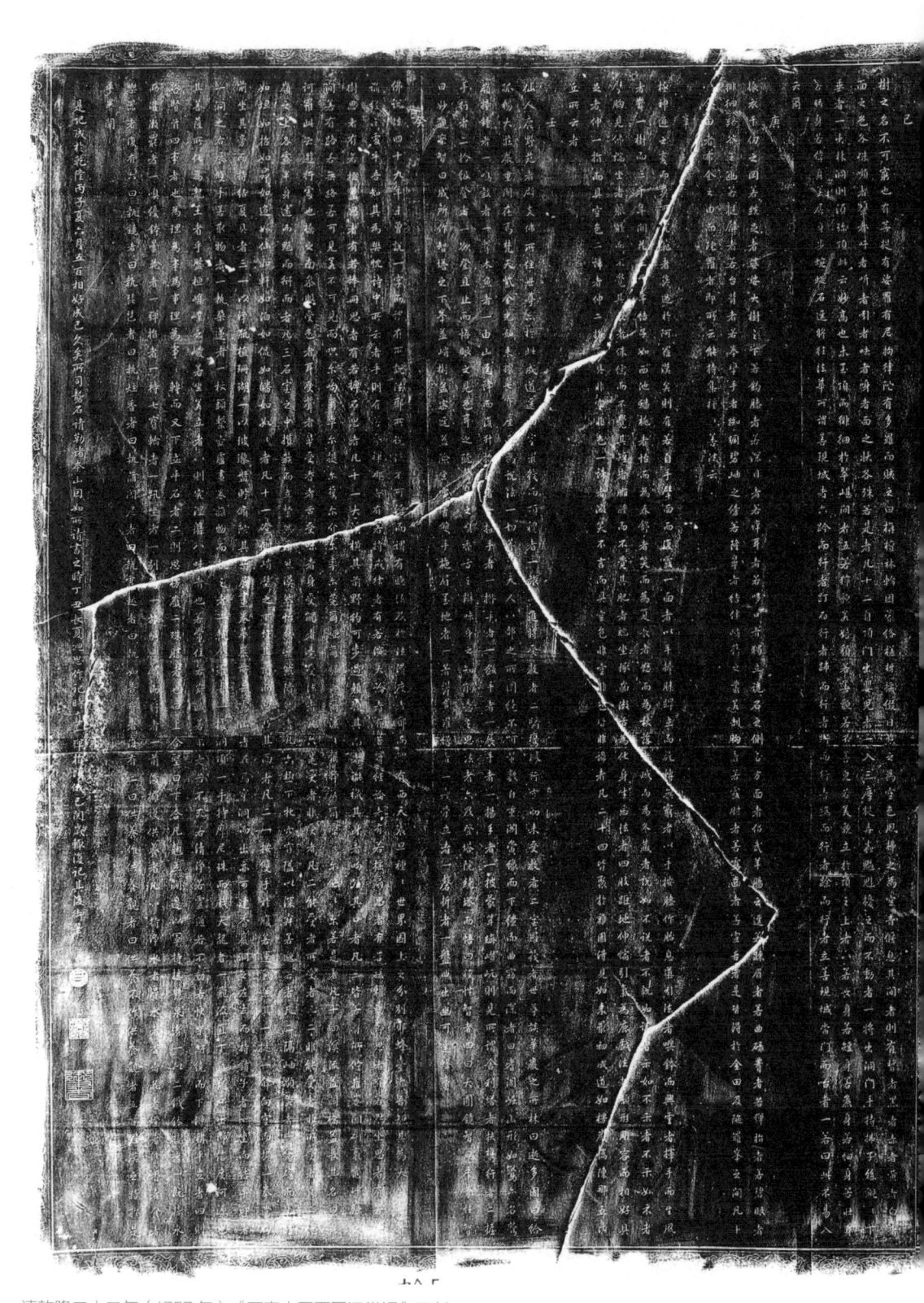

清乾隆二十二年（1757年）《万寿山五百罗汉堂记》石刻

拘一律，又非尽跏趺之死灰槁木已也。于诸境界各取梵经所载，以标其名，而五百人者，不复一一为之安名立字，所为不即不离，如是如是而已。

甲

祇树园者，《金刚经》所云，佛在舍卫国祇树给孤独园，与大比丘等说法之所也。以杖锡担棕毛坐具者一，执如意者一，执卷轴者一，肩杖履若达摩者一，执经册者一，矮而携筇竹以行者一，皆若欲入园门而往听法然者。

门之内步崖侧者一，踞石坐者一，立峰顶而向下窥者一。峰回路转而为狮子窟，所为善狮子吼施无畏声者。是以手指云径，似示人以路者一，合十只手而执灵寿杖者一，拂而左钵而右立于两傍者二，崖之巅抱膝而坐者一，以手指地若谘启者一，摇手者一，憩树下者一。

涧旁嵌穴而露半身者、捻数珠者、回首顾者、将前却者、闭双目者、嗒然笑者、倚杖坐者、竖一指者、手擎卷者、坐抚膝者、披经示者、瞪目观者、手挥拂者、俯流泉者、顾而问者，凡十五。

涧之彼岸，荷禅杖飞行为撒手悬崖者一。徐而步者、负囊者、走且顾者、二人持一杖者、嗅天花者、振锡者、为思想者，凡八。而狮子窟之事略毕。

乙

过狮子窟则为须夜摩洞。须夜摩者，此云善时分也。洞之内坐而手持桃者，立而合掌者，袖手者，问讯者，凡四。见于岩之穴者三，或捧腹，或盘陀，或抚石状。各别引双手者一，挂木杖者一，玲珑峰之内或见半身，或见其首者二。垂膝坐而磕睡者，指经册若参究者，奉香炉者，笠而执拂者，持经函者，侧而撼石坐者，擗窣堵波者，凡七。

河之中立而拟双手者一，立揽双手于胸者一，河之裔端坐持斫讫罗于胸前者一，执杖为龙飞去者一，前而行后而附其臂者凡二，又前而却视者一。坐石窟者、立其侧者、挪揄者、凝目视者，凡四。舞铙钹者二，坐而观空者二。

洞之右为阿伽桥。阿伽，此云水也。桥之北闭目而坐于峦岫间者一，拱双手而立者一，执如意行者一，支隙弃罗行者一。隐现而见于峰隙石旁若笑、若戚、若语、若默者，凡四。抱膝坐而回睇者一，双拳手者一，挈杖且扶及所扶者二，合掌立者一，按手仰视山腰者一，俯而若答者二，度桥而南扶智杖偏袒两肩者一，合掌者一，托键金咨者一，坐岭上挺右臂摘星者一，振德杖者一，持应器对语者二，怒者、喜者、欠伸者、垂膝者、垂头者，凡五。

提钵塞莫者一，步屧涧道者一，伛偻者一，振铎者一。转而右坐阿楼那崖，钵中生青莲花者一，立其侧者二，崖之畔举一指出乾闼城者一，若指人以正路者一，袒裼双臂若掷拂子者一，抚膝不语者一。立而问者、疑者、对者、是者、非者、服者、不服者、自思者，凡八。过此而为摩偷地矣。

丙

经云：三天有摩偷地，在须弥四陲住。于是而证四果，曰须陀洹，曰斯陀含，曰阿那含，曰阿罗汉者，凡四。参六波罗蜜，曰布施，曰精进，曰持戒，曰忍辱，曰禅定，曰智慧，而各执一义者，凡六。参六种性，曰习种，曰长养，曰性种，曰不可坏，曰道种，曰正法，而各执一义者，凡六。

于六波罗蜜而不住者一，于六种性而善离者一，窈然而深处于摩诃窝者三。摩诃有三义，谓大多胜。各持一义而究之出石洞立而若有迟者一，坐而竖天龙指者一，并肩行者二，接武行者三，揎拳作相扑者二，立而观者二，背而弗观者一，共语者二，以屈胸拭背者二。

转而为徒多桥，《西域记》所云冷河者也。立此岸而振九连环杖者一，着僧伽梨而乘马于河中者一，牵者一，向而顶礼于此岸者一，右膝着地举一手启请者一，彼岸卓立翠微者一，趺而擿钵多罗者一。摇扇者、戏狮子者、挥尘尾者、握莲花者、数阿唎咤迦者、支颐者，凡六。立水中壶卢上者一，桥之右立水中石砥者一，浴者二，将浴者三，浴罢者二，持净瓶者一，双手抖擞数珠者一，见于丛樾间或肥，或瘠，或肥瘠适中者三，峣峰拔起而立于最高处者一，欹仄以下得稍平可立二人：一老者，一壮年者。

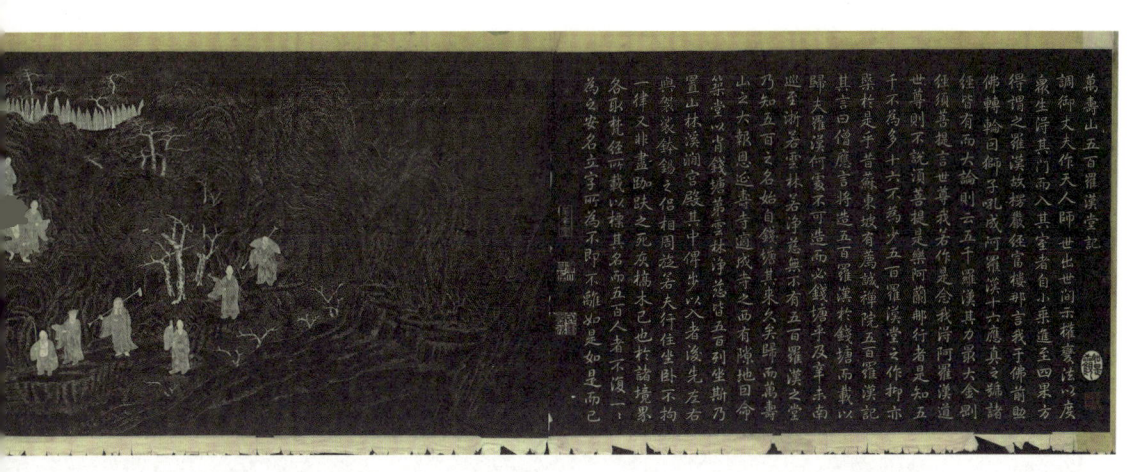

清漪园五百罗汉拓片（甲），国家图书馆藏

清漪园五百罗汉拓片（乙），国家图书馆藏

又缘而下，地遂广。把花篮者、戴箬笠者、承贝叶者、骑白象者，凡四。绵谷沿缘以进，趋步、徐步、连步、展步者，亦四。却望而俟之者二，将为五体投地顶礼者一，合掌为恭敬者三，此则弥楼前或至，或未至者。弥楼者，此云光明七金山，法华谈经之所，因以天竺紫金光如来像供之。

楼之背峭壁千寻，不可上下，一石撑涧底而亘立于云霄，是则砥柱也已。柱之旁一须者，一不须者，须者拍不须者肩，而不须者枝月牙杖云。

丁

岈然洼然，尺寸千里，迥不可穷，宏不可概者，曰兜率陀。兜率陀者，妙足之谓也。宴坐而谈四大者四：曰地、曰水、曰火、曰风。遥向望而瞻礼者二，促膝坐而谈二，白法者二：曰惭、曰愧。独坐而究无生者一，以拂拂之者一，展瞿修罗而视之者二。为食施五福相者五：曰富、曰寿、曰颜泽、曰多力、曰身安。参楞伽三种波罗蜜者三：曰世间、曰出世间、曰世出世间。参圆觉三无碍法界者三：曰静、曰幻、曰寂。

清漪园五百罗汉拓片（丁），国家图书馆藏

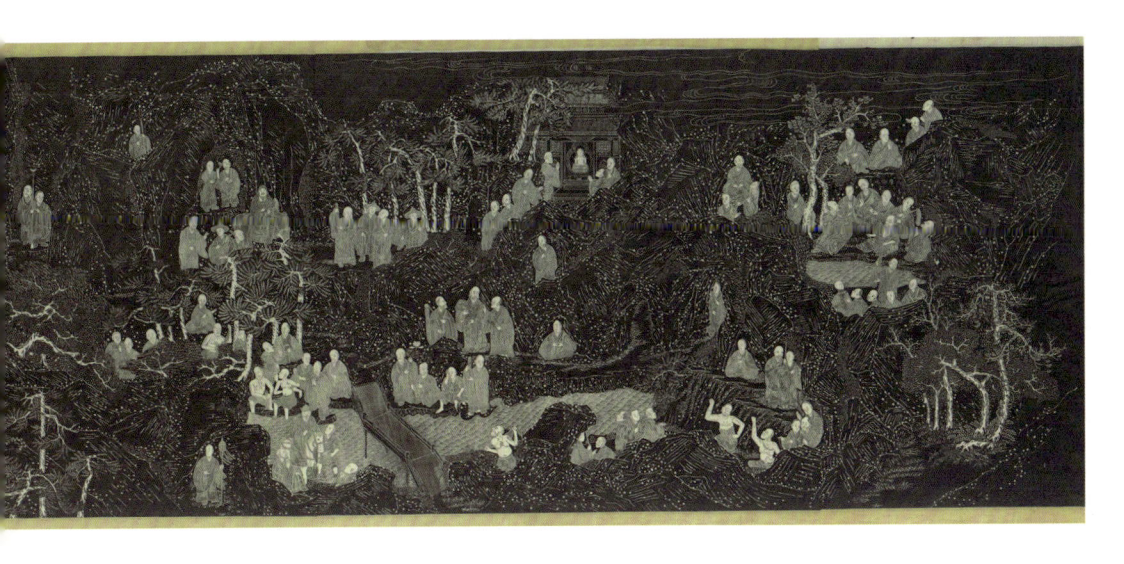

清漪园五百罗汉拓片（丙），国家图书馆藏

戊

兜率陀之南则功德池。八功德水出，佛摄受经往而浴者，凡十三：执珊瑚者、徒步者、曳杖者、走而却者、擎壶卢中出蜃气者；疾足、蹑足、跣足、举足行者；拥膝、盘膝、侧膝、扣膝憩者。

池彼岸为坻、为屿，高下相错，坐而抚雄狮者一，促膝观者一，独坐止观者一。立而证三种罗汉果者三：曰慧解脱，曰俱解脱，曰无碍解脱。戏子母虎者一，扬拳欲搏之者一，拒而止之者一。坐池边参华严六相者六：若总相，若别相，若同相，若异相，若成相，若坏相。杖而将至溪边者一，伸左臂其长不可量而入水捉月者一，坐其侧观者一。

横溪则为信度桥，所为菩萨化为龙王流出信度河者。是桥之西坐而只手持轮者一，桥之东坐穹洞劈腹见佛相者一。向而作礼者六：赞之、叹之、悲之、欣之、敬之、慕之，情不一。背而立者一。洞之阴借草坐石者四：振衣者、举扇者、闭目入定者、击击子蛞之者，状不一。

转而南则为香岩。步岩洞将出者一，旃檀功德佛相在焉。合

清漪园五百罗汉拓片（戊），国家图书馆藏

掌作礼者一。执经者、执法供者、执七宝如意者，凡三。欹嵜旁出，坐深穴中者二，若不知有佛者，然其知之乎？其不知之乎？吾安得而知之？

己

树之名不可穷也，有菩提，有娑罗，有尼拘律陀，有多罗，而赅之曰：栴檀林。轮囷蒙络，槎枒摇缀。日照之为空色，风拂之为空音。偃息其间者，则有皙者、黑者、赤者、黄者、白者。面之色各殊；嚬者、矉者、吁者、听者、呐者、咭者、呻者。面之状各殊，若是者凡十二。自顶门出婴儿者一，入三摩提毒虫螭魅扰之而不动者一，将出洞门手持拂子丝视觋下垂者一。

出林洞则须弥顶，此云妙高也。未至顶而徘徊于翠巘间者五：若狞貌、若嬉貌、若善貌、若不善儿、若美貌。立于顶之上者八：若长身，若短身，若粗身，若细身，若壮身，若弱身，若伟身，若孱身。步蜿蜒石径，将往法华，所谓善现城者六：趽而行者，趷而行者，跣而行者，跰而行者，跻而行者，踒而行者，立善现城当门而哈者一，若曰：此不易入云尔。

庚

振衣千仞之冈，若跣足者；婆娑大树之下，若钩膝者，若深目者，若痒耳者，若哆口者；独立诡石之侧，若方面者，侣武羊肠之径，若疏眉者，若曲碌腰者，若弹指者，若碧眼者；徘徊溪

清漪园五百罗汉拓片（己），国家图书馆藏

清漪园五百罗汉拓片（庚），国家图书馆藏

谷之幽，若挺臂者，若台背者，若拳挛手者；踟蹰碧岫之旁，若隆鼻者；结伴峭茜之丛，若剖胸者，若露肘者，若露齿者，若宣舌者；是皆得于金田及陀罗峰之间凡十八。金田者布金之田，而陁罗者，即所云能持集种种善法云。

辛

极神通之变而莫可究范者，莫过于阿罗汉矣。则有若自手擘面而复露一面者，以手捧膝足早立而旋转无穷者，以手按膝作胎息导引法者，噀钵而兴云者，挥手而生风者，擎一树而三千年开花，三千年结子，如西池蟠桃者怡而为春舒者，笑而为夏长者，怒而为秋落者，戚而为冬藏者，说如不说者，不说如说者，示如不示者，不示如示者，擘胸见佛端坐者，㝃㝩而不觉其长者，侏儒而不觉其短者，臃肿而不觉其肥者，端坐琢齿漱舌为化身坐忘法者，四

清漪园五百罗汉拓片（辛），国家图书馆藏

肢距地伸缩引气为鹿戏法者，颏形雕容而相好具足者，伸一指而具空色二谛者，伸二指而具非空非色一谛者，微笑不言而具空色、非空非色皆非谛者凡二十四。皆聚于鸡园得见如来，最初成道，如楞严憍陈那五比丘所云者。

壬

仙人鹿野苑者，辟支佛所住，世尊亦于此成道。遥向室罗筏而顶礼者一，旅而进将受教者二，骑鸾凤行空而来受教者二。室罗筏者，世尊谈华严之所，林曰逝多园，曰给孤独，大庄严重阁在焉。梵天紫金光，如来据七宝座而为说法，一切菩萨天人八部之所，围绕不可量数。

自重阁夤缘而下，缭而曲、窈而深者，曰耆阇崛。山形如鹫，亦名鹫岭。撞钟者一，鸣鼓者一，击木鱼者一，由山径降而复升招手者一，摇手者一，攥手者一，敛手者一，展手者一，扬手者一。

披蒙茸，跻巘岉，则见所谓舍利塔者。扶携行者二，握手行者二，拾级登者一。欲登且止而悟，眼之见色，耳之听声，鼻之嗅香，舌之辨味，身之知触，意之思法者六。及登塔院，绕塔而悟四种性智者四：曰大圆镜智，曰平等性智，曰妙观察智，曰成所作智。塔之下，峰益峭，树益密，径益险。坐云窦双手拖眉至地者一，着郁多罗缯者一，瘦骨立者一，磬折者一，盘曲出幽可达蜂台。

清漪园五百罗汉拓片（壬），国家图书馆藏

癸

佛说法四十九年，未曾说一字。而谓有所说法耶？所说法不可得，而谓有听法及于法得度者耶？而谓有西天震旦，种种世界国土之分别耶？蜂台者，吾知其为天竺，世尊诵经之处乎？吾知其为樊忱诗中所云者乎？则有若参禅那者，有若持戒律者，有若演大论者，有若译经论者，有若摇扇思者，有若扶刺竭节思者，有若默坐思者，有若倚树思者，有若掇篮思者，有若捧册思者，皆有若手甲掘石思者，凡十一。

大溪横其前野，约可步过。颒颢其面者，襊襫其身者，呴嘘其口者，凡三。皆若有所亿，摧娄同砢，同窕冲融之间，若有路，若无路，若可见，若不可见，若呎尔、响尔、卓尔、提尔、携尔、介尔、率尔、莞尔、哑尔、骚骚尔，洒洒尔，狰狰尔，凉凉尔，悠悠尔，若是者，凡十四。

溪流益阔桥益长，其名曰毗何罗，此云游行处也。桥之南参眼受色者，耳受声者，鼻受香者，舌受味者，身受触者，意受法者，凡六。是受者，非受者，凡二。能受者，所受者，凡二。非能受者，非所受者，凡二。绝岭之上，各露半身，远而，魁而，衍而者，凡三。

石室之中，攒簇而立，粲然，肃然，漠然，怡然，凛然，溃然者，凡六。极下牝穴，窅隘以深。寂若、邈若者，凡二。隔岫颢若者一。

清漪园五百罗汉拓片（癸），国家图书馆藏

缘磴而上，跃如，坦如，招如，昂如，迢如，仙如，轩如，泊如，侃如，皤如，如如者，凡十一。

磴侧峭壁之下，圩其顶而凹凸其面者，凡二。一按双手于腹若运气然，其一挺一臂向空而握一拳当胸前，坐其旁而持结夏具者三。一以净瓶植珊瑚，一以玻璃盘贮修陀，其一展画卷。华严所云，露山者在焉。

穿洞而出，亦可达香岩。洞之左立而持镜子者一，坐而结手印者一。洞之右展双手若取物者一，执朵莲者一，杖头系壶卢画卷杂物而执之者一，执舍罗者一，据洞顶一手持摩尼珠而戏天龙者一。

飞流直下，自龙口出，即信度河源也。其菩萨所化为龙王者乎？盘桓嶒嵘之巅，若坐，若立者八，则究涅槃八味者也。若常住，若寂灭，若不老，若不死，若清净，若灵通，若不动，若快乐。纡绕而下，得稍平立者四，则咨贤首四事者也：为理，为事，为事理，为事事。转而又下，立平石者二，则思楞严二殊胜者也：曰上合圣，曰下合凡。

翘立涧边，以军持接悬泉者一，以二铁钵者一，既接水而灌漱罢者一，嗅优钵昙花者一，弹指者一，持七宝轮者一，足迅坐者一，别为一旅骑麒麟而行者一。前后拥护供养者，凡八：持净水者，澡水者。香者，花者，灯者，涂香者，食者，乐器者。复有六：曰执镜者，曰执琵琶者，执炷香者，曰执蒲阇尼者，曰执

震越者,曰执如意宝者。复有二:曰供养作供养观者,曰供养不作供养观者。五百罗汉之迹,于是乎毕阐。

是记成于乾隆丙子夏六月,五百相好成已久矣。所司砻石请勒诸本山,因如所请,书之。时丁丑长夏,回思作记时直一弹指,顷俄已阅岁,辄复记其后。

(款识)**御笔**。

(钤印)**乾、隆、御书**。

题解

清高宗撰文御笔行书。文题《万寿山五百罗汉堂记》,载《清高宗御制文集》初集卷六。乾隆丙子年(乾隆二十一年,1756年)作,撰于乾隆丁丑年(乾隆二十二年,1757年)夏。同题书法长卷载《秘殿珠林续编》卷一,宣德笺本纵1尺2寸,横5丈7尺3寸。

五百罗汉堂碑南侧刻字

平定准噶尔勒铭伊犁之碑

惟天尽所覆,俾我皇清,罔不在宥;惟清奉昊天,抚薄海兆庶,悉主悉臣。

太祖、太宗、世祖,肇基宅中,皇耆其武;圣祖、世宗,觐光扬烈,克臻郅隆;逮于渺躬,思日孜孜,期四海同风。

咨汝准噶尔,亦蒙古同类,何自外携,数世梗化。篡夺相仍,硕仇其下?厥达瓦齐,甚毒于酲。众心疪疪,如苗斯孟;如虺斯螫,众口嗷嗷①。

视尔嗷止，予焦劳止，期救不崇朝止；视尔疷止，予噫嘻止，亟出汝涂泥止。

乃命新附，尔为先锋，熟悉其路；乃命劲旅，携数月粮，毋或掠掳。

师行时雨，王旅啴啴，亦无潦阻；左旋右抽，王旅浑浑，既暇以休。

乌鲁木齐，及五集赛，度之折折；台吉宰桑，迎降恐后，奚事斧吭？

波罗塔拉，闼尔奇岭，险如关阖；倒戈反攻，达瓦齐走，旦夕涂穷。

回部遮获，彼鼠斯喙，地入无隙；露布飞尘，受俘午门，爰贷其罪。

自今以始，四部我臣，伊犁我宇；曰：绰罗斯，及都尔伯特、和硕特、辉特。

封四可汗，众建王公，游牧各安；宰桑公臣，属我旗籍，谁汝苦辛。

尔恭尔长，尔孳尔幼，徐以教养；尔驼尔牛，尔羊尔马，畜牧优游。

平定准噶尔勒铭伊犁之碑（汉文）

分疆各守，毋相侵陵。以干大咎，齐御外域。
曰布鲁特，越哈萨克[2]，醉饮饱食，敬兴黄教。
福自天锡，伊犁平矣。勒贞珉矣，于万斯年矣。

（款识）**乾隆二十年岁在乙亥夏五月之吉。御制。**

（钤印）**乾隆宸翰、惟精惟一。**

乾隆宸翰

惟精惟一

题解

清高宗撰文御笔行书。文题《平定准噶尔勒铭伊犁之碑》，载《清高宗御制文集》初集卷十九。乾隆乙亥年（乾隆二十年，1755 年）五月作。平定准噶尔是中国历史上的大事件，同文碑刻共有三方，其中一立于新疆古宁远城东门外碑亭中，又一立于承德普宁寺。

注释

①【众心痕痕，如苗斯盂；如愢斯螯，众口嗷嗷】语序调为"众心痕痕，如苗斯盂；众口嗷嗷，如愢斯螯"会更好理解。

②【越哈萨克】应为"曰哈萨克"。

五百罗汉堂碑东侧刻字

《西师诗》碑文

西师历四载，王臣久于役。谁无室家心，而能忘契阔。始缘趁机动，操刀乃必割。终以阻远艰，举棋忌屡易。欲罢又未能，永言志颠末。

皇祖征朔漠，即此厄鲁特。三番整六师，狼群始窘迫。策妄退守巢，于以延喙息。取畞所贼子，惟命无敢逆。（噶尔丹兵败仰药死，其子脱身逃窜。时策妄阿拉布坦鼠伏一隅，畏威服德，献出逆尸，不敢容留逆子。）厥后渐滋饶，遂复劫西域。（策妄阿拉布坦逞其诈力，势渐强横，计诱拉藏汗，以女妻其长子升衷，袭杀拉藏汗，大肆劫略。我师抵西藏，其酋帅大策零敦多卜始引众归巢。大策零敦多卜即今达瓦齐之祖，为策妄族兄。）终康熙年间,盖未止兵革。皇考阐前猷,思一劳永逸。两路命大举,帑藏非所惜。究因时弗辏,胜败互轩轾。(雍正年间,西北两路驻兵,贼以送还罗卜藏丹津为名,又值西帅入觐,劫窃西路马群。因借所获马力,跳梁北路,势甚猖獗。后为额驸策楞击败于额尔德尼招,几至匹马不返。而将帅之臣,按兵不追,贼众得以免脱。我武既扬,遂有罢兵之议。)曰予守成训,罢兵事安哉。稔知贼所恃,其长有二术:一曰激我怒,劳我众远出。彼乃邀近功,坐绌我物力。一曰窥我边,列堠疲戍卒。戍久心或懈,彼乃逞陵轶。知然明告彼,以主待其客。远兵既罢征,戍远亦罢拨。近边汝或伺,汝远劳竭蹶。噶尔丹策凌,闻言乃计绌。得失故晓然,求和使来呕。来亦弗之拒,厚往示恩泽。如是终彼身,无事皆宁谧。其子曰阿占(即策妄多尔济那木扎尔之乳名),暴虐莫可诰。用是失众心,相延为篡夺。(喇嘛达尔济,戕彼位自袭。达瓦齐攘之,计盖由撒纳。喇嘛达尔济,既篡阿占而夺其位,达瓦齐偕阿睦尔撒纳奔哈萨克,借其声援,复篡喇嘛达尔济,皆阿睦尔撒纳为之谋画,盖欲自取也。)绰罗斯汗族,达瓦齐一脉。阿睦尔撒纳,辉特别枝叶。时虑众鲜从,以此缀旒设。终不忘伊犁,(伊犁,盖四卫拉特会宗之地也。)煽乱事狡谲。达瓦齐弗甘,兵连祸相结。惟时三策凌,(都尔伯特台吉策凌、策凌乌巴什、策凌孟克,恐

五百罗汉堂碑

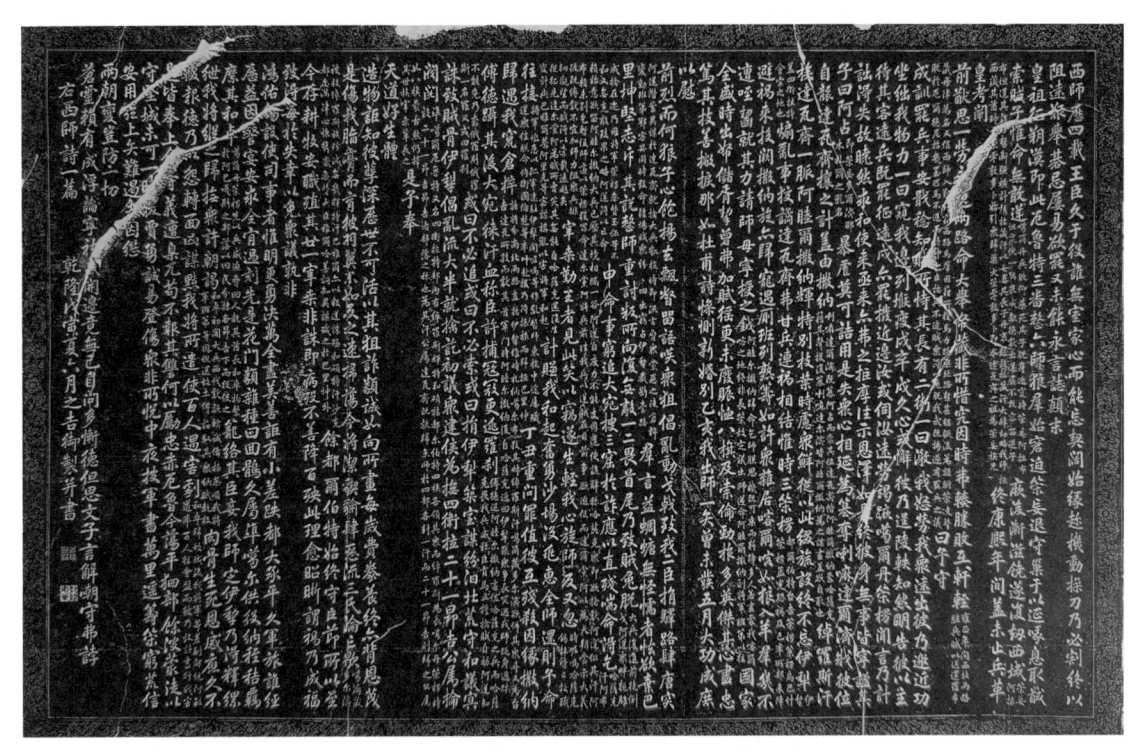

《西师诗》碑文拓片。摘自北京市公园管理中心编《园说 IV·这片山水这片园》，文物出版社，2022 年版

祸及己，率所部来降。）避祸来投阙。撒纳旋亦归，宠遇厕班列。熟筹如许众，杂居喀尔喀。如狼入羊群，几不遭咥啮。就其力请师，毋宁授之钺。（阿睦尔撒纳归命乞师，朕思机既可乘，而新降多人，若尽处我喀尔喀之地，终非长策。故定议出师，遂命阿睦尔撒纳、副将军班第以往。）国家全盛时，出帑储胥挈。曾弗加赋徭，更未废赈恤。八旗及索伦，劲旅多英杰。其心尽忠笃，其技善撒揆。那如杜甫诗，惨恻新婚别？乙亥我出师，一矢曾未发。五月大功成，庶以慰前烈。而何狼子心，饱飏去飘瞥。留语啖众狙，猖乱动戈戟。至我二臣捐，驿路肆唐突。（阿逆潜蓄异谋于达瓦齐就擒、大兵凯旋时，即流言胁众党恶之徒，仓猝变动，班第、鄂客安同时致命疆场，贼众纷纷四出，窃占伊犁，截断台路。）群言益蜩螗，无怪懦者怯。欲弃巴里坤，坚志斥其说。整师重讨叛，所向复无敌。一二畏首尾，乃致贼兔脱。（大兵复进，前徒倒戈，阿逆众叛亲

离,成擒在迩。乃因将军策楞、参赞玉保等不和,又无克敌致果之略,阿逆得以亡命。)申命事穷追,大宛搜三窟。于诈应以直,残喘命得乞。(哈萨克汗阿布赍始意欲留阿睦尔撒纳,大兵已压其境,相隔一谷,阿逆自度力不能支,因遣使诡辞称:哈萨克众即欲擒献阿逆,但其汗阿布赍未到,乞暂缓师。适以策楞获罪,命达尔党阿将兵前往,我兵以逆贼在目前,争欲进促。而达尔党阿以为天朝当示大义,彼既缚献,不宜加师。力阻众兵,徘徊观望,而贼得以橐载远扬矣。)宰桑劝王者,见此笑以窃。遂生轻我心,旋师反又忽。(时呢吗、哈萨克锡拉皆已授职从征,见达尔党阿为贼所卖,笑其无能。自哈萨克还,复生变计,与巴雅尔、莽噶里克等密谋构乱,以害将军和起。)计赚我和起,奋勇沙场没。兆惠全师还,则予命往接。(将军兆惠以孤军远驻伊犁,闻呢吗等作乱,整师东旋,中途屡歼逆众。值朕命侍卫图伦楚等率师赴援,乃得振旅而归,抵巴里坤。)丁丑重问罪,值彼互残杀。因缘撒纳归,遇我窜仓猝。(诸将分南北两路,直指伊犁。维时

五百罗汉堂碑

扎纳噶尔卜杀其叔绰罗斯汗噶尔藏多尔济，欲并其众，寻又为台吉达瓦齐所杀，而献其首军门。时阿睦尔撒纳复自哈萨克逃回伊犁，聚众争长，突遇我师，跳身遁迹。）富德蹑其后，大宛徕汗血。称臣许捕寇。寇更逃罗刹。（富德追阿睦尔撒纳，适值哈萨克之兵，而哈萨克畏我兵威，称臣贡马，且誓擒贼自效。阿逆知不能免，乃奔俄罗斯。俄罗斯一名罗叉，或曰罗刹。）或曰不必追，或曰不必索。或曰捐伊犁，筑室谋纷汩。北荒守和议，冥诛致贼骨。伊犁倡乱流，大半就擒讫。初议众建侯，为抚四卫拉。二十一昂吉，公属抢阀阅。（准噶尔厄鲁特又名四卫特拉，部内有绰罗斯、辉特、和硕特、都尔伯特四族，各领其众，而绰罗斯为长。噶尔丹策凌时，设二十一昂吉。昂吉者，部落之称也，为其汗公属。达瓦齐既执归京师，于四部各封一汗，而二十一昂吉则归之公属，如八旗蒙古然，仍择其世族宰桑辈长之。）是予奉天道，好生体造物。讵知彼孽深，历世不可活。以其狙诈类，诚如向所画。每岁费豢养，终亦背恩蔑。是伤我脂膏，而育彼羽翼。不如反之速，扫荡今将洁。猰貐肆恶流，三氏沦亡歇。（噶尔藏多尔济被杀，绰罗斯族殄灭。无几，辉特汗巴雅尔亦以叛逆诛殛。和硕特汗沙克都尔满津，心怀携贰，参赞大臣雅尔哈善诇知异谋，歼之于巴里坤外。）余都尔伯特，始终守臣节。所以至今存，耕牧安职殖。其廿一宰桑，非殊即病殁。不善降百殃，此理愈昭晰。谓祸乃成福，致得每于失。幸以免众议，孰非鸿佑锡？设使司事者，惟明更勇决。万全尽美善，讵有小差跌？都大承平久，军旅谁经历。益因警宴安，求全肯过刻。先是花门类，杂种曰回鹘。久属准噶尔，供役纳秸秸。羁縻其和卓，（噶尔丹策凌先以兵威迫胁回人，执其首长和卓，拘系于阿巴噶斯之部落，以回民分隶各昂吉下而役使之。）笼络其臣妾。我师定伊犁，乃得释缧绁。我将纵之归，抚众许朝谒。（和卓初闻大兵西伐，献款识输诚，备极恭顺。我将军班第等因纵还故土，

敛福宜民
（敛福宜民）

乾隆御笔
（乾隆御筆）

俾抚驭其众，纳赋执役。）肉骨生死恩，感应久不辍。报得乃以怨，转面凶谋黠。我将所遗使，百人遇害剧。（和卓归故域后，我将军等差副都统阿敏道率百人往会盟，而彼乃设计尽行戕害。）是皆奉上命，守义遭臬兀。苟不报其仇，何以励忠赤。厄鲁今荡平，回部余波蓑。徒以守坚城，未可一时拔。贾勇诚易登，伤众非所悦。中夜披军书，万里遥筹策。穷荒信安用，弦上矢难遏。志因继两朝，变岂防一切？苍灵赖有成，浮论宁祛惑。开边竟无已，自问多惭德。但思文子言，解嘲守弗悖。

（款识）右《西师诗》一篇。乾隆戊寅夏六月之吉。御制并书。

（钤印）敛福宜民、乾隆御笔。

题解

清高宗御制并行书。诗题《西师》，载《清高宗御制文集》二集卷七十九，乾隆戊寅年（乾隆二十三年，1758 年）作。原诗文行间夹注，此处按原诗排序，夹注以楷体标示。本诗还书于紫禁城颐和轩东壁、中南海紫光阁后武成殿东壁。

五百罗汉堂碑北侧刻字

平定准噶尔后勒铭伊犁之碑

天之所培者，人虽倾之，不可殧也；天之所覆者，人虽栽之，不可殖也。嗟汝准噶尔，何狙诈相延以世而为贼也？强食弱，众凌寡，血人于牙，而蔑知悛易也。云兴黄教，敬佛菩萨，其心乃如夜叉、罗刹之以人为食也。故罪深恶极，自作之孽，难逭活也。

先是分封四部，众建宰桑、四图什墨、廿一昂吉，盖欲继绝举废，以休以息也。而何煽乱不已，焦烂为期，终于伦亡胥尽，伊犁延袤万里，寂如无人之域也。是非我佳兵不戢以杀为德也，有弗得已耳。西师之什，实纪其详悉也。以其反复无常，迟益久而害益深，则其叛乱之速，未尝非因祸而致福也。是盖天佑我皇清，

平定准噶尔后勒铭伊犁之碑（汉文）

究非人力也。

伊犁既归叛章，久安善反之图，要焉已定者，讵宜复失也。然屯种万里之外，又未可谓计之得也。其潜移默运，惟上苍鉴之。予惟奉时相机，今日之下，亦不敢料以逆也。是平定准噶尔后，勒铭伊犁之碑所由作也。

（款识）**乾隆二十三年，岁在戊寅秋七月之吉。御制。**

（钤印）**所宝惟贤、乾隆御笔。**

所宝惟贤（所寶惟賢）

乾隆御笔（乾隆御筆）

题解

清高宗御制并行书。题《平定准噶尔后勒铭伊犁之碑》，载《清高宗御制文集》初集卷二十，乾隆戊寅年（乾隆二十三年，1758年）七月作。平定准噶尔是中国历史上的大事件，同文碑刻共有三方，一立于新疆古宁远城东门外碑亭中（后毁），另一立于承德普宁寺。

清乾隆十五年耶律楚材祠墓碑

叙录

耶律楚材祠重建于乾隆十五年（1750年），乾隆为之立碑题诗，并命大臣汪由敦作记。碑形为螭首龟趺。拓片身高1.94米，宽1.01米。额高2米，宽1.02米。乾隆十五年四月刻。

耶律楚材祠周边实为耶律家族墓园，元代范围远比现在大，是颐和园地区历史演变的地理坐标。有史可查的碑文共4篇，特别是耶律希亮墓碑尤为珍贵，今著录于后，可资未来有所发现。

耶律楚材墓碑南侧

题耶律楚材墓 并序

　　墓在瓮山好山园之东，昔年营园时，以其逼近园门故培土为山其上以藏之。闻其为楚材之墓久矣，使阅时而湮灭无传，岂所以褒贤劝忠之道哉？因命所司仍其封域之制，并为之建祠三间，使有奠馈申酌之地。并命汪由敦为碑记，而题之诗如左：

　　　　曜质潜灵总幻观，所嘉忠赤一心殚。
　　　　无和幸免称冥漠，有墓还同封比干。
　　　　窀穸即仍非改卜，堂基未没为重完。
　　　　摛文表德辉贞石，臣则千秋定不刊。

（款识）**乾隆庚午夏四月上浣。御笔。**

（钤印）**所宝惟贤**、**乾隆御笔**。

所宝惟贤
（所寶惟賢）

乾隆御笔
（乾隆御筆）

题解

清高宗御制并行书。诗题《题耶律楚材墓并序》，载《清高宗御制诗集》二集卷十八。

题耶律楚材墓

墓在瓮山好山园之东昔年营园时以其逼近园门故培土为山其上以藏之闻其为楚材之墓久矣使阅时而湮灭无传岂所以褒贤劝忠之道哉因命所司仍其封域之制为之建祠三间使有奠馈申酹之地并命汪由敦为碑记而题之诗如左

曜质潜灵总幻观所嘉忠赤一心殚无和幸免称冥漠有墓还同封比干宅岂即仍非改卜堂基未没为重完摛文表德辉贞石臣则千秋定不刊

乾隆庚午夏四月上澣御笔

耶律楚材墓碑北侧

奉敕撰元臣耶律楚材墓碑记

瓮山之麓有元臣耶律楚材墓一区，岁久弗治，渐就芜没。会其地近别苑，所司将有所营建。上特命覆以屋三楹，俾勿坏。而敕臣由敦记之。

臣谨按：《元史》楚材事元太祖、太宗历三十余年。时方草昧，一切定赋税、分郡县、籍户口、别军民皆其所经理。尝谓治弓尚须用弓匠，治天下安可不用天下匠。遇所不便于民，必力争不少屈，至有厌其为百姓哭者。卒赖其规画法制粗立，民得宁息。故论有元一代名相，必以楚材为称首。

顾阅世久远，遗迹渐湮。当日丰碑高冢已翳为荆榛，几莫有过而问焉者。王士正裂帛湖诗已有"谁吊湖边耶律坟"之慨，而赵吉士寄园所记并云"遭掘于摸金之手"，则此荒陇之仅存、其不至荡然磨灭尽也，难矣。

乃一旦沐圣天子表彰培护，不惟不以在苑侧为嫌，更为之界以垣墉，盖以檐宇，较之贞珉绰楔，而愈垂不朽。斯岂楚材当日意计所能及哉！昔唐元和中，因白居易一言而为魏徵子孙赎赐第，史册书之以为盛事，然此犹第加恩于本朝勋旧而于前代无与也。我皇上乃施及于异代之臣，虽远至四五百年，犹为之表遗墟而存故迹，褒功崇德之圣心，诚有度越前古万万者。固不徒以泽及枯骨、广收恤之仁而已。

史称楚材精术数，其卜兆于此也，岂真预知身后之必膺荣遇，抑亦其功烈所存，有不容终泯者然？使不遇我皇上眷怀贤哲，安望于世远年湮之后勿坠而益传？则是举也，固为楚材幸，而圣天子所以教忠劝功、大彰瘅而示风厉，直使百世下咸知感奋，尤当大书特书以垂示无极者也。臣得承命纪斯盛举，实不胜欣幸。谨拜手稽首而书诸石。

（款识）乾隆十五年岁次庚午夏四月上浣之吉。经筵讲官、太子少师、刑部尚书、臣汪由敦奉敕恭撰并书。

题解

汪由敦楷书。文题《奉敕撰元臣耶律楚材墓碑记》，载汪由敦《松泉集》卷十一。

耶律楚材神道碑

叙录

耶律楚材神道碑毁于明代，碑文载《元文类》卷五十七，参校《全元文》卷八。另有耶律楚材墓志铭由李微撰，万历年被掘出，弃失，未见著录。

耶律楚材神道碑

中书令耶律楚材神道碑

国家之兴，肇基于朔方，惟太祖皇帝以圣德受命，恭行天罚，马首所向，蔑有能国。太宗承之，既怀八荒，遂定中原，薄海内外，罔不臣妾。于是立大政而建皇极，作新宫以朝诸侯，盖将树不拔之基，垂可继之统者也。而公以命世之才，值兴王之运，本之以廊庙之器，辅之以天人之学，缠绵二纪，开济两朝，赞经纶于草昧之初，一制度于安宁之后，自任以天下之重，屹然如砥柱之在中流，用能道济生灵，视千古为无愧者也。

公讳楚材，字晋卿，姓耶律氏，辽东丹王突欲之八世孙。王生燕京留守政事令娄国，留守生将军国隐，将军生太师合鲁，合鲁生太师胡笃，胡笃生定远将军内刺，定远生荣禄大夫兴平军节度使德元，始归金朝。

其弟聿鲁生履，兴平鞠以为子，遂为之后。以文章行义受知于世宗，擢翰林待制，再迁礼部侍郎。章宗即位，有定策功，进礼部尚书、参知政事，终于尚书右丞，谥曰文献，即公之考也。妣杨氏，封漆水国夫人。

公以明昌元年六月二十日生。文献公通术数，尤邃《太玄》，私谓所亲曰："吾年六十而得此子，吾家千里驹也，他日必成伟器，且当为异国用。"因取《左氏》之"楚虽有材，晋实用之"，以为名字。公生三岁而孤，母夫人杨氏诲育备至。

稍长，知力学。年十七，书无所不读，为文有作者气。金制，宰相子得试补省掾，公不就。章宗特赐就试，则中甲科，考满，授同知开州事。贞祐甲戌，宣宗南渡，丞相完颜承晖留守燕京，行尚书省事，表公为左右司员外郎。越明年，京城不守，遂属国朝。

太祖素有并吞天下之志，尝访辽宗室近族，至是征诣行在。入见，上谓公曰："辽与金为世仇，吾与汝已报之矣。"公曰："臣父祖以来皆尝北面事之，既为臣子，岂敢复怀贰心，仇君父耶！"上雅重其言，处之左右，以备咨访。

己卯夏六月，大军征西，祃旗之际，雨雪三尺，上恶之。公曰："此克敌之象也。"庚辰冬，大雷。上以问公。公曰："梭里檀当死中野。"已而果然。梭里檀，回鹘王称也。夏人常八斤者，以治弓见知，乃诧于公曰："本朝尚武，而明公欲以文进，不已左乎？"公曰："且治弓尚须弓匠，岂治天下不用治天下匠耶？"上闻之喜甚，自是用公日密。

初，国朝未有历学，而回鹘人奏五月望夕月食。公言不食，及期果不食。明年，公奏十月望夜月食。回鹘人言不食，其夜月食八分。上大异之，曰："汝于天上事尚无不知，况人间事乎！"壬午夏五月，长星见西方。上以问公。公曰："女直国当易主矣。"逾年而金主死。于是每将出征，必令公预卜吉凶，上亦烧羊髀骨以符之。行次东印度国铁门关，侍卫者见一兽，鹿形马尾，绿色而独角，能为人言，曰："汝君宜早回。"上怪而问公。公曰："此兽名角端，日行一万八千里，解四夷语，是恶杀之象，盖上天遣之以告陛下。愿承天心，宥此数国人命，实陛下无疆之福。"上即日下诏班师。

丙戌冬十一月，灵武下，诸将争掠子女财币。公独取书数部、大黄两驼而已。既而军士病疫，唯得大黄可愈，所活几万人。其后燕京多盗，至驾车行劫，有司不能禁。时睿宗监国，命中使偕公驰传往治。既至，分捕得之，皆势家子。其家人辈行赂求免。中使惑之，欲为覆奏。公执以为不可，曰："信安昁尺未下，若不惩戒，恐致大乱。"遂刑一十六人，京城帖然，皆得安枕矣。

己丑，太宗即位，公定册立仪礼，皇族尊长皆令就班列拜，尊长之有拜礼盖自此始。诸国来朝者多以冒禁应死。公言："陛下新登宝位，愿无污白道子。"从之。盖国俗尚白，以白为吉故也。时天下新定，未有号令，所在长吏皆得自专生杀，少有忤意则刀锯随之，至有全室被戮，襁褓不遗者。而彼州此郡动辄兵兴相攻，公首以为言，皆禁绝之。

自太祖西征之后，仓廪府库无斗粟尺帛，而中使别迭等佥言："虽得汉人亦无所用，不若尽去之，使草木畅茂，以为牧地。"公即前曰："夫以天下之广，四海之富，何求而不得，但不为耳，何名无用哉！"因奏地税、商税、酒醋、盐铁、山泽之利，周岁可得银五十万两、绢八万匹、粟四十万石。上曰："诚如卿言，则国用有余矣。卿试为之。"乃奏立十路课税所，设使副二员，皆以儒者为之。如燕京陈时可、宣德路刘中，皆天下之选。因时时进说周孔之教，且谓"天下虽得之马上，不可以马上治"。上深以为然。国朝之用文臣，盖自公发之。

先是，诸路长吏兼领军民钱谷，往往恃其富强，肆为不法。

公奏长吏专理民事，万户府总军政，课税所掌钱谷，各不相统摄，遂为定制，权贵不能平。燕京路长官石抹咸得不激怒皇叔，俾专使来奏，谓公"悉用南朝旧人，且渠亲属在彼，恐有异志，不宜重用"。且以国朝所忌，诬构百端，必欲置之死地。事连诸执政。时镇海、粘合重山实为同列，为之股栗曰："何必强为更张，计必有今日事！"公曰："自立朝廷以来，每事皆我为之，诸公何与焉！若果获罪，我自当之，必不相累。"上察见其诬，怒逐来使。不数月，会有以事告咸得不者，上知与公不协，特命鞫治。公奏曰："此人倨傲无礼，狎近群小，易以招谤。今方有事于南方，他日治之，亦未为晚。"上颇不悦，已而谓侍臣曰："君子人也，汝曹当效之。"

辛卯秋八月，上至云中，诸路所贡课额银币及仓廪米谷簿籍具陈于前，悉符元奏之数。上笑曰："卿不离朕左右，何以能使钱谷流入如此？不审南国复有卿比者否？"公曰："贤于臣者甚多，以臣不才，故留于燕。"上亲酌大觥以赐之。即日，授中书省印，俾领其事，事无巨细，一以委之。

宣德路长官太傅秃花，失陷官粮万余石，恃其勋旧，密奏求免。上问中书知否？对曰："不知。"上取鸣镝欲射者再，良久叱出，使白中书省，偿之。仍敕今后凡事先白中书，然后闻奏。中贵苦木思不花奏拨户一万以为采炼金银、栽种蒲萄等户，公言："太祖有旨，山后百姓与本朝人无异，兵赋所出，缓急得用。不若将河南残民贷而不诛，可充此役，且以实山后之地。"上曰："卿言是也。"又奏："诸路民户今已疲乏，宜令土居蒙古、回鹘、河西人等与所在居民一体应输赋役。"皆施行之。

壬辰，车驾至河南，诏陕、洛、秦、虢等州山林洞穴逃匿之人、若迎军来降，与免杀戮。或谓此辈急则来附，缓则复资敌耳。公奏给旗数百面，悉令散归，已降之郡，其活不可胜数。

国制，凡敌人拒命，矢石一发，则杀无赦。汴京垂陷，首将速不㘖遣人来报，且言此城相抗日久，多杀伤士卒，意欲尽屠之。公驰入奏曰："将士暴露凡数十年，所争者地土人民耳，得地无民，将焉用之？"上疑而未决。复奏曰："凡弓矢、甲仗、金玉等匠及官民富贵之家，皆聚此城中，杀之则一无所得，是徒劳也。"上始然之，诏除完颜氏一族外，余皆原免。时避兵在汴者户一百四十七万，仍奏选工匠儒释道医卜之流散居河北，官为给赡。其后攻取淮汉诸城，因为定例。

初，汴京未下，奏遣使入城索取孔子五十一代孙袭封衍圣公元措，令收拾散亡礼乐人等，及取名儒梁陟等数辈。于燕京置编修所，平阳置经籍所，以开文治。

时河南初破，被俘虏者不可胜计。及闻大军北还，逃去者十八九。有诏停留逃民及资给饮食者皆死，无问城郭保社，一家犯禁，余并连坐。由是百姓惶骇，虽父子弟兄，一经俘虏，不敢正视。逃民无所得食，踣死道路者踵相蹑也。公从容进说曰："十余年间存抚百姓，以其有用故也。若胜负未分，虑涉携贰；今敌国已破，去将安往？岂有因一俘囚罪数百人者乎？"上悟，诏停其禁。

金国既亡，唯秦、巩等二十余州连岁不下。公奏："吾人之得罪逃入金国者，皆萃于此，其所以力战者，盖惧死耳。若许以不杀，不攻而自下矣。"诏下，皆开门出降。期月之间，山外悉平。

甲午，诏括户口，以大臣忽睹虎领之。国初方事进取，所降下者，因以与之。自一社一民各有所主，不相统属，至是始隶州县。朝臣共欲以丁为户，公独以为不可。皆曰："我朝及西域诸国莫不以丁为户，岂可舍大朝之法而从亡国政耶！"公曰："自古有中原者，未尝以丁为户，若果行之，可输一年之赋，随即逃散矣。"卒从公议。

时诸王大臣及诸将校所得驱口，往往寄留诸郡，几居天下之半。公因奏括户口，皆籍为编民。乙未，朝议以回鹘人征南，汉人征西，以为得计。公极言其不可，曰："汉地、西域相去数万里，比至敌境，人马疲乏，不堪为用。况水土异宜，必生疾疫，不若各就本土征进，似为两便。"争论十余日，其议遂寝。

丙申，上会诸王贵臣，亲执觞以赐公曰："朕之所以推诚任卿者，先帝之命也。非卿，则天下亦无今日。朕之所以得高枕而卧者，卿之力也。"盖太祖晚年，屡属于上曰："此人天赐我家，汝他日国政当悉委之。"其秋七月，忽睹虎以户口来。上议割裂诸州郡分赐诸王贵族，以为汤沐邑。公曰："尾大不掉，易以生隙。不如多与金帛，足以为恩。"上曰："业已许之。"复曰："若树置官吏，必自朝命，除恒赋外，不令擅自征敛，差可久也。"从之。

是岁始定天下赋税，每二户出丝一斤，以供官用，五户出丝一斤，以与所赐之家。上田每亩税三升半，中田三升，下田二升，水田五升。商税三十分之一，盐每银一两四十斤，已上以为永额。朝臣皆谓太轻，公曰："将来必有以利进者，则已为重矣。"

国初盗贼充斥，商贾不能行，则下令凡有失盗去处，周岁不获正贼，令本路民户代偿其物，前后积累动以万计。及所在官吏取借回鹘债银，其年则倍之，次年则并息又倍之，谓之羊羔利，积而不已，往往破家散族，至以妻子为质，然终不能偿。公为请于上，悉以官银代还，凡七万六千定。仍奏定今后不以岁月远近，子本相侔，更不生息，遂为定制。

侍臣脱欢奏选室女，敕中书省发诏行之，公持之不下。上怒，召问其故。公曰："向所刷室女二十八人尚在燕京，足备后宫使令。而脱欢传旨，又欲遍行选刷，臣恐重扰百姓，欲覆奏陛下耳。"上良久曰："可。"遂罢之。又欲于汉地拘刷牝马。公言："汉地所有，茧丝、五谷耳，非产马之地。若今日行之，后必为例，是徒扰天下也。"乃从其请。

丁酉，汰三教僧道，试经通者给牒受戒，许居寺观，儒人中选者则复其家。公初言"僧道中避役者多，合行选试"，至是始行之。

始，诸王贵戚皆得自起驿马，而使臣猥多，马悉倒乏，则豪夺民马以乘之，城郭道路，所至骚动。及其到馆，则要索百端，供馈稍缓，辄被棰挞，馆人不能堪。公奏给牌札，仍定饮食分例，其弊始革。

因陈时务十策：一曰信赏罚，二曰正名分，三曰给俸禄，四曰封功臣，五曰考殿最，六曰定物力，七曰汰工匠，八曰务农桑，九曰定土贡，十曰置水运。上虽不能尽行，亦时择用焉。

回鹘阿散阿迷失告公私用官银一千定。上召问公，公曰："陛下试详思之，曾有旨用银否？"上曰："朕亦忆得尝令修盖宫殿用银一千定。"公曰："是也。"后数日，上坐万安殿。召阿散阿迷失诘之，遂服其诬。太原路课税使副以赃罪闻。上让公曰："卿言孔子之教可行，儒者皆善人，何故亦有此辈？"公曰："君父之教，臣子岂欲陷之于不义，而不义者亦时有之。三纲五常之教，有国有家者，莫不由之，如天之有日月星辰也，岂可因一人之有过，使万世常行之道独见废于我朝乎？"上意乃解。

戊戌，天下大旱蝗，上问公以御之之术。公曰："今年租赋乞权行倚阁。"上曰："恐国用不足。"公曰："仓库见在，可支十年。"许之。初籍天下户，得一百四万，至是逃亡者十四五，而赋仍旧，天下病之。公奏除逃户三十五万，民赖以安。

燕京刘忽笃马者，阴结权贵，以银五十万两扑买天下差发。涉猎发丁者，以银二十五万两扑买天下系官廊房地基、水利猪鸡。刘庭玉者，以银五万两扑买燕京酒课。又有回鹘以银一百万两扑买天下盐课，至有扑买天下河泊、桥梁、渡口者。公曰："此皆奸人欺下罔上，为害甚大。"咸奏罢之。尝曰："兴一利不若除一害，生一事不若减一事。人必以为班超之言盖平平耳，千古之下自有定论。"

上素嗜酒，晚年尤甚，日与诸大臣酣饮。公数谏不听，乃持酒槽之金口曰："此铁为酒所蚀，尚致如此，况人之五脏，有不损耶？"上悦，赐以金帛，仍敕左右，日进酒三钟而止。时四方无虞，上颇怠于政事，奸邪得以乘间而入。初，公自庚寅年定课税，所额每岁银一万定。及河南既下，户口滋息，增至二万二千定。而回鹘译史安天合至自汴梁，倒身事公，以求进用。公虽加奖借，终不能满望。即奔诣镇海，百计行间。首引回鹘奥都剌合蛮扑买课税，增至四万四千定。公曰："虽取四十四万亦可得，不过严设法禁，阴夺民利耳。民穷为盗，非国之福。"而近侍左右皆为所啖，上亦颇惑众议，欲令试行之。公反复争论，声色俱厉。上曰："汝欲斗搏耶？"公力不能夺，乃太息曰："扑买之利既兴，必有蹑迹而篡其后者。民之穷困，将自此始，于是政出多门矣！"

公正色立朝，不为少屈，欲以身徇天下。每陈国家利病、生民休戚，辞气恳切，孜孜不已。上曰："汝又欲为百姓哭耶？"然待公加重。公当国日久，每以所得禄赐，分散宗族，未尝私以官爵。或劝以乘时广布枝叶，固本之术也。公曰："金币资给足以乐生，若假之官守，设有不肖者干违常宪，吾不能废公法而徇私情。且狡兔三穴，吾不为也。"

辛丑春二月，上疾笃脉绝。皇后不知所以，召公问之。公曰："今朝廷用非其人，天下罪囚必多冤枉，故天变屡见。宜大赦天下。"因引宋景公荧惑退舍之事以为证。后亟欲行之。公曰："非君命不可。"顷之，上少苏，后以为奏。上不能言，颔之而已。赦发，脉复生。冬十一月，上勿药已久，公以太一数推之，奏不宜畋猎。

左右皆曰："若不骑射，何以为乐？"猎五日而崩。

癸卯，后以储嗣问公。公曰："此非外姓臣所当议，自有先帝遗诏在，遵之则社稷甚幸！"奥都剌合蛮方以货取朝政，执政者亦皆阿附。唯惮公沮其事，则以银五万两赂公。公不受，事有不便于民者，辄中止之。时后已称制，则以御宝空纸付奥都剌合蛮，令从意书填。公奏曰："天下，先帝之天下，典章号令自先帝出。必欲如此，臣不敢奉诏。"寻复有旨，奥都剌合蛮奏准事理，令史若不书填则断其手。公曰："军国之事，先帝悉委老臣，令史何与焉？事若合理，自是遵行；若不合理，死且不避，况断手乎！"因厉声曰："老臣事太祖、太宗三十余年，固不负于国家，皇后亦不能以无罪杀臣。"后虽怨其忤己，亦以先朝勋旧，曲加敬惮焉。

公以其年五月十有四日，以疾薨于位，享年五十五。蒙古诸人哭之如丧其亲戚。和琳为之罢市，绝音乐者数日。天下士大夫莫不茹泣相吊。以中统二年十月二十日葬于玉泉东瓮山之阳，从遗命也。以漆水国夫人苏氏祔。

先娶梁氏，以兵乱隔绝，殁于河南之方城。生子铉，监开平仓，卒。苏氏，东坡先生四世孙、威州刺史公弼之女，生子铸，今为中书左丞相。孙男十一人，曰希徵，曰希勃，曰希亮，曰希宽，曰希素，曰希周，曰希光，曰希逸，曰希□，曰希□，曰希□。女孙五人，适贵族。

公天姿英迈，迥出人表。虽案牍满前，左酬右答，咸适其当。又能以忠勤自将，尝会计天下九年之赋，毫厘有差，则通宵不寐。平居不妄言笑，疑若简傲，及一被接纳，则和气温温，令人不能忘。平生不治生产，家财未尝问其出入。及其薨也，人有谮之者曰："公为相二十年，天下贡奉皆入私门。"后使卫士视之，唯名琴数张，金石遗文数百卷而已。笃于好学，不舍昼夜。尝诫诸子曰："公务虽多，昼则属官，夜则属私，亦可学也。"其学务为该洽。

凡星历、医卜、杂算、内算、音律、儒释、异国之书，无不通究。尝言西域历五星密于中国，乃作《麻答把历》，盖回鹘历名也。又以日食躔度与中国不同，以《大明历》浸差故也，乃定文献公所著《乙未元历》行于世。

既葬公七年，今丞相持进士赵衍状以铭见属。国家承大乱之后，天纲绝，地轴折，人理灭，所谓更造夫妇、肇有父子者，信有之矣。加以南北之政，每每相戾，其出入用事者，又皆诸国之人，言语之不通，趣向之不同，当是之时，而公以一书生孤立于庙堂之上，而欲行其所学，戛戛乎其难哉！幸赖明天子在上，谏行言听，故奋袂直前，力行而不顾。然而其见于设施者十不能二三，而天下之人固已钧受其赐矣！若此时非公，则人之类又不知其何如耳。

铭曰：

帝王之兴，辅弼是赖。谁其尸之，不约而会。阿衡返商，尚父归周。风云一旦，竹帛千秋。赤气告祥，龙飞朔野。义师长驱，削平天下。儒服从容，左右弥缝。克诚厥功，惟中令公。令公维何？代掌燮理。太师之孙，文献之子。白璧堂堂，维国之华。帝曰斯人，天赐我家。重明耀离，大命既革。乾旋坤转，如再开辟。内外畴咨，付之钧司。吾国吾民，汝翼汝为。公拜稽首，曰敢不力。权舆帝坟，草创人极。郡国相师，以杀为嬉。阴盗赤子，弄兵潢池。涣号一布，捷于风雨。指麾群雄，圈豹槛虎。贤哲深藏，固拒牢关。潜行公卿，求活草间。随材择用，郁为桢栋。网罗四方，狩麟搜凤。府库填充，粟帛流通。公于是时，萧何关中，台阁讨裁，典章灿焕。公于是时，玄龄贞观，诵俘累累，蔽野僵尸。我燠而寒，我饱而饥。围城惴惴，假息寸暑。我解其缚，我生其死。生息长养，教诲饮食。民到于今，家受其赐。惟天虽高，其监则明。乃祚元子，再秉枢衡。勋在盟府，名昭国史。富贵寿考，哀荣终始。莓莓新阡，浩浩流泉。不朽载传，尚千万年。

题解

碑文由元宋子贞撰写。宋子贞，字周臣，潞州人。耶律楚材父子好友。

元太宗时，官任行台右司郎中。他曾受元世祖钦点与耶律铸至山东行省处理州县事务。后授翰林学士，参议中书省事务。著有《鸠水集》。

附录

中令耶律公祭先妣国夫人文

维大朝癸卯岁八月乙巳朔五日己酉，哀子某谨以家奠、敢昭告于先妣国夫人苏氏之灵：

负衅蒙累，贻祸庭闱。龟筮告期，迫于襄事。
尚假残息，勉沥血诚。维先夫人，系繇鼎族。
天作之配，嫔于我家。妇德有光，母仪克备。
彤管所拟，于古无惭。维我严君，蚤逢昌运。
仕非为己，义不及私。家政所由，倚之中馈。
悉力一志，以济时康。寅亮天工，实资内助。
谓当阳报，俾寿而康。如何盛年，奄弃荣养？
相彼庶品，资于坤元。得一靡常，倏焉倾圮。
藐是茕独，托体何从？创钜痛深，百陨奚赎？
人皆有母，今我独无！哀哀昊穹，忍此荼毒！
终天一恸，五内崩离。呜呼哀哉，伏惟尚飨。

题解

瓮山耶律墓园第一位入葬的是耶律楚材夫人、耶律铸母亲苏氏。耶律铸自蒙古和林护灵柩送至瓮山下葬，此祭文即为葬礼所作。祭文由元好问撰，作于乃马真后称制二年（1243年）八月。文载《全元文》卷四五。元好问，字裕之，号遗山，金朝末年至大蒙古国时期文学家、学者，耶律楚材好友，曾受托为耶律楚材父亲、两位兄长撰写神道碑与墓志铭。

耶律铸墓志铭

叙录

　　出土于1998年耶律楚材墓东南，墓志铭前后两方，分别为耶律铸及其夫人奇渥温氏。耶律铸墓志铭高1.35米，宽0.84米。据《北京文物精粹大系·石刻卷》录入，依刘晓《耶律铸夫妇墓志札记》补阙，参校孙勐《耶律铸墓志及其世系家族成员考略》。

耶律铸墓志铭

（额篆书）故中书左丞相耶律公墓志铭

大元故光禄大夫监修国史中书左丞相耶律公墓志铭

　　公讳铸，字成仲，辽太祖长子东丹王九世孙。王讳曰突欲，生燕京留守、政事令娄国。娄国生将军国隐。国隐生太师合鲁。合鲁生太师胡笃。胡笃生定远大将军内剌。内剌生银青荣禄大夫、兴平军节度使德元。德元弟聿鲁，生正议大夫、尚书右丞履，字履道。兴平公以为子，遂承其后，谥曰文献公。文献公生中书令楚材，字晋卿。中书令及漆水国夫人苏氏，从车驾西征，至于西域□□□□辛巳年五月初三日，公生。

　　既成童，从学于九山李先生子微，博闻强记，文笔为天下之冠，□号□□□□行于世。及长，又能通诸国语，精敏绝伦。天后朝，嗣领中书省事，年□二十有三。

　　中统元年，公在六盘山。夏，会有变，扈从者皆从之，唯公弃其妻子挺身逃归。上大喜，诏曰："庆承相种，学冠□□。□振家声，雅知朝政。盖为臣无以有已，而忧国常忘其家。矧遵阀阅之先猷，宜正君臣之大义。可特授中书左丞相。"至元元年八月，加光禄大夫、中书左丞相如故。

　　四年六月，改荣禄大夫、平章政事。五年九月，复拜？光禄大夫、中书左丞相。公每在朝，竭诚尽忠，经纶庶政，以治民为己任。

十年十一月，迁光禄大夫、平章军国重事。十三年六月，诏公可监修国史，余如故。朝廷凡有大事，必咨访焉。

十九年冬十月，又拜光禄大夫、监修国史、中书左丞相。二十二年四月十二日甲寅，以疾薨，享年六十有五。

□□□□祖宗以来，皆以礼薄葬，糜财单币，腐于地下，诚无益于亡者。使其中无可欲，或后世误为人所动□□□□君子能掩之者。诸子泣奉命。是年七月十五日乙酉，葬于瓮山之阳中书令之兆次，礼也。

夫人七：□粘合氏，中书公之女；也里可温真氏；赤帖吉真氏；雪尼真氏；奇渥温真氏二人；瓮吉剌真氏。子十二人：长□希徵，中顺大夫、滁州镇守万户；次希勃，三十一岁而卒；次道道，早卒；次希亮，嘉议大夫、吏部尚书；次希宽，□□王位下奉御；次希素，既娶而卒；次希周，嘉议大夫、左侍仪、奉御，兼修起居注；次希光，奉训大夫、真定路?治中；次希逸，嘉议大夫、山东东西道提刑按察使；次希援；次希崇；次希晟。粘合氏生道道，赤帖吉真氏生希亮、希素、希光、希逸，奇渥温真氏生希援、希崇、希晟。女六人：长适行中书省左丞汪惟正，次适兴元□□□□□已适人矣。孙男十三人，孙女十四人。

将葬，尚书公等使来请铭于天民。天民□公□□□□□□□□□盛德，其何敢辞。呜呼！公之功勋事业，始则布于民心，终则著于史策，于兹不□□□□□□□□□□而具其始末，为之志云。铭曰：

□□庆门，有贤有哲。令子令孙，以及于公。名高位尊，
□□克敦。嗟乎终哉，祔于英魂。埋石圹前，以图永存。

（款识）至元二十二年七月十五日立石。

耶律铸墓室

耶律铸夫人奇渥温氏墓志

叙录

出土于 1998 年耶律楚材墓东南,墓志铭前后两方,分别为耶律铸及其夫人奇渥温氏。墓志铭高 0.80 米,宽 0.43 米。据《北京文物精粹大系·石刻卷》录入,依刘晓《耶律铸夫妇墓志札记》补阙,参校孙勐《耶律铸墓志及其世系家族成员考略》。

奇渥温氏墓志

（额楷书）**故郡主夫人奇渥温氏墓志铭**

（文楷书）**故光禄大夫中书左丞相监修国史耶律公郡主夫人墓志**

郡主夫人,姓奇渥温氏,小字琐真,斡真大王女孙,捏木儿图大王幼女,塔察儿大王从妹也。中统之初,有浑都海者起乱于西土,中书公遂捐弃妻子,挺身来归。主上以公忠于王室,忧劳甚厚。未几,东蕃王塔察儿奉旨以郡主下嫁于公。

当是时也,郡主甫及笄年,其治家处身之道,一用汉人之法,未尝以富贵骄人,又能以礼自防。至于助宗庙之祭,则一尽其诚;接夫家之亲,唯恐其后。谒然有勤俭之称,而无妒忌之行。故中外欣欣,人无间言。虽前史所载勤于妇道者,亦何以加焉。《易》曰：女正位乎内,男正位乎外。岂非得正内之体乎?

呜呼!天不假年,享年三十有三,以疾终于室,实庚辰三月之六日也。有子三人,长曰希援,娶瓮吉剌氏;次曰希崇,娶安氏;次曰希晟。女孙曰久安。

谨卜于至元二十二年秋七月十五日,与中书耶律公合葬于大都昌平县瓮山先茔之次,礼也。既葬,诸子泣且念曰：母氏圣善,不愧古人。自惟幼弱,敢忘于孝?愿纪诸石,用传不朽。托予为文以记之。予嘉其孝子之心不可违也,敬系之以辞曰：

维夫人之生兮，实为王室之亲。爰及归于公兮，亦能以贵下人。既无险诐私谒之心兮，足以继古人之芳尘。噫皇天辅于有德兮，不及于身而必及于子孙也。

（款识）至元二十二年七月十五日志。山东进士马利用撰。

耶律希亮神道碑

叙录

墓主人为耶律楚材之孙、耶律铸之子耶律希亮。他亲身经历了忽必烈与阿里不哥争夺汗位的三年之战，西北奔波数万里，最终回到燕京。去世后安葬于此。碑文约作于至正壬辰年（至正十二年，1352年），由元末礼部尚书、大学者危素撰写，载危素《危太仆全集》卷二，参校《全元文》卷一四七七。

耶律希亮神道碑

故翰林学士承旨资善大夫知制诰兼修国史赠推忠辅义守正功臣集贤学士上护军追封涞水郡公谥忠嘉耶律公神道碑

泰定四年六月□□，翰林学士承旨、资善大夫、知制诰兼修国史耶律公薨于京师私第。七月丙午，葬昌平县玉泉之东瓮山之阳。后廿有五年，其孤庄嘉请于朝，赠推忠辅义守正功臣、资善大夫、集贤学士、上护军，追封涞水郡公，谥忠嘉。乃来属素文其墓道之碑。素昔待罪史官，知公之先世有勋劳，所以铭彝器而著竹帛者未易以悉数。公以世胄之英，备历艰危，雄文奥学，克享寿考，位跻上公。今皇帝笃念祖考，推恩旧臣，流光泉壤，而庇赖其子孙者，于斯为盛。执笔论撰其世出行治，诚不敢辞。

按状，公讳希亮，字明甫。其先辽太祖长子东丹王，谥让皇帝突欲，传六世而为聿鲁，归金。生正议大夫、尚书右丞、追封涞水郡文献公履。文献生楚材，归国朝。拜中书令，赠经国议制寅亮佐运功臣、太师、开府仪同三司、上柱国，追封广宁文正王。文正生光禄大夫、监修国史、中书左丞相、赠推忠保德宣力佐治功臣、太师、开府仪同三司、上柱国、追封懿宁文忠王铸。公，文忠王长子也。

初，六皇后命赤帖吉氏归文忠王，岁在丁未八月十有四日。公生于和林南四十里之凉楼曰秃忽思，六皇后遂以名之，赐洗儿酒果、襁负之物甚厚。

岁甲寅春，宪宗遣文忠王与帖木而忽鲁赤核钱粮于燕。文忠王奏曰："臣先世皆读儒书，儒生俱在中土，愿携诸子至燕受业。"宪宗从之，乃命公师事北平赵衍昌龄。时公方九岁，未浃旬，已能赋诗。

岁丙辰，召文忠王和林议事，公独留五年，以岁戊午春至六盘山行在所。及秋，文忠王扈从南伐。明年，宪宗崩于军中，公领辎重北归陕右，阿里不哥与北边诸王遣使来召。

又明年，为世祖中统元年，文忠王行次灵武，诸王使至，曰："大行皇帝在蜀，事无巨细，悉以任卿。卿其与主将浑都海等治兵，以卒先帝之功。"文忠王还，乃召公母子至。既而闻世祖皇帝即位于上都，即召浑都海等朝觐，皆弗从。会阿里不哥召浑都海等，始知诸王构难，军士妻子留北方者，相率引去。文忠王弃家挺身来归。

翼日，浑都海知之甚悉，遣精锐百骑追之，弗及。令百余人监视公等，逼胁从行，夜则环宿。六月，次灵夏，渡河，过应吉里城，转战以进，积尸蔽野。

七月，至西凉甘州，阿里不哥所遣大将阿蓝答儿至自和林，帅师至焉支山，公往见焉。阿蓝答儿问公："而父安在？"公曰："不知。与吾父同莅事者宜知之。"浑都海盛怒，诟公曰："我焉得之？亡命东见皇帝矣！"公曰："若然，则奚谓不知！"阿蓝答儿熟视浑都海曰："此言深有意焉。"诘公甚急。公曰："使我知之，亦从而去，安得独留！"阿蓝答儿以为实，遂免监莅，然健卒肥马，十取其九。

八月，大兵与战，阿蓝答儿、浑都海皆死，其残卒北走，众推哈剌不华为主将。九月，公潜匿甘州北黑水东沙陀中，殿兵已过十余里，有寻马者适至，老婢漏言告变，众奄至，尽驱以见主将。

十月，至肃州，阿里不哥使至，切责甚厉。哈剌不华与文忠王有婚姻之义，文忠王从行在蜀，哈剌不华为炮手长，尝疾病，文忠王召医视之，遗以饮食。因释公缚，执手曰："我受恩于汝父，此图报之秋也。"及抵沙州北川，公与昆仲等雪中徒步负任，不火食者数日，数濒于死。次伊州，告变老婢在主将幕府得疾，号叫不绝声者十有余日，腹裂而死云。十月，涉雪逾天山，肌肤皴瘃，补敝靴，煮牛鞬，窘苦万端。十二月，卧疾北庭都护府民家。

二年三月，至昌八里城。四月，至马纳思河。五月，至叶密里城，乃定宗潜邸汤沐之邑。初，六皇后少娣主后之位，与宗王火忽皆欲东觐。公母密知其事，携公入见，垂涕乞哀。哈剌不华颇觉其事，遣脱鲁火察儿督责穷诘。十月，至于火孛。

三年，定宗幼子大名王至皇后所朝正，因见公，闵其不能归，遗以币帛、鞍马、饮食。二月，从大名王至忽只儿地。会宗王阿鲁忽至，诛阿里不哥所用镇守之人曰峻罗海，欲附世祖。公闻之，喜甚。三月，从二王还至叶密里城。王遗以充耳双，上有二珠，大如榛实，价值千金。欲穿公耳，公辞以不敢，因是以伤父母之遗体，且无功受赏，实惧怀贪之罪。不许，流涕控告，乃已。闻者异之。王又解金束带以遗，且曰："系此于遗体宜无伤。"

五月，阿里不哥兵驱迫，西行千五百里，至孛劣□里。初，公有二马，白黑异色，黑者尤骁健。王之近臣为其奴胠箧以□奔，告公，愿假白马追之，公竟以黑者假之。人以为难。六月，西行三昼夜，至换札孙，僵尸相枕。公六昼夜惟食螟蝱一溢。又从至不剌城，西行六百里，至彻彻里泽剌之山，后妃辎重皆留于此，公母及昆仲亦在焉。公单骑从行二百余里，至出布儿城。九十里，至亦烈河，河南之城曰也里虔。

九月，哈剌不华以兵至，公从二王兴师，还至不剌城西五里。哈剌不华与其族弟脱鲁火察儿皆中流矢死，尽歼其众。二王函其首，遣使报捷。十月，至亦思宽。四年，至可失哈里城。四月，阿里不哥兵复至，公从出征，至浑八升城。公母从后避暑于阿体八升山。

五月，世祖遣不华出至二王所。文忠王尝言于上："臣之妻子皆留北边。"因以玺书命其家臣纽邻丑僧召公赴阙，仍敕二王给驿。二王资送东归，兼献金钱、文豹。六月，繇苦先城至哈剌火州宿柳，中经鐵堠子，宿伊州，涉大漠以还。八月，朝于上都大安阁，备陈边事及羁旅困苦之状。是日，赐钞千铤、金束带一、币帛三十段，命为□古儿赤、必阇□。

至元八年春，授奉训大夫、符宝郎。十二年，既平宋，上令公问诸将日本可伐否？是时，夏贵、吕文焕、范文虎、陈奕等皆云可伐。公奏曰："宋与辽、金攻战且三百年，干戈甫定，人得息肩，俟数年后兴师未晚。"上以为是。

十三年，太府监令史卢挚言于监官："各路所贡布长三丈，惟平阳加六之二，诸怯薛丹争欲取平阳布。苟截其长者，与它郡等，则无所争。每岁髹漆宫殿、器皿及拭尘垢杂用，用布千余疋犹不给，今所截余布可充其用。"监官从之。适古欲赤伯颜以闻，上以诘监官，监官仓皇莫知所对，归罪于挚。上命斩之。公遇诸涂，挚以怨告。公命少缓，具以实入奏。上令董文用谳之，竟释挚。寻召御史大夫塔察儿等让之曰："此事言官当言而不言，向非秃忽思，几误诛一人！"

十四年正月，授嘉议大夫、礼部尚书。三月，迁吏部尚书。十一月，驻跸察纳儿，上召公至，奏对毕，文用问大都近事。公曰："囹圄多囚耳。"上方欹枕而卧，忽寤，问其故。公奏曰："上都省檄奉旨，若曰汉人盗钞陆文者杀，以是囚多。"上惊问："孰传此语？"省臣曰："也可脱儿察。"脱儿察曰："陛下在南坡，以语蒙古儿童。"上曰："前言戏耳，曷尝着为令式？"乃罪脱儿察。公因奏："令既出矣，必明其错误，以安民心。"上善其言，即命□介孛罗与公议行文书，仍遣公至大都，谕旨中书。

十七年，公以跋涉西土感疾，足病痿挛，退居灞阳二十余年。至大二年，武宗访求先朝旧臣，授公翰林学士承旨、资善大夫。七月，改授翰林学士承旨、知制诰兼修国史。公以职在史官，类次世祖嘉言善行，英宗尝取其书入禁中。

久之，闲居京师，四方士多从公考德问业，种花竹以自娱。

公性至孝，困厄遐方，家赀散亡，仅藏祖考画像，四时穹庐中陈列致奠，克尽诚敬。咸相聚来观，叹曰："此中土之礼也。"公之疾病，终日危坐一室，朝吟暮诵。或中夜起坐，取烛以书。所著诗文及迫胁从军纪行录等三十卷，目之曰《愫轩先生文集》。

母粘合氏、赤帖吉真氏俱追封懿宁王夫人。粘合氏慈公若己出。娶札剌真氏，郡王爪秃之长女，先公三十有七年卒，追封涞水郡夫人。继室何氏，金徐州领军都统立之女孙，封涞水郡太夫人。子男四人：普化、长生、宝庄、□祈。长固今为承直郎、生料库使。女四人：长适粘合□师奴，次适金河东山西肃政廉访司事乞奴，次适利用监卿梁完者笃，幼适东昌路同知总管府事僧家奴。孙男二人：妥因妥尔、察颜。女二人。铭曰：

於穆世祖，克缵武功。历数有归，收揽群雄。才畯猬兴，风虎云龙。

孰敢干纪，天诛莫容。维懿宁王，辽国之宗。弃家奔问，尽瘁鞠躬。
其橐其囊，荡析为空。王有令子，播越羁穷。穹庐葳祀，孝敬式隆。
矫矫名王，待遇加崇。斩将献馘，遂达宸聪。重译还朝，赐予弥丰。
乃掌符玺，超跻显融。俄婴末疾，息影云松。武皇御极，耆硕登庸。
召置侍从，列爵上公。有赫英帝，祖武实从。编摩圣训，藏弆禁中。
优游寿考，启视令终。貤爵泉壤，涞水嗣封。文章汹汹，江海为东。
不亡者存，烨若长虹。瓮山之阳，燕石可砻。述铭纪德，以表孤忠。

乾隆十有四年歲在己巳夏六月
洩云爾麥莊橋為城外遠中之地
其勞則玉泉之利豈非天地鍾靈神
通橋以下玉通州為閘五為橋三夫東
太平橋者為積水潭為太液池分太
兩南東又東壯以會於大通橋一由德
廣源閘於是水有高下之分矣自閘東
餘杭兩倡說於瓚豎耳折兩南徑長
之瀑及斨云疏龍首兩出之者皆妄

颐和园外碑碣

麦庄桥记

水之有伏脉者其流必长兹如人之
如京师之玉泉汇而为西湖引而为通
沸随地皆泉而邑而不知其会西山诸
通惠河引白浮瓮山诸泉者今不可考
所资者惟玉泉一流耳盖西山碧云

清乾隆金河碑

（颐和园南）

叙录

位于北京海淀四季青船营村，原金河入长河处。碑形为螭首龟趺。拓片碑高 1.75 米，宽 0.67 米。额高 0.28 米，宽 0.25 米，清乾隆乙亥年（乾隆二十年，1755 年）五月题。拓片载《北京图书馆藏中国历代石刻拓本汇编》。

清乾隆金河碑

（篆额）**御制**

金河之水高玉河，灌输町畇蓄流波。
其初一渠可步踱，岁久淤塞滋芦荻。
疏泉因为广其窣，益开稻畦千亩多。
金河宽乃足行舸，溯洄乘便延缘过。
鳞塍蔚左昆明右，万寿山屏迭翠螺。
玉泉其遥云茝止，江南之景夸则那。
宁为斯乎一图展，祝振古兮万箱罗。

（款识）**乾隆乙亥夏五月。御题。**

（钤印）**乾隆宸翰、所宝惟贤。**

乾隆宸翰

所宝惟贤
（所寶惟賢）

颐和园外碑碣 | 255

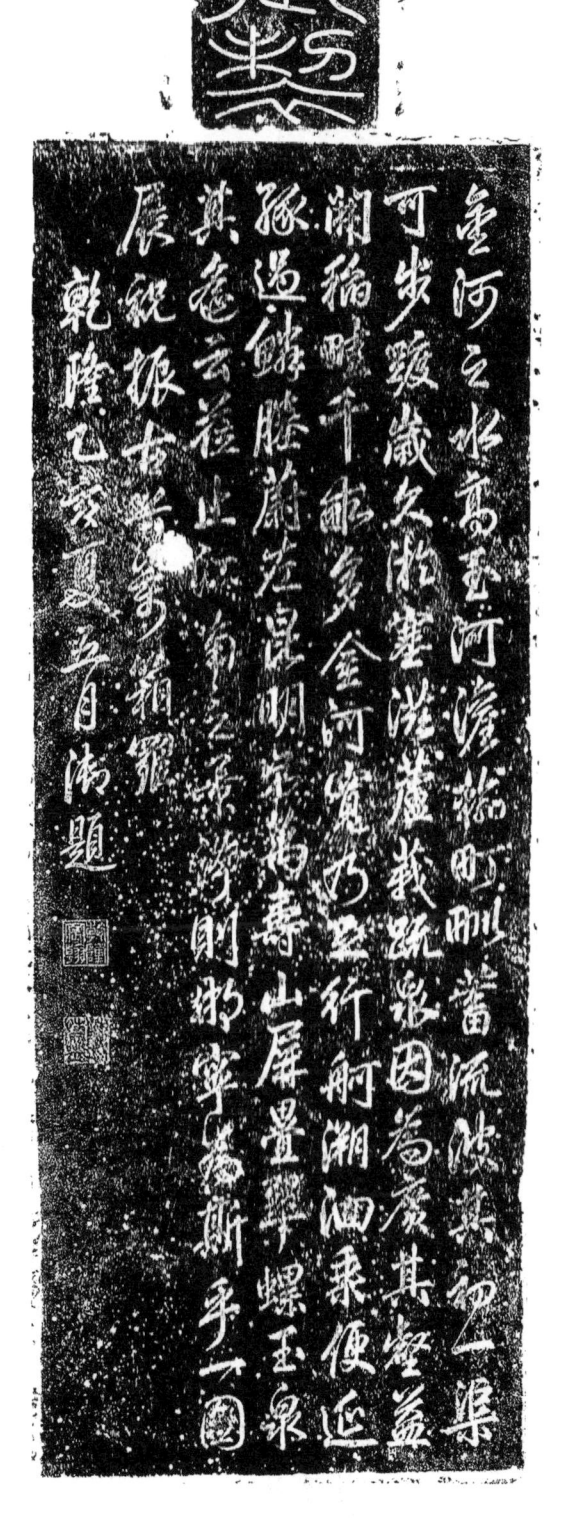

金河之水高玉河澄泓町刪當流波其初一渠
可步跋歲久淤塞滋蓋蕪蔬因爲廣其壑益
潮稻畦千畞多金河瀕乃至行舟潮洄乘便延
豚遐鰷膰廚左昆明年爲壽山屏疊翠螺玉泉
其龜云往此迤南之派渟則兩寧爲斯手一圖
辰紀狼古其事稍罷
乾隆乙巳夏五月澣題

清乾隆金河碑

清乾隆麦庄桥碑

（颐和园东南）

叙录

位于海淀区车道沟碑厂洼村，长河右岸，明、清麦庄桥旁。原有歇山重檐碑亭，现无。乾隆己巳年（乾隆十四年，1749年）六月七日立。

麦庄桥碑

（额篆书）御制

（文行书）麦庄桥记

水之有伏脉①者，其流必长，亦如人之有蕴藉者，其德业必广。济水②三伏三见，黄河亦三伏三见，此其大者矣。如京师之玉泉，汇而为西湖，引而为通惠，由是达直沽③而放渤海。人但知其源出玉泉山，如志所云巨穴喷沸、随地皆泉而已。而不知其会西山诸泉之伏流，蓄极溢涌，至是始见，故其源不竭而流愈长。

《元史》所载通惠河引白浮、瓮山诸泉者，今不可考。以今运河论之，东雉、西勾④如俗所称万泉庄其地者，其水皆不可资，所资者惟玉泉一流耳。盖西山、碧云、香山诸寺皆有名泉，其源甚壮，以数十计，然惟曲注于招提精蓝⑤之内，一出山则伏流而不见矣。玉泉地就夷旷乃腾迸而出，潴为一湖。康熙年间依金章宗⑥之旧地，建园于山之阳，名曰静明。园之西乳窦⑦淙淙如趵突者，为玉泉总脉，其余汎然⑧而泛滥于湖者不可胜数。诗人比之垂虹之瀑，及所云疏龙首而出之者，皆妄也。东流而为西湖，则以居京师之西，又明时有西湖景之称，乃假借夫余杭⑨，而倡⑩说于珰竖⑪耳。

折而南，径长春、麦庄二桥，夹岸梵宇颇丽。其大者为广仁、昌运、万寿。万寿之左即为广源闸，于是水有高下之分矣。自闸东南行，经白石、高梁二桥遂至城之西北隅，分为二：一由西直门外绕而南东，又东北以会于大通桥；一由德胜门外绕而东南，又东行以会于大通桥。其自德胜门西分流以入太平桥者为积水潭，为太液池，分合有数道并环绕紫禁，由东南御河桥穿内城以出，以会西来之水。自大通桥以下至通州为闸五，为桥三。

夫东南转漕，国家之大计也。使由通而车载背负以达于都门，将不胜其劳。则玉泉之利，岂非天地钟灵神京⑫发皇之祯符⑬哉！青龙闸非盛涨不启，奉宸苑⑭司其事，盖如尾闾⑮之泄云尔。麦庄桥为城外适中之地，故为之记而勒碑于是。

（款识）**乾隆十有四年，岁在己巳，六月朔之七日。御制并书。**

（钤印）**乾、隆、御书**。

题解

清高宗御制并行书。文载《清高宗御制文集》初集卷四，作于乾隆己巳年（乾隆十四年，1749年）。本文对日后的昆明湖及周边水利治理起到指导作用，是"三山五园"地区建设的重要文献。碑文书法布局匀称舒朗，用笔深稳秀逸，端庄柔美，为乾隆书法精品之一。书法载《敬胜斋法帖》，以及《钦定石渠宝笈续编》卷二十四。

注释

①【伏脉】隐藏的地下水。

②【济水】古代四渎之一，是黄河下游的一条重要支流。唐末断流。

③【直沽】地名。金元时称潞（今北运河）、卫（今南运河）二河汇合处为直沽。

④【东雉、西勾】海淀东南两条古河名。

⑤【招提精蓝】招提，原为四方僧的住处，后泛指寺院或僧房。精蓝，佛寺，僧舍。

⑥【金章宗】完颜璟，金朝皇帝。在位期间，他大力开发风景，兴建园林，

御製麥莊橋記

麥莊橋記
水之有伏脈者其德業必廣濟水三伏三見黃河是三伏三見此其大者矣
水之有伏脈者其流必長必如人之有蘊藉者其源出玉泉山以誌「所云臣究歟
如京師之玉泉匯而為西湖引而為通惠由是達直沽而放渤海人伍知其源元史所載
沸隨地皆泉而乞而不知其會西山諸泉之伏流蓄極溢湧至是始見牧其地者其水沽不可資
通惠河引白浮甕山泊泉者今不考以今運河論之東雄百句如俗所稱萬泉莊泉不可資
而資者惟玉泉一流耳蓋西山碧雲香山諸寺沼有名泉其源甚壯以數十計然惟曲注於招提精藍之內
一出山則伏流而不見矣玉泉地就瘠乃騰迸而出瀦為一湖康熙年間依金章宗之舊地建園於山之
陽名曰靜明園之西乳竇淙淙如㪍突者為玉泉總脈其條沈赴而泛濫於湖者不可勝數詩人此之垂虹
之瀑及兩云倡說於瑞堅可伊水有高下之今矣水自閘東南行經白石橋二橋夾岸梵宇頗驚其大者為廣仁昌
條杭名倡說於瑞堅可於南徑長春麥莊西西湖則以居京師之西北隅為二由西直門外繞
廣源閘於是水有高下之今矣於大通橋一由德勝門以出以會於大通橋其自德勝門西分流以入
而東又東壯以會於大通橋一由德勝門外繞紫竹東南御河橋穿肉城以出以會於大通橋其自
太平橋者為鑌水潭為太液池分合有數道立環繞繞紫竹由東南御河橋穿肉城以出以會於大通橋其自
通橋以下至通州為閘五為橋三天地鍾靈神京數皇之禎符我青龍閘非盛隙不啓奉宸苑司其事蓋如尾閭之
其芳則玉泉之利豈非天地鍾靈神京數皇之禎符我青龍閘非盛隙不啓奉宸苑司其事蓋如尾閭之
洩云尔麥莊橋為城外達中之地故為之記而勒碑於是
乾隆十有四年歲在己巳夏六月朔之七日御製并書

清乾隆麥庄桥碑

是"燕京八景"的始定名者。

⑦【乳窦】泉眼。

⑧【氿（guǐ）然】氿，氿泉，从侧面喷出的泉。

⑨【余杭】即杭州。

⑩【倡】古同"唱"，唱和，宣扬。

⑪【珰竖】对宦官的蔑称。

⑫【神京】京城。

⑬【祯符】吉祥的符兆。祯，指祥瑞，吉兆。

⑭【奉宸苑】内务府所属管理园囿、河道的机构。

⑮【尾闾】古代传说中泄海水之处。这里指泄洪之所。

附录

御制麦庄桥记恭跋

钱陈群

玉泉山诸泉，环护京师，绵延分注，通漕灌田，土膏脉润，诚扶舆灵长所毓。我朝景运益昌而炽，泉派益盛而裕，理固然也。惟浚之使达、引之使畅、潴之使渟，源源混混，各盈其科，日进而不已者，实我皇上睿谟指示所致。

记中直溯泉之发源，远从太行、恒岳，由伏而见，证之济、黄，更为相印。而分合通会，条理脉络，了如指掌。圣主轸念民生，至计于南北两河工程，亲临相度，洞悉形势，告诫河臣，不惜数百万帑藏，鸠工集事，年来渐致底定。

岂止首善之地，言水利者永奉宸篇为南车津筏云。

题解

文载钱陈群《香树斋诗文集》（清乾隆刻本）。

清乾隆万泉庄碑

（颐和园东南）

叙录

万泉庄位于清漪园东南，地处昆明湖下游，其稻田、堤柳、村庄是万寿山、昆明湖东堤视域中重要的风景内容。乾隆在完成昆明湖及高水湖等湖河整治后，开始了万泉庄水系治理工程，于乾隆丁亥年（乾隆三十二年，1767年）竣工。于是写下碑文，刻石为纪。碑立于万泉庄泉宗庙乐清馆南碑亭中，背阴刻写御制诗。现碑无存。

万泉庄碑碑阳刻字

万泉庄碑碑阳刻字

万泉庄记

万泉庄之名，不见于《日下旧闻》《春明梦余录》二书，而经其地指其村者，无不知为万泉庄。若夫丹棱沜之称，互见于二书，而经其地指其村以问诸土人，则茫然不知所谓。吾于是慨然叹千古纪载家之述、耳食而鲜目击，于是乎失实者多矣。继又思，失实者固由彼之未平心精思，广谘博考，不究乎实而不已，然尚赖有此失实者存，而得以考其是非、辨其差讹，则彼述耳食而鲜目击者，亦未尝无小补于后世，未足深怪也。

丹棱沜之说，二书所载虽小异，而谓出巴沟以达于高梁则同。然其同归于失实者，实亦在此。盖丹棱沜本明戚清华园之迹，今畅春园其故址也。园之前有水一溪，俗所称菱角泡子者，疑即其地。其水实由南而北，巴沟在其南，安能逆流而上以入于高梁桥乎？

盖高梁之水自由玉泉发脉，汇为昆明湖，流为长河，以经高梁而为通惠河，其详悉已具于向作之《麦庄桥记》，与此无涉也。

今巴沟桥之名尚存，而桥之南实有大沙泉、小沙泉在焉，其平地淙淙出乳穴者不可胜数，与二书所载东雊、西勾水入地中者颇合。独水尽向北流而从无涓滴向南者，此为异耳。

夫水性就下，人所易知。万泉庄高于巴沟，巴沟又高于丹棱沜，则水之北流而不南流，不待烛照数计矣。而犹有此讹焉，则吾谓朱彝尊、孙承泽之述，耳食而未目击非刻论也。且二人去今不过百余年，所记者又不过明季之事，其讹已如此之甚，溯而上之，其纪载之讹，又岂待烛照数计哉？而又岂啻丹棱沜之与万泉庄哉？

夫人皆知此为万泉庄，而泉之源又实在此，此不可不正其名而核其实也。因命所司建泉宗庙于此地，若大沙、小沙、巴沟皆立碣以志之。而庙之内，东西为池沼亭台若干所，其淙泉处亦皆与之名而志之，碣凡二十有八，庙之外喷出于稻町柳岸，如盂浆、如蹄涔者，盖不可胜记，则万泉之名益应在此而不可他属。因综其大要，树以丰碑，以证二书之讹如右云。

（款识）**丁亥仲春月下浣。御笔。**

（钤印）**乾隆宸翰、得象外意、乾隆御笔**。

乾隆宸翰

得象外意

乾隆御笔
（乾隆御筆）

题解

清高宗御制，以汉文楷体、满文书写。文载《清高宗御制文集》初集卷十，作于乾隆丁亥年（乾隆三十二年，1767年）。书法录入《钦定石渠宝笈续编》卷四十六。

万泉庄碑碑上其他面刻字

万泉庄碑碑上其他面刻字之一

诣畅春园问皇太后安遂由万泉庄进宫之作

庆节都过归寿萱[*]，问安清晓诣前园。

万泉退食欣途便，有事因之返禁垣。
经筵社祭岁躬亲，勤政身应先众臣。
稍喜东郊沾沃雪，润含香土不生尘。
万泉度地建泉宗**，祈泽由来为利农。
颇有轩亭供缀景，俯临春水正溶溶。

自注

* 寿萱春咏堂在畅春园，圣母宴息之地也。御园度节罢奉归前园，岁以为常。

** 泉宗庙建于万泉庄。

题解

清高宗御制行书。载《清高宗御制诗集》三集卷七十一，作于乾隆戊子年（乾隆三十三年，1768年）。

万泉庄碑碑上其他面刻字之二

出畅春园观稻遂至泉宗庙

清晓问安诣畅春，溪堂退食净无尘。
畴咨敕政还余暇，观稻因之步辇巡。
鳞塍处处绿苗芃，逾月农功迥不同。
所愿雨旸时此后，西成未到敢言丰？

长堤五里夹溪町，欲穗秧苗过雨青。
大似摄山山下路，柳围花绕向江宁。
庙洁神灵信有之，迩来泉盛雨还时。
都缘稼穑关民命，吾祷宁因或有私？

题解

清高宗御制并行书。载《清高宗御制诗集》三集卷七十五。作于乾隆戊子年（乾隆三十三年，1768年）。

万泉庄碑碑上其他面刻字之三

畅春园由堤上至泉宗庙

万泉自建泉宗庙，每以询安趁便临。
设教由来贵神道，溪田灌注利资深。
一道长堤几曲湾，红桃绿柳镜光间。
插秧未到兴犁候，问景今朝好是闲。
祠旁颇复有亭台，到处泉源淙石隈。
却喜春光似江国，花情树态照无埃。

题解

清高宗御制行书。载《清高宗御制诗集》三集卷八十，作于乾隆己丑年（乾隆三十四年，1769 年）。

万泉庄碑碑上其他面刻字之四

出畅春园门由堤上至泉宗庙揽景有作

畅春数里达泉宗，且止传餐问路从。
堤上初春景何若，柳丝黄处带烟浓。
泉生新水注循涯，近远鳞塍一律皆。
原是自南流北去，故知旧记属齐谐。
长堤几曲似江郊，减从无须拂翠旓。
底识今年春事早，山桃枝上已含苞。
凿湖积土遂成山，山色湖光映带间。
只以灌田费经理，岂缘问景事游攀？
既无尘复不生泥，隐隐遥峰列迤西。
记得向年得句处，秣陵东郭跋骢嘶。
崇祠种柏作阴浓，屏息升香致敬恭。
春雪略沾欠优渥，更祈春雨利三农。

万泉庄之名虽不见于《日下旧闻》《春明梦余录》，而丹棱沂则互见于二书。巴沟桥亦至今尚在，惟所称丹棱沂之水出巴沟以达于高梁则同归失实。盖高梁之水由玉泉发脉，汇为昆明湖，流为长河，经高梁而为通惠河，水皆南流。若万泉庄高于巴沟，巴沟又高于棱沂，其水皆北流，从无涓滴向南者。曩以经理泉眽，因地考订，始知二书所载之妄，尝作万泉庄记驳正之。

题解

　　清高宗御制行书。载《清高宗御制诗集》四集卷十八，作于乾隆甲午年（乾隆三十九年，1774年）。

清乾隆万泉庄三十一泉碣石刻字

（颐和园东南）

叙录

　　万泉庄泉水众多，乾隆在泉眼集中区建立泉宗庙，并对大泉一一立碣题名，计有庙外三泉、巴沟桥名、庙内二十八泉，皆由清高宗御笔行书，题刻于乾隆丁亥年（乾隆三十二年，1767年）。现碣石无存。

泉宗庙庙门外南

　　　大沙泉

　　　小沙泉

泉宗庙庙门外北

　　　沸泉

泉宗庙庙门外北桥

　　　巴沟桥

泉宗庙内东所厅宇对岸

　　洗泉

　　屑金泉

泉宗庙内曙观楼后

　　冰壶泉

　　锦澜泉

　　规泉

泉宗庙内山后红桥

　　露华泉

　　鉴空泉

　　印月泉

泉宗庙内观澜亭

　　藕泉

　　跃鱼泉

　　松风泉

泉宗庙内扇淳室

　　晴碧泉

　　白榆泉

泉宗庙内向绿轩

　　桃花泉

泉宗庙内主善堂西

　　琴脉泉

泉宗庙内秀举楼之右

　　杏泉

　　澹泉

　　浏泉

泉宗庙内枢光阁东配殿南

洗钵泉

泉宗庙内西所依绿轩右

浣花泉

泉宗庙内辉渊榭南

漱石泉

泉宗庙内桥畔

乳花泉

漪竹泉

柳泉

枫泉

云津泉

泉宗庙内乐清馆之南方池

月泉

贯珠泉

题解

　　清高宗御制并楷书。载《清朝通志·金石略》，作于乾隆丁亥年（乾隆三十二年，1767年）。

清乾隆泉宗庙西碑

（颐和园东南）

叙录

　　泉宗庙位于万泉庄泉水集中区，建成于乾隆丁亥年（乾隆三十二年，1767年），实为一处以泉水为特色的行宫园林。庙内碑亭二座，西亭立有乾隆御制碑《泉宗庙记》，碑阴刻丁亥御制诗。庙毁于民国初年，传说张作霖将其建筑材料拆运至沈阳，建造自己位于大伙房水库附近的陵墓。泉宗庙址残留至20世纪80年代。

西碑亭碑阳刻字

泉宗庙记

万泉庄之记，记泉之源委；泉宗庙之记，记神所凭依。或曰：泉之数以万而神之祠惟一，其一以贯万之旨乎？曰然。又曰：知一以贯万，则玉泉山天下第一泉不既有祠乎？其亦可以概之矣，而又为是若殿宇、若像设者，不已多乎？曰否。奚以然？然乎然。奚以否？否乎否。

于是申其义而诏之曰：天一之精流而为水，四渎四海一水而已。综而括之，其神惟一，散而分之，各有所司，非特此也。一黄河而神之祠不啻数百十，此谓之非合且不可，而谓之是分，又岂得乎？故泉之所在神斯在焉，则吾之构殿宇而严像设之意，其亦如此而已矣。

且玉泉之水自西山诸泉伏流而来，其义已见于向记。兹万泉之地实近长河之东堤，其伏流隐脉至此而一蓄一现，于是乎泛滥演漾，溉町塍而资挹注，仍一玉泉之功用也。则以河渎神祠例之，实亦不见其异，而又何必言同哉？

祠之后为杰阁，奉北极以镇之，盖亦取乎元武主水之义，而所以崇肸蠁、祈昭佑，永灌注之利，无旱暵之虞，重农兴穑，则吾之意实在斯乎！因为之记而勒之庙前。

（款识）丁亥仲春月上浣之吉。御笔。

（钤印）**得象外意、乾隆宸翰、涉笔偶值几闲、新藻发春妍。**

得象外意

乾隆宸翰

涉笔偶值几闲
（涉筆偶值幾閒）

新藻发春妍
（新藻發春妍）

题解

清高宗御制，以汉文楷体、满文书写。书法入录《钦定石渠宝笈续编》

卷四十六。文载《清高宗御制文集》初集卷十，作于乾隆丁亥年（乾隆三十二年，1767年）。

西碑亭碑阴刻字

六月四日诣泉宗庙瞻礼遂奉皇太后游览

祠建泉宗始昨春，落成此日礼泉神。
为开稻町资输注，亦构松轩备豫巡。
皓日宜旸辉彩栋，熏风递爽奉安轮。
园楼拾级犹堪望，香在绿畴乐是真。

题解

清高宗御制并行书。诗载《清高宗御制诗集》三集卷六十六。作于乾隆丁亥年（乾隆三十二年，1767年）。

清乾隆泉宗庙东碑

（颐和园东南）

叙录

泉宗庙位于万泉庄泉水集中区，建成于乾隆丁亥年（乾隆三十二年，1767年），实为一处以泉水为特色的行宫园林。庙内碑亭二座，东亭碑刻丁亥、乙未御制诗。

东碑亭碑刻字之一

雨后泉宗庙

快雨昨朝喜快晴，泉宗趁爽小游行。
一行柳岸轻风细，五里稻塍浓露晶。
石罅有声泉水旺，松间无暑夏阴清。
亭台创构频来视，即此喜新识众情。

题解

　　清高宗御制并行书。诗载《清高宗御制诗集》三集卷六十六。作于乾隆丁亥年（乾隆三十二年，1767年）。

东碑亭碑刻字之二

泉宗庙

　　渐近见环垣，居中庙猊轩。鸿功利畿甸，崇像据泉源。
　　言念耕桑重，斯为衣食原。即看田积玉，已是沐深恩。

题解

　　清高宗御制并行书。诗载《清高宗御制诗集》四集卷二十七。作于乾隆乙未年（乾隆四十年，1775年）。

东碑亭碑刻字之三

泉宗庙瞻礼

　　视朝有事复还宫，路便泉宗庙据中。
　　瞻礼瞥然成隔岁，抒诚莫匪为农功。
　　新松笼户枝交干，夏卉绕阶花满丛。
　　春雨固佳颙再需，瓣香应鉴此深衷。
　　是庙建于丙戌，至丁亥春落成，阅今二十年，所种新松已交干成阴矣。

题解

　　清高宗御制并行书。诗载《清高宗御制诗集》五集卷十六。作于乾隆乙巳年（乾隆五十年，1785年）。

北坞村明天顺普陀寺碑

（颐和园南）

叙录

　　碑位于北京海淀区北坞村。拓片身高 1.06 米，宽 0.6 米；额高 0.28 米，宽 0.19 米。明天顺五年（1461 年）十二月刻。拓片载于《北京图书馆藏中国历代石刻拓本汇编》。

普陀寺碑

（额篆书）敕赐普陀禅寺碑记

（碑正书）敕赐普陀禅寺开山记

　　特进光禄大夫、右柱国、太保、会昌侯孙继宗篆额。

　　承德郎、尚宝司丞、直文华殿、前中书舍人汪景昂书丹。

　　制赐宝藏开山、嗣孝严宗法师播阳道深撰文。

　　西湖景之佳致，甲冠天下之山川者也。盖惟圣驾幸游之地，而于淑气融和之候。与若光风霁月之时，则万顷之湛碧，澄波涌一带之环青列岫。然其景之绝胜概处，则尤独有所谓玉泉山者焉。其山之西南抑又有旧吕公洞，而其巉岩之峭峻、崖径之崎岖，拟似南海普陀洛伽之形势，而观世音示不思议之宝坊也。

　　宣德中，高丽野衲峪叟，初筑室于彼岸，俯瞰清流，而每禅余客至，则推窗拍手，引鱼群聚，名一笑轩，止于正统间。雪堂宁上人移宗署之檄，没孔柄之斧斤，以重开其山，亦遂寻获内府都知监左监丞黄公翱，偕同寅唐公慎、谭公智宝、杨公普全辈，各施金帛，并鸠诸缘。倩工兴修正殿、天王殿、伽蓝祖师之堂、钟楼、廊宇、僧舍、山门，总廿一楹。而皆美哉轮奂，则其庄设梵相，亦皆即非色相而具足端严。其及以累蒙朝廷赏赐银两若干，所用买到宛平县瓦窑村居民刘荣等□粮田地八十余亩，永充常住香灯之费。

敕賜普陀禪寺碑記

敕賜普陀禪寺聞記

承德郎尚寶司少卿矢方掛冠國太保曾昌佐儀繼宗篆蓋
進德郎尚寶司丞直□□華殿殿前注□□陽人汪景升書丹
奉

敕賜普陀禪寺聞山持□□□

西湖之景，佳地也。盖□□□□絕勝之地，燕堪誇，獨尤出□□□之。南海普陀洛迦□□□清流而每禪，余獨有所□□崛巍天下之俱與君□□□似玉泉山有馬鞍山之□□象之□乎，惟思□□□□名一□□於正統間□□□之□南□又有舊□公洞而其意□□宣德間奉堂宁神人□□□□□□□高氐尚□桐殷其□□□□堂寧人□宗□□□□□

內前都知監太監□公黃公□□□□左祖師之堂鐘□及□□鑄公□□公□唐宗皆□□山等寺□□□□民捐資並工具修正□□□□□諸緣倩工具修正□□□□□□楊諸縣興剛正毀□□□□□□□□□□□

朝廷賞賜銀兩若干所用貫到□□□而天順改元當□禪寺成□相賞而色相□其旦□□□

敕額曰普陀禪寺以昭顯百代先禪右上人於□□□□觀湖之上□□□□□□□迹既事權愛入□□□□□保安蒙載山□□□□□□真誠披榛伐棘，修填行表平一切徒□□□□□圖圓真正石

大明天順五年丙□□□

而天顺改元，伏蒙敕赐额曰普陀禅寺，昭显百代光辉，而上人承领礼部札付住持，其命纪述厥事，继传千载之不磨矣。

夫观自在从古佛中权变入流，忘所越三摩地而尝闻之宣海潮音于南海之滨，则兹见其布如幻境于西湖之上，岂不十方诸国土无刹不现身者乎？翊赞皇图，保安黎庶，而携物类咸登普门品之阶梯，则固心念不空过矣，并录记之。

上人系浙之江上巨族，自幼真诚投空山，知识薰染，操修慎行，表率大功德丛林，首座旳续雨庵善世临济正宗。

（款识）**大明天顺五年腊月八日，本寺第一代开山住持圆宁立石。金台黄玉镌。**

（碑阴）**檀越施主，万古留名。**（捐助人姓名，漫漶不清，从略。）

北坞村清光绪净道圣会碑

（颐和园南）

叙录

碑位于北京海淀区北坞村金山寺。拓片身高1.4米，宽0.64米；额高、宽均0.18米。清光绪二十年（1894年）四月刻。拓片载于《北京图书馆藏中国历代石刻拓本汇编》。

净道圣会碑

（额正书）**净道圣会**

（碑正书）**重修本寺公立普兴万缘净道修道圣会碑记**

盖闻宇宙之间为人子者，修福作善为先。夫古今至重者，善也。普观京都附迩古刹，惟有妙峰山圣境，崔嵬之峥崖似莲台，云霄之上，淑气之馚焉。高望群谷环绕而致远，游目往来于崇叠云峰。

淨道聖會

重修本寺之萬緣淨道修道聖會碑記

善闔辛南之閒緣人子者修福作善為先夫古今至重者善也善觀京都附近古刹惟有秋峰山聖境崔嵬之崎崖似蓮台雲壑之上淑氣之歈為高聖群谷環遶而致遠游目注來於崇巒疊翠儲於其間潤雨而霜惠風和呈花卉異草相瞻相笑而善者時將攤爭於遠野松相之華攀彼岩而攀攀乎山皋泅沈而瀨漫说麗水而慈溶則斯可謂之佳景盂瞻天下山川第一者也惟有我天仙聖母碧霞元君聖德庇蔭朝旗民咸仰家豪神麻乾恩之大德是以由同治甲午年詳查考路香道徒崖險山徑崎嶇汉兼霆歗雨澤冲潤坍塌愛甚多往來香客男婦老幼力為行端不止貧感客至誠之道馮於善者之人由彼處經行未知也年深日久無人修理因此順天府宛平縣屬北崗閉公議立普與萬綠淨道修道聖會年側至三月下旬開江起同仁堂樂施安立辦杆勒碑募助銀六百六拾兩一律整齊以紹億億萬香齊順行仁人得以綬懇此等功德非尋常之善可比戒業等國家安泰四海咸寧間閒德濟無育庶聚永世之深矣感應八方眾善人等朝謁餘蒼佛國之人佛事不能不作仁事術理富為泉善信士人等樂善不倦理宜不朽絲造流長而致美于本寺于本廟胎表印批准本村淨道聖會疫善人等住持焚修

大清光緒二十八年歲在甲午孟夏清和月　吉日謹誌

古燕京兗乾居士李廣明撰書

崟嵯之远岫峻岭，奇秀储于其间，润雨而霁，惠风和邕；花卉异草，相观相笑而善者。莳萝争于遍野，松柏之萃华彼处而独隆者乎。山泉汒氿而潺潺，湜况丽水而液液。则斯可谓之佳景，盖瞻天下山川第一者也。

惟有我朝旗民，咸仰承蒙天仙圣母碧霞元君，圣德庇荫，国家安泰，四海咸宁，恻悯慈济，抚育庶黎，永世之深矣。感应八方众善人等，朝谒以答神庥弘恩之大德。是以由同治甲子年，详查五路香道，惟有中道、中北道峰陡崖险，山径崎岖。又兼屡被雨泽冲涮，坍塌之处甚多。往来香客，男妇老幼，勉力而行，喘吁不止。实感香客等至诚之道，笃恭于善者之人，由彼处经行未有弗知也。年深日久，无人修理。

因此，顺天府宛平县属北坞阁村公议，诚立"普兴万缘净道修道圣会"，年例于三月下旬开工起，将二路香道冲涮坍塌之处，修墁磊砌，一律整齐，以备亿亿万万香客顺行，仁人得以缓憩。此等功德非寻常之善可比，我辈等佛国之人，佛事不能不作，仁事循理当为。众善信士人等，乐善不倦，理宜不朽，缘远流长而致美乎。

同仁堂乐施安立旗竿、勒碑，喜助银六百六十两。

本寺地三段，计三十亩。东庙地二段十亩，西庙地一段二十四亩。

本寺守本庙照奉印批准本村净道圣会众善人等住持焚修。

（款识）**古燕京兑乾居士李广明撰书。**

大清光绪二十年，岁在甲午孟夏清和月吉日谨立。

玉泉山蒙元玉泉碑

（颐和园西）

叙录

碑位于玉泉山。久已无存。文载于《元一统志·大都路·山川》，是本地区最早的一篇纪文，包含了重要的历史地理信息。

玉泉碑记

庚子年十二月编修赵著碑记

燕城[①]西北三十里有玉泉。泉自山而出，鸣若杂佩[②]，色如素练，泓澄百顷，鉴形万象。及其放乎长川，浑浩[③]流转，莫知其涯[④]。西南狼山与燕山[⑤]等列领群峰而来，草树烟霞，风云月露，朝夕变态无穷。凡来览者，若历物外。山有观音阁，玉泉涌出，有玉泉二字刻于洞门。泉极甘洌，供奉御用。

题解

作者赵著（？—1236），字光祖，号虎岩，蓟州渔阳人，金末著名文人，善属文。在蒙古军征伐金地时，元好问曾上书耶律楚材请求保护54位文士，赵著名列其中，后被耶律楚材延请为儿子耶律铸的老师。蒙古太宗丙申年（太宗八年，1236年），再被荐为燕京编修所副编修官。

碑文作于蒙古太宗十二年（金已亡6年）。这一年蒙古军与南宋在襄樊一线攻守僵持不下，蒙古军转向高丽，迫其臣服。同时在西方，蒙古军控制了波斯，并西进占领了波兰和匈牙利全境。

注释

①【燕城】此时金已灭亡，燕京不再是首都，故称"燕城"。其中心在今北京白纸坊桥鱼藻池遗址。

②【杂佩】连缀在一起的各种玉佩。这里指泉声如各种玉佩碰击之响。"未肯齐珉价，宁同杂佩声。"（唐·严维《奉试水精环》）

③【浑浩】水势盛大貌。

"韩子之文,如长江大河,浑浩流转。"(宋·苏洵《上欧阳内翰书》)

"吾谓此一章,似长江巨浸,弥漫无际,而浑浩回转,不可名状。"(宋·陈善《扪虱新话·论孟子之书有巧妙处》)

④【涯】岸,边际,极限。

⑤【狼山与燕山】指现在八大处一带山峦。明、清石景山有"琅山",沿用至今,应是"狼山"音转而来。"燕山"所指待考。

玉泉山清康熙贾汉复纪功碑

(颐和园西)

叙录

碑位于玉泉山下,康熙中期尚在。后无存。碑文见清人钱仪吉纂《碑传集》卷六十二《国初督抚下·兵部尚书兼都察院右副都御史贾公汉复墓志铭》附录,又节录于《(康熙)宛平县志》。

贾汉复纪功碑

罢玉泉山煅灰纪事

卫周祚

世祖章皇帝纪元之十三年,内三殿一时鸠工,工繁费浩。有昌平灰户欲乘便为奸利,倡言灰用不支,取诸近地恐不给,远致之他方工用益糜,诡云西山老虎洞石良宜灰,且地近易致,费省无算。包衣总大人通公然其说,为入奏奉旨。

是时,胶侯贾公副余为少司空,往福阿喇查阅祖陵大工甫归,已有总督宣大之命。会通公条上,三大殿工必得工部堂上官有大才干者非贾某不可,因寝前命。既又奏,煅灰西山,须画明地界,宜遣工部堂上及内官监员往。随奉旨，命公偕本部启心郎雷公虎，暨内官监大人以行。

公至西山，履视其地，大惊曰："此玉泉山也，昔余曾同相国范公游，知系都城龙脉。何物奸民，诳言耸听，以伤国本。"灰户语塞不能对。内官监大人愤然作色曰："奉旨来为分地界，非为看风水，何不遵旨而行？"公曰："旨安敢不遵，但此山乃都城来龙发源之基，断不宜毁。昔周王营镐卜洛，俱以形势为依据。况此山环护都城，大有关系，且其下有泉，流入内城为御河，从东便门出，入通会河，五坝之水皆源于此，漕运赖之，兹岂细故而卤莽从事！"雷公与偕行者，相顾错愕。

公竟不分地界驰归。通公一见，怒谓公曰："风水妄言耳，何深信至此！"公理前说，抗辩再四。通公又曰："山即烧毁，水故在也。"公曰："山之有水，如人身之有血，身既无存，血安从生？"议不决而相持者旬有余日。忽通公邀公会议，变色曰："此山既不便凿石为灰，亦当不便取煤为薪。"公曰然。通公怒甚，曰："都人炊爨惟煤是赖，信尔言，则断却百万家烟火矣。"公笑曰："据公言，都城百万家烟火之煤尽取足于此，则此山之煤值与金等，不能给也。浑河迤西房山县诸处，绵亘大西山，岁出煤何限，固不藉此耳。"通公默然，徐曰："业有旨，尔自往回奏。"公即草疏要略云："玉泉山，都城来龙，若使烧毁，御河随涸，五坝水渺，漕运难矣。"通公听，手裂其稿曰："何将漕运亦入其内？"公曰："玉泉之水即通会河之源头，如何不入？"通公蹙额良久，愠气稍息，服公言为是，遂复面奏。命公更阅他山，而玉泉之议乃寝。

是役也，非公独断力争，则水脉必断，水源必绝，都城必大受害。异日圣天子追咎从前妄奏误事之辈，即寸磔奸民不足蔽厥辜；而同行阅视者，议亦难逭。今玉泉之山屹然以宁，玉泉之水蜿焉以通，而国脉永培，民生克遂，所全者实多。即同事诸公，阴受其赐，又岂浅鲜乎！古来大臣，必求有经济学术者，为其能知大体也。公历仕二十余载，内而卿贰，外而节钺，鸿猷伟烈，未易更仆数。而斯举则上关国脉，下及民生，厥功甚巨，宁仅消患于未形而已哉！余忝同官，且同督大工，目击其事甚悉。窃恐后之隐而弗彰也，故特纪其始末，以备史氏之采择云。

明景泰西林禅寺碑

（颐和园西北）

叙录

刻于明景泰庚午年（景泰元年，1450年）。现无存。西林禅寺建于明代正统年间，为大功德寺下院，在玉泉山西北，清代改为静安寺。碑文由明初六朝老臣、礼部尚书胡濙撰写，载《日下旧闻考》卷一百一。

西林禅寺碑

西林禅寺在都城西三十里许，去人境殊不远，而峰峦峭拔，岩壑郁纡，最为胜处。古有梵刹蔽翳于榛莽之间。正统三年秋九月，募众缘，市财僦佣，剪荆除砾，先营大雄宝殿，次及四天王殿，三门廊庑，万佛、藏经宝阁，禅室、方丈、斋庖、库庾，并左右缮治菩提舍利宝塔二座，后有延寿宝塔一座。增饰像设，金碧交辉，照耀山谷，范铜为钟。凡奉佛之仪饭僧之具制所宜有者，靡不精备。外则缭以穹垣，荫以巨木，俨然祇园之境。以为大功德禅寺下院，延僧洪永为住持。

正统十一年九月，蒙车驾临幸，有白金、彩缎、宝钞之赐，时以为荣。

乃伐石书之，俾来者得以考见其所自，而知构兴之岁月云。

金山陵寝明英宗安妃杨氏圹志

（颐和园西北）

叙录

志正方形，长、宽均 0.64 米。刻于成化二十三年（1487 年）十一月。拓片载《中国金石总录》。金山陵寝为明代皇家第二陵寝区，辟于明代初年，又称"西山陵寝""西陵"，作为皇帝嫔妃、废后、早逝太子、幼王、公主的葬区。终明入葬 150 余位皇家成员，绵延墓园 53 座。本书选录部分出土墓志。

金山陵寝

（志正书）英庙庄僖端肃安妃圹志

妃姓杨氏，辽阳人。父伯颜金吾右卫指挥同知，广之弟。母张氏，弟福安锦衣卫百户。

妃以宣德三年选入内庭，自幼及长，克遵姆教，祗事英宗睿皇帝，天顺元年册为安妃，生女一，封崇德长公主。妃以今成化二十三年十月十七日卯时薨，距其生永乐甲午七月初二日，享年七十有三。惟妃德性夙成，壸仪闲习，是以先帝深加眷重，进位妃嫔。其薨也，今上辍朝五日，伸其哀也。进谥曰庄僖端肃，彰其德也。十一月十九日安葬金山。

盖高寿令终，福亦备矣。况得从睿考，神游于白云之乡，其奚憾焉。

儒臣承命特识幽宫，永垂不朽云。

英廟莊僖端肅安妃壙誌
妃姓楊氏遼陽人父伯顏金吾右衛指揮同
知廣之弟母張氏弟福安錦衣衛百戶妃
以宣德三年選入
內庭自幼及長克遵姆教祗事
英宗睿皇帝天順元年冊為安妃生女十封崇
德長公主
妃於成化二十三年十月十七日卯時薨
距其生永樂甲午七月初二日享年七十
有三惟
帝深加眷重進位妃嬪其薨也
妃德性凰成壼儀閑習是以
上輟朝五日伸其哀也進諡曰莊僖端肅葢
其德也十一月十九日安葬金山蓋高壽
令終福亦備矣況得從
睿考神遊于白雲之鄉奚憾焉儼
命特識幽宮用垂不朽云

金山陵寢明英宗安妃杨氏圹志

金山陵寝明武宗贤妃沈氏圹志并盖

（颐和园西北）

叙录

志与盖正方形，长、宽均 0.62 米。刻于嘉靖二十一年（1542 年）十月。拓片载《中国金石总录》。

金山陵寝

（盖篆书）**大明武庙荣淑贤妃沈氏圹志**

（志正书）**武庙荣淑贤妃圹志**

妃姓沈氏，世为南京留守后卫人。父傅锦衣卫指挥佥事。母施氏，封恭人。

妃以正德元年六月二十七日选入内庭，九月初七日册封为贤妃，事我武宗毅皇帝。夙夜勤慎，无少愆违。妃生于弘治五年三月十一日寅时，以嘉靖二十一年五月十七日巳时薨逝，享年五十有一。

妃柔懿性成，恪遵内则，是以武庙深加眷遇。迄其以薨闻，今上皇帝悼惜，辍视朝三日，敛藏奠享皆如礼，仍进嘉谥曰荣淑。中宫皇贵妃等妃、皇嫔、皇太子、裕王、景王、公主、泾简王妃咸致祭焉。以是年十月二十六日葬于金山之原。

夫生死理之常也，名称德之符也。妃叠膺封号恭和孝敬，贤德著闻，足以副其徽称，而安享贵荣，始终蒙被恩命，可以无憾矣。

儒臣奉命，志于玄室，百世之下其尚有征焉。

妃生於弘治五年三月十一日寅時以嘉靖二十一年五月十七日巳時薨逝享年五十有一
妃柔懿性成恪遵內則是以
武廟深加眷遇迄其以薨聞
今上皇帝悼惜輟視朝三日歛藏奠亨皆如禮仍進嘉諡曰榮淑
中宮
皇貴妃等妃
皇嬪
皇太子
裕王
景王
公主
涇簡王妃咸致祭焉以是年十月二十六日葬于金山之原夫生死理之常也名稱德之符也
妃釜膺封號恭和孝敬賢德著聞足以副其徽稱而安享貴榮始終蒙被
恩命可以無憾矣儒臣奉
命誌于玄室百世之下其尚有徵焉

武廟榮淑賢妃壙誌
妃姓沈氏世為南京留守後衛人父傳錦衣衛指揮僉事母施氏封恭人
妃以正德元年六月二十七日選入內庭九月初七日

金山陵寢明武宗贤妃沈氏圹志盖

金山陵寢明武宗贤妃沈氏圹志

金山陵寝明神宗悼嫔耿氏圹志并盖

(颐和园西北)

叙录

志与盖正方形,长、宽均 0.63 米。刻于万历十七年(1589 年)八月。北京海淀区青龙桥董四墓出土。拓片载《北京图书馆藏中国历代石刻拓本汇编》。

金山陵寝

(盖篆书) **悼嫔耿氏圹志**

(志正书) **悼嫔圹志**

嫔姓耿氏,直隶保定府安肃县人。父大亨,母王氏。

嫔以万历十一年五月十五日选入内庭,祗事皇上,夙夜勤劳。十七年六月初四日未时薨逝,上悯之,特赐封号为悼妃。距其生、隆庆三年十二月二十二日酉时,年二十有一。其薨也,今皇上辍朝一日,赐谕祭如礼。两宫圣母及中宫以下皆致祭。以本年八月初九日葬于金山之原。

嫔寿虽未遐,然蒙被宠渥,没有余荣,夫复何憾。

儒臣奉命志于玄室,百世之下其尚有征焉。

注释

金山陵寝之明神宗嫔妃圹志,尚有顺嫔张氏、荣嫔李氏、何嫔梁氏、德嫔李氏、敬嫔邵氏、慎嫔魏氏。拓片载《北京图书馆藏中国历代石刻拓本汇编》。此处录文从略。

金山陵寝明熹宗女永宁公主圹志并盖

（颐和园西北）

叙录

　　志与盖正方形，长、宽约 0.6 米。刻于天启三年（1623 年）十二月。北京海淀区青龙桥董四墓出土。拓片载《北京图书馆藏中国历代石刻拓本汇编》。金山陵寝尚有明熹宗第二女怀宁公主（朱淑媖）圹志并盖。出处同上，从略。

金山陵寝

　　　　（盖篆书）永宁公主圹志

　　　　（志正书）永宁公主圹志

　　公主讳淑娥，皇帝第一女，皇贵妃范氏出也。以天启二年十月十六日丑时生，三年七月初二日卯时薨逝。

　　皇情惋惜，于是追封为永宁公主，祭享秩数用成人礼焉。仍命所司卜得吉兆，以天启三年十二月十五日葬于金山之原。

　　呜呼！公主甫逾年特膺宠渥，封有号，葬有仪，即降年弗永而芳魂亦可无憾矣。

　　儒臣奉诏，爰志幽宫，永垂不朽云。

金山陵寝明熹宗纯妃段氏圹志并盖

（颐和园西北）

叙录

　　志与盖正方形，长、宽约 0.69 米。刻于崇祯三年（1630 年）五月。北京海淀区青龙桥董四墓出土。拓片载《北京图书馆藏中国历代石刻拓本汇编》。

金山陵寝

（盖篆书）熹庙恭惠纯妃段氏圹志

（志正书）熹庙恭惠纯妃圹志

　　妃姓段氏，南京鹰扬卫人。父董彝，升都指挥同知。母肖氏。妃生于万历丁未年四月十五日巳时。于天启元年四月初二日选入内庭，越五月十三日册封为纯妃。事熹宗悊皇帝七年，恭勤特著，甚见重焉。至崇祯三年五月十三日午时，以疾薨逝，享年二十三岁。惟妃德性温淑，仪端庄，慎事先帝，宜其隆眷之优注也。

　　今上追念先帝遗意，典礼有加，即于薨之五月二十二日谥曰恭惠，以崇祯四年闰十一月二十二日葬于金山之原。生沐渥宠，死有余荣。勒懿幽宫，庶永垂于不朽也。儒臣奉命谨志阳燧之石云。

金山陵寝明熹宗纯妃段氏圹志盖

宝藏寺明正统宝藏寺碑

（颐和园西北）

叙录

拓片碑高 1.7 米，宽 0.75 米；碑额高 0.45 米，宽 0.69 米。明正统己未年（正统四年，1439 年）刻，位于北京市海淀区青龙桥老府村。

宝藏寺位于颐和园西北金山上，整座寺庙随山势高低错落，突破了佛寺规矩严肃的形象，同时又保留了清虚脱尘的氛围。布局灵活多变，旷奥相间，俯瞰昆明湖及三山风景是其一大特色。而"宝藏攀桂"与御桃则是本寺植物亮点。庙始建于明初，延续至民国，传承有序，共有七方碑石详尽记录庙寺历程，文脉清晰完整，是寺庙园林的经典范本，也是"三山五园"地区宝贵的文化遗产。

宝藏寺碑

（额正书）**道大德洪，仁慈义胜，显密融通，因圆果证**

（碑正书）**皇帝敕赐金山宝藏禅寺记**

承旨讲经、兼赐行在僧录、宝藏第一代开山、圆融显密宗师、播阳 道深撰述。

资善大夫、行在礼部尚书、毗陵胡濙书丹。

奉天靖难推诚宣力武臣、特进、荣禄大夫、太子太保、柱国、成国公朱勇篆额。

永乐十九年，播州宣慰使司宣慰使郡侯杨升，携余进贡，来朝北京。蒙太宗文皇帝赏赉褒重，由是得从灌顶广善大国师智光受灌顶戒，学西天梵书字义。洪熙间，仁宗昭皇帝柔远奖谕，特赐高僧，继从司录左阐教法主大师，讲《华严》《圆觉》《楞严》等经、大小宗乘等律、唯识百法等论。

宣德初，常侍大国师屡应宣宗章皇帝宣召，每与经筵，复从讲经，独芳叟入室参千百则公按，越八年七月半罢参。

无何，闰八月复中秋，独游大觉寺，过西湖，至金山口迷路。稍西行二里所，忽来到此，唯见山峦掩映，岐涧幽深，中有清泉一泓可数掬，而尤澄湛甜美，私谓此处宜插一草团标，以为游息读藏经。二十日，躬自诛茅辟地，创成衡宇数楹，坐西向东，然而小巧，地步不多。九年夏，掌御马钦差镇守陕西等处监督总兵官兼尚宝鲁安公王贵，参随圣驾幸游西湖之明日，祭祀永清公主，就省其亲、昭勇将军王公太淑人吴氏之茔。偶寻访余，一见颇识，遂与骠骑将军都指挥使卢育、高通、冯麟、刘智等，是年六月初三日共力开山，用太史彭得清，改向靠北朝南。

山之从东至西凿石，治开宽十五丈，从北至南长三十丈，中间填涧平高八丈，随山高下，分为三级。

其头一级，盖造范围普觉之殿五，墨点金雕梁绣柱，中塑毗卢如来，旁立文殊、普贤，杂采庄严色相。捐俸若干。鲁安公弟府军卫都指挥使王观、锦衣卫指挥同知王忠、王英塑士，锦衣卫镇抚陆贵壁画四佛，并诸普觉菩萨，喜舍白金八十两。常侍阮宗王文画史。锦衣卫镇抚王恕，殿之左掖塑安护法助赞。上官宝庆，右掖开山寿像。副使周福宛詹两掖之翼，接连转角、斜廊，抵南直下。

其次二级东边，方丈三间，中供得法师像，西边禅堂三间，中供教授师像。依又两翼，接连转角，平廊围至前殿，殿之中端奉正法明王如来，刻香戗金庄造，功德主管御用近侍大夫尚义、李童、贾亨、喜宁。

其第三级角立二楼，左钟右鼓，信官王胜添保伏仝。其余僧舍、庖廪等屋，以及法幢、法座、器皿诸事，凡法之所备有而皆悉具者，尽情出于鲁安公之费。

其山离京仅三十里，形势从西盘回而至近邻五华峰顶，远根紫塞、太行、终南剑间西北诸山，邈不知其几千万仞。东顾献陵，迩连山海，遐接辽阳。岭表东南诸国，抑不知其几万重。北背居庸叠翠，前吞西湖，平挹都城，品物之盛，余固不可其状。但取左近立为八景。

然八景者，其第一景，泉自主山右出，引至正殿，当间石砌方池，目为灌顶玉华池，上人高士，每得灌沐清神，名曰玉华灌顶。其第二景，从玉华池石槽曲尺顺东引水，穿廊直至方丈之后，又砌一池，目璧月池。池上起一善住秘密大宝楼阁，中奠七佛之师，新袭宣慰使杨炯与同前都指挥某等鼎造。彼阁之东去十数步，有大劫石，可坐一二十人，上有谈经室三间，菩萨戒弟子谭真师报姜权廖观等造，而余与众上人尝说显密法义于中，名曰劫石谈经。其第三景，主山西阿约半里许，孤岩幽峻，缚一蓬茨，余时禅隙其间，名曰孤岩入定。其第四景，正在山口，两条岐涧之上，有亭翼然，为浣心亭，往来士客皆得休涤乎中，名曰双涧浣心。其第五景，南手有山数亩，向阳肥壮，草屋一间，匾耕云室，余尝躬耕其上，名曰南岭耕耘。其第六景，从璧月池决渠引水，沿山至东七十九步，东山迭秀，下结为台。水绕其台，东聚为池，栽千叶莲。池右葺亭，下瞰西湖，匾湖山亭，刻诸翰林诗记于上。余每坐，目幻沤起灭，澄默于中，名曰西湖观水。其第七景，主山西峰有石凌霄，通州城塔八十里远，阴晴可望，名曰凌霄望塔。其第八景，浣心亭上有山有台，目为即景，峙对京华，登览四时景物之丰，与夫城阙楼台之丽，遐想文物衣冠之盛，名曰望景观城。已上总计山是八景，殿宇楼阁五座，廊堂屋舍三十五间，亭室五处，山门三间，远门一座，石紫矮墙，周围四里，栽小松树十千，时果五千，间杂群卉嘉木，可谓壮观，上苑名览之胜概矣！

监造官武德将军彭义、雷兴、边靖、吴景、张旺。木作提调官张子亮、张士宗、黄赟。前后工程五年克就，而其克就庆赞之日，天朗气清，从东北西白光九道，山中草木斋香，交接入天瑞应。

至于正统三年十二月二十一日具奏，伏蒙当今皇帝圣旨，赐做宝藏禅寺，着令礼部钦除住持道深讲经，常川开示僧俗，不许诸人故意生事，悔慢欺凌，钦此。

呜呼！余虽少学举业，读群书，操觚翰，既长而嗜□寂，久之不事文墨，今是记，无直记其实事，以昭后世，使知开山创立之来历耳，故不以文为也。吁！知我者其惟斯言乎，罪我者其惟斯言乎？

（款识）**大明正统四年岁在己未三月乙酉朔越六日记。参□□□□□□□营**

缮惠文镌石。

题解

碑文著者道深和尚，为宝藏寺开山祖师，倾心园林，晚年还在朝阳门外建有月河梵苑。其大半生往来于小西山地区，为诸多寺院写下碑记，如北坞村《普陀禅寺记》等，对本区山水多有记述，具有风景园林、历史地理价值。拓片载《北京图书馆藏中国历代石刻拓本汇编》。

宝藏寺明正统四年金山宝藏寺碑

宝藏寺清康熙宝藏寺碑

(颐和园西北)

叙录

拓片碑高 1.31 米,宽 0.67 米。康熙戊子年(康熙四十七年,1708 年)二月刻。位于北京市海淀区青龙桥原老府村。拓片载《北京图书馆藏中国历代石刻拓本汇编》。

宝藏寺碑

修建金山宝藏寺碑记

宛平界西北,距德胜门二十五里,平地中有大泉,湸泓溢流,冬夏不竭,居民谓之黑龙潭。潭上有金山宝藏寺,创于明永乐九年,重修于正德四年,明季圮废,彝为荒烟宿莽矣。僧人普善者,性好苦行募化,作庄严功德,诸所修建不能悉举。适至斯地,慨然警心,康熙三十有八载岁次己卯,爰咨爰度,左右居人;立社酾金,鸠工庀材。善愿溯通,众力斯协,几逾年而告竣焉。

斋寮殿宇,结构巍然;香灯灿设,金碧荧煌。视其旧不知荣何,而愿力良亦坚强,此武邑石工岳某言之也。岳尝以艺给事余家,颇识其谨愿,今重为之,乞碑记于余,度其言非妄者,故书付之,俾镌于石者此。

(款识)保定府完县白云社白云村六甲人李成花舍碑。大清康熙四十七年,岁次戊子仲春吉日立。礼部客主客清吏司郎中沂水刘侃撰。

(碑阴)

(记录捐献人姓名,计有住持僧人普贵行元通惠新典等 160 余人,人名从略)

修建金山寶藏寺碑記

宛平縣西北距德勝門二六五里平地中有太泉渟泓遂流冬夏不竭居民謂之罷潭潭上有金山寶藏寺創於明永樂九年重修於正德四年明季地廢爲瓷窯矣僧人普乙苦行篤化住僧勷德諸廳修建不能毫無道至斯地慨然誓心塵興三十餘人貳載次巳卯菱容爱度左右居人立社釀金鳩工庀材言願莉泉力斯協幾翰匝歲功斯殿宇結構藏然香燈爈設金碧焚煌視昔藏而弗幾以爲斯力泉亦聖徂此武邑石工岳暑余顏識生謹原令何而願力聂亦聖徂此武邑石工岳暑給事余顏識生謹原令爲之乞碑記耳余慶其言非妄者故書付之俾鐫于石者此

天晴康熙四十七年歲次戊子春吉月立

保定府完縣白雲社白雲村善人李成花拾貳

崔巖客主容法吏司帥申沂榮劉慎

宝藏寺清乾隆宝藏寺碑

（颐和园西北）

叙录

碑高 1.35 米，宽 0.7 米；额高 0.31 米，宽 0.25 米。乾隆丙戌年（乾隆三十一年，1766 年）中秋刻。位于北京市海淀区青龙桥原老府村。拓片载《北京图书馆藏中国历代石刻拓本汇编》，文载弘晓《明善堂诗文集》卷二。

宝藏寺碑

（篆额）重修金山宝藏寺记

（碑正书）重修金山宝藏寺记

西山蜿蜒数千里，琳宫梵宇，不可纪极。或因人以立名，或以地而标胜，虽废兴有时，显晦不一，要皆仰佛之灵佑而为斯人之所凭借也。

金山宝藏寺者，为前明永乐九年道深国师所创建也。师，播州人，少习举子业，长通梵教，既游京师，遂受封赐，乃开山于此，筑立精舍，以为禅观之所。《青箱堂集》载师为西域人，特未深考之耳。

观此自记，可知寺在万寿山之西北，距禁垣未一游巡（由旬）。回峦翠阜，曲折深邃；雄峰峙前，峭壁倚后。远而望之，觉草木之蓁佳，初不知中有禅境也，自左侧逶迤而上，始见。

寺之南向焉，入天王殿，次即宝藏殿，中奉金像三躯，周以十八应真，妙相端好。左右两厢为配殿，其西又小殿供药王、药上二法王子，而以诸天龙神配之。其阶侧石洞窅然，仅容一人，有泉渟泓，味殊甘冽，冬不凝，夏不涸，可供数十人庖湢之需，寺僧实俯给之。

宝藏寺清乾隆三十一年宝藏寺碑

其东入小院，静室三楹，中供毗耶像。又东三楹，乃诸檀那憩足之所也。凭轩启牖，洞视百里，有风泠然，虽盛暑无异清秋，余擘窠颜其室曰：清凉厂。东拱宸居，威严气象，历历可数。昆明湖缥碧远映，而香山、万寿、玉泉三山相峙，如蓬莱弱水之不可即焉。

寺有八景，为深公命名，今尚能仿佛以志其处。而庙宇年久，渐至倾圮，寺僧将起而增修之。乃原任左副将军和硕亲王桑寨多尔济，遂能赞成其事。先是，王之官属名常保住者，因患沉疴，静摄于此。六时虔祷，愿蒙佛佑，未几获痊，故捐资为起衰振敝之举。而王之皈心慈氏，善果最深，其下化之，咸乐助予。

爰鸠工庀材，以蒇厥事，未期而丹碧辉映，庙貌聿新，实实枚枚，焕赫而改观矣。吾知王之福德获报，亦将有厚焉。王与余有渭阳之谊，谬以余能缀文，嘱余敷陈颠末，勒石以纪，将启后之能信心者，永为护持象教云尔。

（款识）**和硕怡亲王撰。**

（钤印）**怡亲王宝、冰玉主人。浙金增广生员陈晒书丹。**

乾隆三十一年，岁次丙戌，孟秋月榖旦。

（碑阴碑额）同兴善果。

（碑阴正文）众善芳名

（记录捐献人姓名及数额，计105人。从略。）

题解

著者和硕怡亲王弘晓，号冰玉主人，怡贤亲王胤祥第七子，承泽园主人，善诗文书画，过录《红楼梦》，著有《明善堂诗集》。其园林造诣颇深，碑文对宝藏寺景观细节，以及与昆明湖、三山的视觉联系进行了描述。

宝藏寺清道光宝藏寺碑

（颐和园西北）

叙录

碑高厘米，宽0.7米；额高0.31米，宽0.25米。道光乙巳年（道光二十五年，1845年）二月立。位于北京市海淀区青龙桥原老府村。拓片载《北京图书馆藏中国历代石刻拓本汇编》。

宝藏寺

（篆额）永传不朽

（文正书）重修金山宝藏寺碑记

太行之脉起自三危，伏于河，折而北为恒山，其支峦复冈，丽丽然达于蓟门，拱翼□□京若屏障然，统名之曰西山。其间林麓苍黝，溪涧回环，琳宫绀宇，殆不可殚述。而金山尤加诸山之上，山有醴泉，幽远澄泓，石崖覆其上，泉水自石壁中泻出，不竭亦不盈，香冽异常。

前明永乐间，有播州僧道深来兹，于山之阳创构苍雪庵，正统四年敕赐寺名宝藏。距京三十里，九门双阙，佳气郁葱，楼台城郭之崇丽，遥与林坞相掩映。北望紫荆、居庸，皆隐隐可见，道深称寺有八景。

香火连绵，迨今四百余年矣。殿宇峣岩，丹青剥落。住持僧净省来居此寺，伤庙貌之倾颓，悲先师之创制。乃一心修整，十载经营，而珠林宝塔，均复旧观矣。甲辰夏，族弟东垣同友人杨耀亭、杨雅斋来，为予述净省之功颠末，大众之力，属予为文，勒之碑珉，以传不朽。予嘉其意，因序次其事以为记。

(款识)赐进士出身、翰林院编修、文渊阁校理、国史馆提调、江南道监察御史谢荣埭撰。赐进士出身、钦点兵部主事、前掌河南道监察御史殷德泰书丹。候选从九品蒯海源立石。时道光二十五年二月穀旦立。住持僧净省重修。

宝藏寺清光绪宝藏寺碑

（颐和园西北）

叙录

拓片碑高1.3厘米，宽0.54米；碑额高0.2米，宽0.18米。清光绪壬午年（光绪八年，1882年）五月上浣刻。位于北京市海淀区青龙桥原老府村。拓片载《北京图书馆藏中国历代石刻拓本汇编》。

宝藏寺碑

（额正书）万古长春

（碑正书）重修金山宝藏寺碑铭　广川居士宿雨撰

宝藏寺者，金山之胜地也。自前明永乐九年道深国师创修以来，朱阑画栋，气象焕然。登临绝顶，山明水秀，风送云飞，故往来过者心旷神怡。历年既久，渐就倾圮。至同治八年，众善倡义修造，佛殿之东开山建设客堂三所，精舍从兹一新。

溯自五百余年来，榱栋剥落，草莱荒芜；庙貌既颓，佛祖焉依？游客经过，辄生慨叹。惟众公及诸君子慨然自任，觅工购木，负砖运石，重修而增益之。

宝藏寺之南，别有殿宇数楹，两山相望，悉属旧迹，自此改观。寺阴新立佛殿三间，旧碑存焉，别立新碑一通。山门外开玉华池，为小台以翼之。寺左新建阳宅一所，中央三楹，两镶分别光绪辛

萬古長春

重修金山寶藏寺碑銘

廣川居士宿雨撰

寶藏寺者金山之勝地也自前明永樂九年道深國師剏修以來朱闌畫棟載

聚樂至然同治八年來善侶義修造佛殿之東剏建設客堂三所精舍從茲一

飭池自前明永樂九年道深國師剏修以來朱闌畫棟載

新潢游客經過嘅然義修造佛殿之東剏建設客堂三所精舍從茲

馬啟而佛殿五百餘年來善侶

修而增益三間寶藏之經之碑存焉南別有殿宇及諸君子慨然相望悲屬舊跡小塋分列三級以

新立佛殿依然舊頓之經之碑存焉南別有殿宇及諸君子慨然相望悲屬舊跡小塋分列三級以

左寬廣四圍宅一所中央三楹兩廡分列一通光緒辛巳新建諸檀越

極安廟貌下以壯觀瞻數百株則皆荊棘建而經營者也非是場

成茲功德因援筆而為之記其山徑崎嶇架木

光緒壬午榴月上浣

靈石珠非好善之心孰能立

宝藏寺清光绪八年金山宝藏寺碑

已新建坟茔，地段分列三级，亦极宽广。四周栽树数百株，则皆创建而经营者也。

是惟诸君子乐善之心，上以安庙貌，下以壮观瞻。至其山径崎岖，架木运石，殊非易易，自非好善之诚，孰能成兹功德？因援笔而为之记。

（款识）**光绪壬午榴月上浣立。**

（碑阴）（记录捐献人姓名，计有刘进喜、李莲英等宫中大小太监76人，人名从略。）

宝藏寺清宣统宝藏寺碑之一

（颐和园西北）

叙录

拓片碑高2.36米，宽0.85米。清宣统辛亥年（宣统三年，1911年）七月刻。位于北京市海淀区青龙桥原老府村。拓片载《北京图书馆藏中国历代石刻拓本汇编》。

宝藏寺碑

募资修宝藏寺

盖闻乐善为仁之宝；好施乃修福之门。古之人造慈航以济人渡，修圮桥以便众行者，良有以也。近因京西黑龙潭之上，旧有金山宝藏寺一座，庙宇宏大，楼殿繁多，创于前明永乐年间，诚胜境也。但历年既久，风雨摧残，几将倾坏矣。今有善士长春宫总管张氏印云亭者，大启鸿工，广为建筑，是非有绝大之材能，固不敢以兴此举；亦其自极巨之财力，尤不足以观厥成也。

乃一人提倡于前，而众善乐捐于后。有长春宫蓝翎四品总管

京城之西北有金山其下有黑龍潭望之殿宇雄巍樓臺聳峙介於山水之間者非此寶藏寺于
創自前明永樂九年後雖一再重修迄今風雨摧殘又將圯壞
長春宮花翎三品總管張祥齋者素具樂善好施久為同人所共仰一旦推為山主據有此廟
遂獨任其艱大為擴充計凡新建大殿天王殿二層東西配殿六間寶塔一座旗杆兩面平台樓
房十數餘間香火之地四百餘畝此皆其功之大者其餘塑佛像砌月台築牆修甬路與夫舊
有之殿宇圮者修之缺者補之一木一石一磚一畫者不可枚舉況開山闢地近百餘畝史運料興
工兩閱春秋卒使荒涼古寺變為宏闊禪林玲瓏寶塔透曉霧而半出重霄燦爛雕樑對斜陽而
輝生滿院雕牆峻宇金碧輝煌不知費幾許經營而後始有此勝境也迄今鴻工落成神人共悅
上足以保障四方欲誌其功以垂不朽故勒諸貞珉以為記焉

大挑知縣 錢志濂 撰文

受法弟子 宣統三年七月 穀旦敬謹勒石

大清宣統三年七月 穀旦

姚氏印兰荣者，本身助银五千两以为之先，复有内务府候补员外郎宝氏印义助银五千两，同知衔李氏印士芳者助银三千两。之三人者慷慨仗义，不惜巨资，共襄盛举，使千年古寺，焕然聿新。觉自有此庙，山不高而自明，水不深而自秀，巍巍乎洵壮观也。当此鸠工告竣，仰宝塔之玲珑，睹神殿之灿烂，因思众善无量之德，故勒诸金石，以垂不朽焉。

（款识）大挑知县钱志濂撰文。经理庙事张得福、刘长顺敬立。大清宣统三年七月穀旦。

宝藏寺清宣统宝藏寺碑之二

（颐和园西北）

叙录

拓片碑高2.28米，宽0.86米。清宣统辛亥年（宣统三年，1911年）七月刻。位于北京市海淀区青龙桥原老府村。拓片载《北京图书馆藏中国历代石刻拓本汇编》。

宝藏寺碑

募资修宝藏寺

京城之西北有金山，其下有黑龙潭。望之殿宇雄巍，楼台耸峙，介于山水之间者，非此宝藏寺乎？创自前明永乐九年，后虽一再重修，迄今风雨摧残，又将圮坏矣。

今有长春宫花翎三品总管张祥斋者，素其侠义，乐善好施，久为同仁所共仰，一旦推为山主，据有此庙，遂独任其艰，大为扩充。

计凡新建大殿、天王殿二层，东西配殿六间，宝塔一座，旗杆两面，平台楼房十数余间，香火之地四百余亩。此皆其功之大者，盖闻乐善为仁之宝好施乃修福之门古之人造总航以济人渡修圮桥以便众行者民有以也近因京西黑龙潭之上旧有金山宝藏寺一座庙宇宏大楼殿众多创於前明永乐年间成胜景也但历年既久风雨摧残几将倾坏竟为合有善士长春宫总管张氏印云亭者大启鸿工广为建筑是非有绝大之材能固不敢以兴此举亦且介於钜之财力尤不足以观厥成也乃一人提倡於前而众善乐之先复有内务府候补员外郎宝氏长春宫蓝翎四品总管姚氏印韫荣者本身助银五千两以为之印义助银五千两同知衔李氏印士芳者助银三千两之三人者慷慨仗义不惜钜资共襄盛举使千年古寺焕然聿新觉自有此庙山不高而自明水不深而自秀巍乎洵壮观也当此竣工告竣仰宝塔之玲珑观神殿之灿烂因思众善无量之德故勒诸金石以垂不朽焉

大清宣统三年七月穀旦

经理庙事刘长顺敬立
大挑知县钱志濂撰文
张得禄

宝藏寺清宣统三年募资修宝藏寺碑

其余塑佛像、砌月台、筑群墙、修甬路，与夫旧有之殿宇，圮者修之，缺者补之，一木一石，一筹一画者，不可枚举。况开山辟地，近百余丈；运料兴工，两阅春秋。

卒使荒凉古寺，变为宏阔禅林。玲珑宝塔，透晓雾而半出重霄；灿烂雕梁，对斜阳而辉生满院。雕墙峻宇，金碧辉煌。不知费几许经营，而后始有此胜境也。

迄今鸠工落成，神人共悦。上足以俎豆千秋，下足以保障四方。欲志其功，以垂不朽，故勒诸贞珉，以为记焉。

（款识）大挑知县钱志濂撰文。受法弟子闫献喜、穆广福、王吉庆、王田得、王春安、刘长顺、张增庆、张双奎、夏全升、刘福盛、李长顺、周得喜、张得福、于宽才、刘得禄、胡荣珍、刘增和、王元忠，敬谨勒石。大清宣统三年七月穀旦。

镶红旗清咸丰关帝庙碑

（颐和园西北）

叙录

拓片碑阳、碑阴均高 1.36 米，宽 0.65 米；额高、宽均 0.17 米。清咸丰乙卯年（咸丰五年，1855 年）六月刻。拓片载《中国金石总录》。镶红旗军营位于功德寺北，为圆明园护军营之一，营中建有关帝庙。

镶红旗关帝庙碑

（额正书）**名垂千秋**

粤有尚古英贤特出，畴不德被生民、功施社稷，如唐之郭子仪、李良器，宋之寇平仲、司马光，上而至于汉之诸葛武侯，皆忠孝成性，而为三代下不数觏之人也。其生也，勋猷树于当时；其逝也，

镶红旗清咸丰五年关帝庙碑

灵爽庇乎奕世。自今溯吉盖有历历不讹者，而究不及我关圣帝君之默佑后生为极至矣。

忆御园设立旗营以来，固咸尊崇敬畏而罔敢稍疏，然悬像者十家有九究未能有一营中共设一祠，以荐馨香。道光元年辛巳，镶红旗营中始有义举，建立专祠。凡身列旗籍，靡不昕夕叩首、朔望焚香，奉之极真挚焉。

或曰之去今已有年矣，必断断焉。谓夫子眷恋于兹，不亦论之甚迂乎？然而非迂也，神明之在天下，如水之在地中，无往而不在也。

今本旗将士信之深事之挚，凡为酒食而享祀者，真若瞻夫形容、闻夫馨欬也。譬如握井得泉而曰水专在，是岂理也哉。

咸丰元年辛亥，粤西逆匪犯顺，癸丑秋冬间贼势已迫直隶界，凡各营出师者实繁有徒，而本营遂于甲寅秋季亦出师焉。惟时本旗从军之士百二十有五人，乃于七月而往，越一年岁乙卯春正月十九日奏凯，后尽得平安。是遇也奇特之极，幸莫大焉。夫数月之内，出队频仍，当主客相搏之时，实有声析江河势崩雷电之况，何以无挫一兵、无遗一镞？而环顾他营，之或旗靡辙乱而至有不幸者，相去不啻天渊矣。此非仰赖帝君之爱护，得能若是之安、且吉乎共荷显庇？爰取酒以祭并志事于石，当为文而颂之，其辞曰：

竖旗旄而随主将兮共事战场；虽跳梁之小丑兮势甚猖狂。每与之交刃兮互有伤亡。何百余人之长往兮共脱锋铓。非神灵之呵护兮何如此祯祥。自古圣贤非一兮夫子愈有耿光。跽陈辞而荐酒兮冀庶几其来享。

（款识）镶白旗文举人即选知县达嵩阿，熏沐谨撰。正白旗鹤龄松寿沐手敬书。大清咸丰五年六月二十四日敬立。

青龙桥清乾隆城关石额

（颐和园西北）

叙录

青龙桥镇位于颐和园西北，镇西为青龙桥，镇东为城关。城关两侧石额刻有乾隆御笔。

城关东侧石额

山馆环䦆

注释

【山馆】本指山中的宅舍。这里指万寿山上的亭台楼阁。

"征君旧宅此山中，山馆屏颜往迹空。"（清·顾炎武《摄山》）

【䦆（yīn）】瓮城，小城。这里指青龙桥小镇。城关东侧万寿山上亭台隐显环绕。

城关西侧石额

湖桥列市

注释

【湖桥】湖边之桥。清代青龙桥北为白浮瓮山河旧河道，通向肖家河。桥南侧是昆明湖。

【列市】店铺罗列。市，指城中店铺较多的街道或临街的地方。城关西侧繁忙的店铺延绵到青龙桥头。

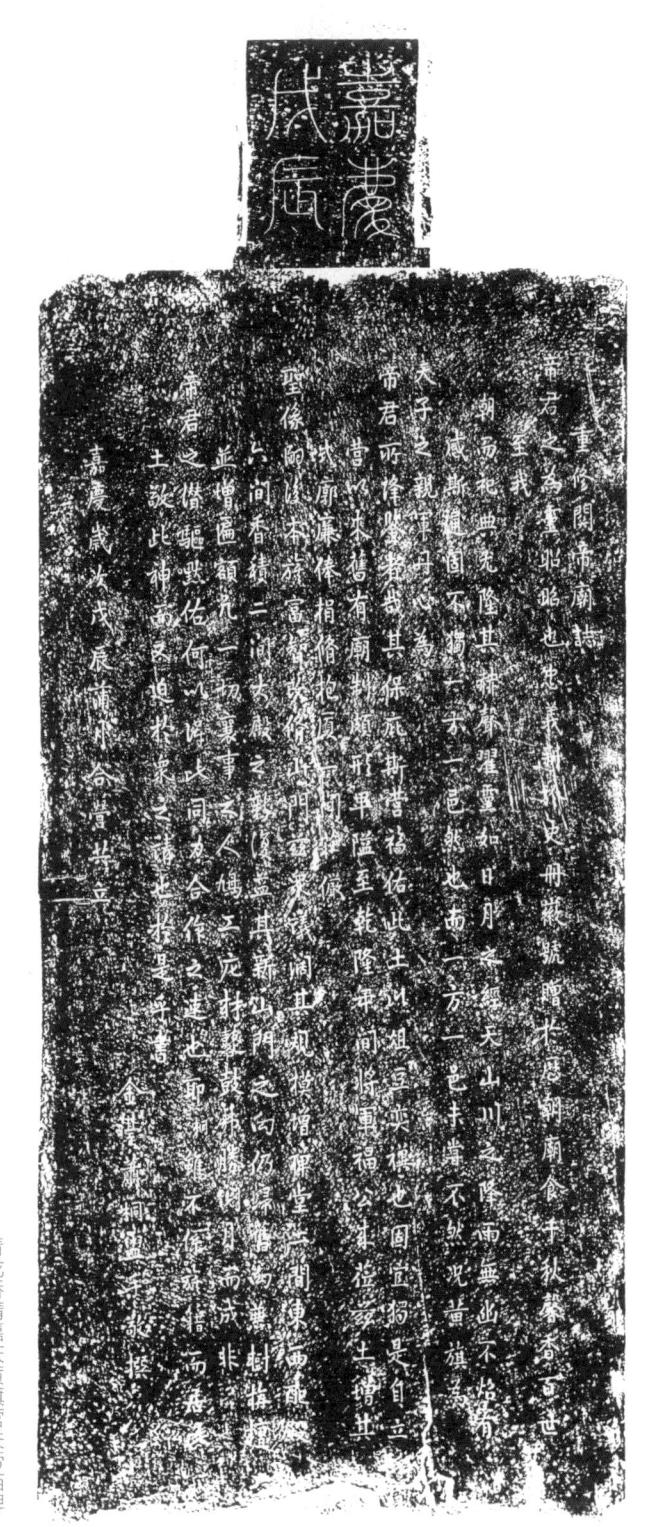

青龙桥清嘉庆黄旗营天帝庙碑

青龙桥清嘉庆黄旗营关帝庙碑

（颐和园西北）

叙录

拓片碑阳高 1.25 米，宽 0.66 米；额高 0.25 米，宽 0.19 米。位于正黄旗营。清嘉庆戊辰年（嘉庆十三年，1808 年）五月刻。拓片载《中国金石总录》。正黄旗军营位于青龙桥东北肖家河，为圆明园护军营之一，营中建有关帝庙。

黄旗营关帝庙碑

（篆额）**嘉庆戊辰**

（碑正书）**重修关帝庙志**

帝君之为灵昭昭也，忠义新于史册，徽号赠于历朝。庙食千秋，馨香百世。

至我朝而祀典尤隆，其赫声濯灵，如日月之经天、山川之降雨，无幽不照，有感斯遍。固不独一方一邑然也。而一方一邑未尝不然，况黄旗为天子之亲军，丹心为帝君所锋鉴者哉！其保庇斯营，福佑此土，以俎豆奕祀也固宜。

独是自立营以来，旧有庙制颇形卑隘，至乾隆年间将军福公来莅兹土，增其式廓，廉俸捐修抱厦一间，庄俨圣像。

嗣后本旗富智改修山门，兹众议阔其规模，增禅堂二间，东西配殿六间，香积二间，大殿之新复益其新。山门之向仍归旧向，兼树梅檀并增匾额。凡一切襄事之人，鸠工庀材，罄鼓弗胜，阅月而成。非帝君之潜驱默佑，何以得此同力合作之速也耶。

桐虽不系于旗，而居此土敬此神，而又迫于众之请也，于是乎书。

（款识）**金台萧桐，盥手敬撰。嘉庆岁次戊辰蒲月，合营共立。**

青龙桥明崇祯四年王学买地券

(颐和园西北)

叙录

券碑高 0.5 米，宽 0.5 米。正、反及两侧面刻字。拓片载《中国金石总录》。

买地券

（碑正面）维崇祯四年，岁次辛未八月，壬寅朔越初六日丁未，京都顺天府大兴县、东城北居贤坊居住祭主孝男王国盛，谨以牲醴庶品之仪，敢昭告于皇天后土，山川司地灵感尊神，曰：惟神象原太极，脉本昆仑。乳突窝钳，蕴真机之莫测；胎息孕育，神变化之无穷。功施万汇，德被群生。

兹为皇明戚畹、诰封锦衣昭勇将军、故父王学，生于万历戊寅年十一月十四日戌时，卒于崇祯辛未年六月十三日子时。逝于正寝，停柩住庭。缘因故园窎远，不便归葬先茔，追思罔极，当罄哀诚。

钦蒙皇恩眷顾，壶渥优深。召命堪舆，择地于香山西湖之旁，乾亥来龙，天皇结穴。隐隐隆隆，平若铺毡之状；沉沉缓缓，高如吐乳之形。后枕金峰，一带青峦叠翠翠；前迎玉液，百川汇泽聚玻璃。依瓮山青龙昂首，指玉泉白虎藏头。四神朝拱，八向通流。最喜水口固密，封闭几重关锁；惟爱明堂宽畅，堪容数万貔貅。乃附近神洲之吉壤，今创为少祖之佳城。宜下亥山巳向，内兼乾巽二分。

凭中议定价银九百五十两买到。内官监田太监庄园白地一区，计一顷一十七亩，坐落西直关外青龙桥北城地方。本日开山斩苇，破土立券。季秋十有一日正葬新茔。弗敢冒昧，先申告闻。恳乞

青龙桥明崇祯四年王学买地券（正面）

弘慈，默感地灵。古式尝云：左至青龙，右至白虎，前至朱雀，后至玄武，上指青天，下指黄泉，中穴系父学永为阴宅，绵延宗祀。内方勾陈，分掌四域。丘丞墓伯，封步界畔；道路将军，肃清阡陌。致使千秋百世永无灾咎。倘有故气邪精，毋得干忤。先有居者，他方远避。敢违此约，地府主吏自当祛治。伏愿安厝之后，佑祭主内外殁存悉皆安吉、急急如五帝使者女青律令。

券立二本：一本奉上后土地祇。一本给付父学穴中收执，永为备用。谨券。

（碑反面）符文。

（碑侧面）故气伏尸，永不侵争。

（碑侧面）合同永远为照。

题解

买地券书写格式特殊，基本有两种：一行顺写，一行倒写，交替排序；或全文倒序排列，需要由后往前读，王学买地券即属后者。

青龙桥明万历慈恩寺碑

（颐和园西北）

叙录

慈恩寺全称护国慈恩寺，位于青龙桥东卧虎山下。建于明万历甲午年（万历二十二年，1594年）。寺址尚存。碑文载明赵志皋《赵文懿公文集》卷二。

慈恩寺碑

敕赐护国慈恩寺碑记

皇上御宇二十二年于兹，夙夜兢兢，孝奉圣母，备物顺志，虔恪有加，提衡寓宇，休噢苍赤，令六合春融。即有边隅小警而海内晏然，亦惟奉圣母之教。圣母内教而不显其迹，皇上默承而不尸其功，臣子无繇名言其盛。独睹圣母慈圣宣文明肃皇太后，往往节约玉食，以缮饬梵宇。

夫竺乾之教以无为宗、以慈为用，印证借为津梁，普度满乎法界。虽儒者所不道，然浊毒众生，沉沦结习，贪嗔相寻，缠缚难解。而一闻佛说，顿令烦热如洒清凉，则庄严像教，供养天人，亦祛膻弭杀之妙谛也。然则今日慈恩寺之建，不可以窥我圣母启佑帝心，祝皇国而福万民之微指哉？

寺在西直门外二十五里，地名青龙桥，向隶宫庄。有玉泉之峰，西湖之水。山川形胜，境界清幽，足称选佛道场。圣母钦闻喜悦，因出内帑，钦遣慈宁宫近侍御马监太监陈儒督造。

兹寺经始于万历癸巳五月，落成于甲午年九月。工竣赐额曰"敕赐护国慈恩寺"。外为山门，前为天王殿，旁翼以钟鼓楼。中为大通智胜宝殿，用奉如来。左右列以伽蓝、祖师二小殿。大殿后为藏经阁，尊藏《大藏经》一部，凡六百七十八函。又为大士一堂，具三十二相。锦幡经袱，牙签金灯，璀璨陆离，种种毕称。缭以周垣，僧寮、方丈、廊庑、庖庾，焕然屹然。

又虑其无以赡也，以原隶庄田地若干顷亩为常住。又虑其赡而无以率也，择住持本在主之。凡一岁而工告成，不费县官一镪，不烦将作一工，皆出自圣母宫中之积。

皇太后若曰：布施为破悭之药，慈悲乃度世之航。余不敢及国事，聊以散吾所积，奉崇三宝，庶几小民得衣食其间，其以佐皇帝赈发培养之万一乎？其以慈圣赐额居然可睹矣。

我皇上于佛法勿身亲，而听母后之发大愿力、成大圣果，此虽未足尽圣孝之涯略，是亦顺亲广爱之一端也。督工内臣陈儒既祗役落成，复奉皇太后旨，使臣纪其年月。臣叨在纶扉，睹所未有，谨宣扬此义，拜首稽首而作颂曰：

我观世间人，无明沉沦重。淫欲多贪悭，认幻作实有。执有乃生争，戕杀无穷已。如来悯众生，说法为解脱。色空两俱遣，边中俱不有。

　　云何设象教，以色相求我。我闻如是说，从闻思修入。布施以破贪，慈悲用救杀。苟不通兹义，因缘更执着。布造金塔寺，终为有漏果。

　　皇王大明运，金轮转法华。皇帝称万历，正觉照世海。调御天人师，八方化净土。圣母坐宫中，薰修福德至。乃捐祇树林，乃造多宝寺。

　　天花鬘婆娑，狮子结宝座。天龙及帝释，护法诸神涌。贝叶五千卷，香花威仪从。虽知见解空，示彼痴愚众。净心以澡浴，戒品为涂香。

　　甘露法之食，了脱味为浆。降伏二种魔，贪嗔渐消亡。乃知示法力，成就诸众生。因以解人迷，百不堕邪见。永作日月天，国王世界主。

　　刀兵疾疫苦，一切作利益。假令佛世尊，及诸累劫佛。赞叹其功德，犹尚不能尽。

题解

　　本碑记另有版本《敕建护国慈圣寺碑》，由明代陈懿典所作，载《陈学士先生初集》卷七（明万历刻本）。二碑记大同小异。后者为代笔初稿。

大有庄清乾隆城关额与村名碑

（颐和园北）

叙录

大有庄位于颐和园北。清漪园时期村口临御道设有东、西两座城关，旁有关帝庙、观音寺、娘娘庙。城关有乾隆题刻，关帝庙立有村名碑。

大有庄东城关石额

化宇长春

题解

清高宗御笔行书，刻于清乾隆丁亥年（乾隆三十二年，1767年）。题额载《清朝通志·金石略》。

注释

【化宇】教化之境、礼仪普及的区域。首善之区。宇，疆域。

大有庄西城关关帝庙碑南侧

（榜书）大有庄

（篆额）万古流芳

（引首款）乾隆岁在丙戌

（款识）夏月穀日立

题解

碑立于大有庄西城关关帝庙前。刻于清乾隆丙戌年（乾隆三十一年，1766年）。拓片通高1.37米，宽0.6米；碑阴高0.97米，宽0.57米。拓片载《北京图书馆藏中国历代石刻拓本汇编》。

大有庄关帝庙碑北侧

　　天德号、大有号、合盛号、永盛号、大成号……

（捐建人姓名及商号约 40 个，多漫漶不清）

大有庄清乾隆村名碑

主要参考文献

文献史料

［宋］姚铉纂《唐文粹》卷二十二，民国八年上海商务印书馆四部丛刊景明嘉靖刻本。

［元］孛兰肹等撰，赵万里校辑：《元一统志》，中华书局，1966年版。

杨镰主编：《全元诗》，中华书局，2013年版。

李修生主编：《全元文》，凤凰出版社，2004年版。

［明］陈懿典：《陈学士先生初集》，明万历刻本。

［明］计成撰，倪泰一译注：《园冶》，重庆出版社，2017年版。

［明］危素：《危太朴集》，《元人文集珍本丛刊》第7册影刘氏嘉业堂刻本，（台北）新文丰出版公司，1985年版。

［明］杨慎：《丹铅余录》，清文渊阁四库全书本。

［明］赵志皋：《赵文懿公文集》，明崇祯赵世溥刻本。

［清］董诰等：《清高宗实录》，中华书局影中国第一历史档案馆藏原皇史宬大红绫本配北京故宫博物院图书馆藏原乾清宫小红绫本，1985—1986年版。

《清朝通志》，浙江古籍出版社，1988年版。

［清］鄂尔泰、张廷玉：《国朝宫史》，北京古籍出版社，1983。

［清］梁诗正等编：《石渠宝笈》，江西美术出版社，2012年版。

［清］王杰等纂：《钦定石渠宝笈续编》，故宫珍本丛刊本，海南出版社，2000年版。

［清］英和等纂：《钦定石渠宝笈三编》，故宫珍本丛刊本，海南出版社，2001年版。

［清］法式善：《存素堂文集》，清嘉庆十二年程邦瑞扬州刻增修本。

［清］高宗弘历：《敬胜斋法帖》，中国书店，2016 年版。

［清］高宗弘历：《清高宗御制诗集》，清文渊阁四库全书本。

［清］高宗弘历：《清高宗御制文集》，清文渊阁四库全书本。

［清］弘晓：《明善堂诗文集》，清乾隆四十二年刻本。

［清］钱陈群：《香树斋诗文集》，清乾隆刻本。

［清］钱仪吉纂：《碑传集》，中华书局，1993 年版。

［清］裘曰修：《裘文达公文集》，清嘉庆刻本。

［清］仁宗颙琰：《清仁宗御制文集》，故宫珍本丛刊本，海南出版社，2000 年版。

［清］汪由敦：《松泉集》，清文渊阁四库全书本。

［清］汪中：《述学》，清道光二十九年至光绪十一年海伍氏刻粤雅堂丛书汇印本。

［清］谢启昆：《树经堂集》，清嘉庆刻本。

［清］于敏中等编著：《日下旧闻考》，北京古籍出版社，1983 年版。

［清］于敏中：《素余堂集》，清嘉庆十一年刻本。

［清］王养濂修，［清］李开泰纂：《（康熙）宛平县志》，清康熙刻本传抄本。

［清］万青黎、［清］周家楣修，［清］张之洞、缪荃孙纂：《（光绪）顺天府志》，清光绪十二年刻十五年重印本。

《乾隆大藏经》，中国书店，2009 年版。

吴质生：《万寿山名胜核实录》，和济印刷局，1921 年版。

故宫博物院编：《民国文献丛编》民国二十六年第七辑，《文献丛编》全编第 10 册影故宫博物院铅印本，北京图书馆出版社，2008 年版。

金石资料

北京图书馆金石组编：《北京图书馆藏中国历代石刻拓本汇编》，中州古籍出版社，1989 年版。

北京文物精粹大系编委会编：《北京文物精粹大系·石刻卷》，北京出版社，2004 年版。

甘肃省古籍文献整理编译中心编著：《中国金石总录》，甘肃省古籍文献整理编译中心，2000年版。

故宫博物院编：《清代帝后玺印谱》，故宫出版社，2008年版。

专著

北海公园管理处编：《北海匾联石刻》，中国旅游出版社，2007年版。

北京市地方志编纂委员会编著：《北京志·世界文化遗产卷·颐和园志》，北京出版社，2004年版。

侯仁之主编：《北京历史地图集·政区城市卷》，文津出版社，2013年版。

马衡：《凡将斋金石丛稿》，中华书局，1977年版。

清华大学建筑学院编著：《颐和园》，中国建筑工业出版社，2000年版。

夏成钢：《湖山集翠——颐和园地区历代文人诗文合集》，北京出版社，2024年版。

夏成钢：《湖山品题——颐和园匾额楹联解读》，北京出版社，2019年版。

夏成钢：《湖山真意——颐和园地区历代帝王诗文解读》，北京出版社，2024年版。

香山公园管理处编：《香山石刻石雕》，新华出版社，2009年版。

徐自强、吴梦麟：《中国的石刻与石窟》，商务印书馆，1996年版。

赵超：《中国古代石刻概论》，中华书局，2019年版。

中国文物研究所、陕西省古籍整理办公室编：《新中国出土墓志·北京》，文物出版社，2003年版。

论文

陈长安：《洛阳东关出土"神王"石碑座》，《洛阳考古》，2016年第2期。

陈梦家：《秦刻石杂考》，《文史》，2015年第1期。

陈杏留、蔡子鹤：《"买地券"录文札记十则》，《西华大学学报》（哲学社会科学版），2008年第2期。

程章灿：《传统·礼仪与文本——秦始皇东巡刻石的文化史意义》，《文学遗产》，2014 年第 2 期。

黄婷玮：《刻在石头上的佛法——经幢的由来及形制》，《文物鉴定与鉴赏》，2019 年第 19 期。

刘晓：《耶律铸夫妇墓志札记》，纪宗安、汤开建主编《暨南史学》第 3 辑，暨南大学出版社，2004 年版。

罗宏才：《唐〈石台孝经碑〉相关问题的观察与讨论》，《碑林集刊》，2016 年。

孙勐：《北京出土耶律铸墓志及其世系家族成员考略》，《中国国家博物馆馆刊》，2012 年第 3 期。

王文广：《中国古代碑之设计》，苏州大学，2012 年。

杨琳：《藏书于山的传统与〈史记〉的"藏之名山"》，《文学与文化》，2014 年第 1 期。

尹一梅：《清御书处镌碑刻帖事务述略》，《故宫博物院院刊》，2017 年第 1 期。

张家泰：《艺术丰碑——记登封〈大唐嵩阳观纪圣德感应之颂〉碑的艺术成就》，《中原文物》，1984 年第 2 期。

张全礼：《碑帖的镌刻工序及其对书迹的影响》，《首都博物馆论丛》，2020 年。

周祝英：《五台山佛顶尊胜陀罗尼经幢初探》，《五台山研究》，2019 年第 3 期。

后　记

颐和园石刻文字的搜集、整理工作最初是与匾额楹联一起进行的，早期出版的小册子也是二者合一。随着后来研究的深入，资料范围与容量有了大幅度的增加，合在一起难以阐述清晰，于是分为二书分别论述，之后更有了颐和园五书的出版计划。

石刻研究工作难点不少，如搜集困难、字迹漫漶、背景无绪等。不过这项工作意义重大，史学工作首重史料的真实性、准确性，石刻碑文、墓志等都是经典的第一手史料，历来为史家所重视。只有史料详实，才能做到言必有征，论从史出。正是出于这样的认知，我从基础起步，先后编著《湖山真意》、《湖山集翠》和本书，希望得到历史景观的原始信息。包括颐和园在内的"三山五园"地区文化积淀深厚，纸质文献几乎发掘殆尽，石刻文献成为研究新论的突破口。

写作是严肃甚或是枯燥的，但实地搜集石刻却颇为愉悦。搜集工作始于1981年的大学寒假。我先是发现了仁寿殿前的水木明瑟太湖石诗刻，一时惊喜不已，干劲更高。于是，又乘兴勘查昆明湖区。我溜冰而往，畅想着此番勘查娱乐相伴；不承想却是冰面裂缝纵横，掺杂着败柳枯枝，结果我跟头连着马趴，几乎摔过半个湖。到团城湖时，只好拎着冰鞋一瘸一拐地上岛。在残垣断壁中寻觅石刻，北风嘶叫，高草树摇，有如探险一般。当我在惴惴中发现草中的蓬岛烟霞石刻时，又是一阵狂喜，神清气爽！夏天时，我还有过顶着衣裤游泳上岛的经历。此后，我的寻碑足迹又延至万安山北法海寺、大工村、寨尔峪、鹫峰、凤凰岭等地，收获丰厚。这些场景在写作中不时地涌现出来，总感觉温馨异常，曾经的青春热情成就了这部小书。

  本书是对过往的告别，又是一个开始，愿有机会将余下的资料整理出来分享。

夏成钢

2022 年 1 月　于北京天畅园